DIE HOFFNUNG AUF EINEN KUSS

AUSCHWITZ, LILIANE UND ICH

Editorische Anmerkung

Die deutsche Übersetzung wurde von Margret Klemt auf Grundlage der Ausgabe des Buches *L'espérance d'un baiser. Le témoignage de l'un des derniers survivants d'Auschwitz* im Pariser Verlag Éditions Robert Laffont aus dem Jahr 2019 erstellt.

Die Stiftung Denkmal für die ermordeten Juden Europas wird institutionell gefördert durch

Die Beauftragte der Bundesregierung
für Kultur und Medien

aufgrund eines Beschlusses des Deutschen Bundestages.

Übersetzung, Gestaltung und Druck des Zeitzeugenberichts wurden gefördert durch

Auswärtiges Amt

Impressum

Herausgegeben von Ulrich Baumann, Sarah Friedrich und Uwe Neumärker
Stiftung Denkmal für die ermordeten Juden Europas

1. Auflage 2019
V. i. S. d. P. / Redaktion: Uwe Neumärker
Korrektorat: Bettine Bredereck, Sarah Friedrich
Umschlagabbildung: Biarritz, 1947: Raphaël und Liliane
Satz, Gestaltung und Litho: buschfeld.com – graphic and interface design, Berlin
Druck und Bindung: MKL Druck GmbH & Co. KG, Ostbevern

Sämtliche Ergebnisse bzw. Informationen
beziehen sich auf den Stand vom 30. Oktober 2019.

ISBN: 978-3-942240-35-2

Die Deutsche Nationalbibliothek verzeichnet diese Publikation in der Deutschen Nationalbibliografie. Detaillierte bibliografische Daten sind im Internet über ›http://dnb.ddb.de‹ abrufbar.

www.stiftung-denkmal.de

Raphaël Esrail mit Isabelle Ernot

DIE HOFFNUNG AUF EINEN KUSS

AUSCHWITZ, LILIANE UND ICH

Stiftung Denkmal für die ermordeten Juden Europas
Herausgegeben von Ulrich Baumann, Sarah Friedrich und Uwe Neumärker

Stiftung
Denkmal für die
ermordeten Juden
Europas

INHALT

Für meine Familie
Zum Gedenken an Henri und René Badour,
an Milou, Marcel und Ernest
Zum Gedenken an meine Kameraden im Lager

ZWEI STIMMEN – STIMMEN

8. Januar 1944: Mein Leben gerät aus den Fugen, der Tod wird für die nächsten eineinhalb Jahre bis zum Zusammenbruch der Naziherrschaft in Deutschland zu meiner Bestimmung, unserer Bestimmung. Ein paar Tage später, nur wenige Stunden vor unserer Deportation vom Lager Drancy nach *Pitchipoï*, wie die in Drancy festgehaltenen Kinder den unbekannten Zielort der Judentransporte nennen, verliebe ich mich. Ich bin 18 Jahre alt. Liliane Badour ist 19. Sie war am 10. Januar zusammen mit ihren beiden 13 und 17 Jahre alten Brüdern René und Henri in Biarritz verhaftet worden. Die beiden wären meine Schwäger gewesen.

In dieser kollektiven Tragödie, die die Juden durchlebt haben, hat jeder Überlebende seine ganz eigene Geschichte. Das Lager ist keine bloße Erinnerung. Für die meisten von uns ist es in unserem täglichen Leben allgegenwärtig. Ein unbedeutendes Detail erinnert uns wieder daran, man denkt in den Begriffen des Lagers und fragt sich, was diese oder jene Person unter den damaligen Bedingungen gemacht, wie sie reagiert hätte.

Wenn ich in Schulen von meinen Erfahrungen berichte, ist es mir immer wichtig, über die bloße Berichterstattung hinaus auf die Frage nach dem menschlichen Verhalten in einem Konzentrationslager einzugehen. Häufig interessiert das die Jugendlichen besonders und führt zu fruchtbaren Diskussionen. Ich erinnere mich an die Bemerkung eines Schülers in einem Gymnasium im Südosten Frankreichs: »Mit Ihnen findet die Geschichte den Weg in den Klassenraum.« Diese spontane Äußerung ist die schönste Belohnung, die es gibt, und sie bestätigt mir, welche Kraft ein frei von Pathos und Hass vorgetragener Bericht über mein Schicksal entfalten kann.

Im Verlauf von Begegnungen oder Gesprächen bin ich häufig gebeten worden, meinen Zeitzeugenbericht aufzuschreiben. Auch meine Enkeltochter Aurélie drängte mich seit längerem dazu. Ich konnte jedoch nicht der Einzige in diesem Bericht sein. Auch meine Frau Liliane musste darin zu Wort kommen. Ihre Erzählung greift meine auf und ergänzt sie. Dieses Buch ist eines von vielen, und alle sind sie wichtig, trägt doch jedes für sich einen kleinen Teil zu den Informationen bei, die diese Seite der Geschichte rekonstruieren.

In der Welt der Negation habe ich die Kraft zum Überleben aus der Hoffnung geschöpft.

LYON, 8. JANUAR 1944

An diesem Samstagmorgen verlasse ich meine Hochschule, die *École Centrale* von Lyon, und beschließe, Roger Appel in unserem Labor an der Place Célestins, in dem wir falsche Papiere herstellen, aufzusuchen. Im dritten Stock klingele ich auf die verabredete Art. Durch den Lüftungsschlitz neben der Wohnungstür blickt mich ein Gesicht an, das ich nicht kenne. Im gleichen Augenblick öffnet sich die Tür. Ich stehe zwei uniformierten Männern gegenüber, ein Maschinengewehr ist auf mich gerichtet. Sie packen mich brutal und zerren mich in das Zimmer. Ich sehe, dass unser Material wild durcheinander geworfen herumliegt. Sie haben alles durchsucht und auf den Kopf gestellt. Es sind noch mehr Männer da, die mich beobachten. Zwei von ihnen sind vermutlich Juden. Sie sind wohl im falschen Moment gekommen, um ihre Dokumente abzuholen. Roger ist nicht da, vielleicht hatte er sich mit ihnen verabredet. Er wusste, dass ich das für eine gefährliche Unvorsichtigkeit hielt. Ich bin mir sicher, dass er verhaftet wurde.

Drei weitere Männer in Zivil machen sich in dem Zimmer zu schaffen. Einer von ihnen, ein gutaussehender, elegant gekleideter Mann, wirkt wie ein Schauspieler. Er redet nicht und ich vermute, dass er der Gestapo angehört. Auf der anderen Seite des Zimmers steht jemand, von dem ich annehme, dass er der Chef ist. Er ist ununterbrochen in Bewegung, klein, gedrungen und hässlich nicht nur wegen seines schiefen Gesichts, sondern auch wegen seines Gesichtsausdrucks. Ich schätze ihn auf ungefähr 50 Jahre. Nach meiner Rückkehr von der Deportation werde ich erfahren, dass es sich um Francis André, einen Funktionär der faschistischen Französischen Volkspartei *Parti populaire français* in Lyon handelt, den man *Gueule Tordue* (schiefe Schnauze) nennt.

Er spricht mich barsch an. Seine Worte klingen mir noch in den Ohren: »Zeig deine Papiere!« Ich reiche ihm meinen gefälschten, von der Präfektur Tarn ausgestellten Ausweis. Die Struktur des festen, hellgrauen Papiers ist anders als die der üblichen Ausweise. Der Milizionär schaut ihn verblüfft an: »Mit deiner Kanakenfresse willst du mir weismachen, dass du Cabanel heißt?« Er scheint mir auch nicht zu glauben, dass ich Student bin, und fordert mich auf, ihm meine Handflächen und meine Hände zu zeigen. Sucht er dort nach Anzeichen für manuelle Arbeit? Anschließend werde ich von oben bis unten durchsucht.

Die sieben Passfotos von jungen Leuten, die ich hinten im Futter meiner Jacke versteckt habe, sind schnell entdeckt. »Und was haben wir denn hier?« Normalerweise arbeite ich mit Fotos von Personen aller Altersgruppen, von ganzen Familien. Diese hier sind eine Ausnahme. Ich denke blitzschnell nach. Nicht alle Jugendlichen auf den Bildern sind Juden, einige wollen sich auch dem *Maquis*, den Partisanen der Résistance, anschließen oder dem Pflichtarbeitsdienst (SPO) entziehen. Mit ruhigen Worten erkläre ich ihnen, dass ich der Verantwortliche für einen Sportverein an meiner Hochschule sei und dass diese Fotos für die Ausstellung von Mitgliedsausweisen gedacht seien. Er glaubt mir ganz offensichtlich nicht. »Warum versteckst du sie dann im Futter?« Er greift sich meine Aktentasche und findet dort auch sofort Arbeiten für die Hochschule mit meinem richtigen Namen … »Aha, Kanake, außerdem bist du auch noch Jude! Hose runter!« Meine Anatomie bestätigt seinen Verdacht: »Nehmt ihn mit!«

Binnen weniger Minuten bin ich ein anderer Mensch geworden. Bisher hatte mich das Bewusstsein, in welcher Gefahr ich mich befinde, in einen Zustand permanenter Angst versetzt. Der Gedanke, dass ich verhaftet werden könnte, ließ mich selten los. Und als es dann soweit ist, bin ich bereit, mich dem Ganzen zu stellen. Ich empfinde eine tiefe innere Ruhe. »Du musst kämpfen!« Ich habe keine Angst mehr. Ich fühle mich stark. Ich weiß, dass ich mit meiner Hilfe für verfolgte, bedrohte Menschen und für die Mitglieder des bewaffneten Widerstands eine legitime Pflicht erfüllt habe.

Eingerahmt von zwei Milizangehörigen werde ich auf den Rücksitz eines schwarzen Citroëns gestoßen, der vor dem Haus gewartet hat. Ungefähr 15 Minuten später biegen wir in den Hof der Medizinischen Militärakademie in der Avenue Berthelot ein, dem Sitz der Gestapo.

Noch heute sind die Umstände unserer Verhaftung nicht ganz geklärt. Am Abend zuvor waren zwei Kameraden festgenommen worden: Roger Appel, der Verantwortliche unserer kleinen Dokumentenfälscherzelle, und Boris Bezborodko.

Alle drei hatten wir uns im sogenannten Netzwerk *Sixième* engagiert, dessen Name – ein wenig spöttisch – von der Organisationsstruktur der Zwangsvereinigung der Juden Frankreichs *Union Générale des Israélites de France* herrührt. Die Pfadfinderbewegung der *Éclaireurs Israélites de France* wurde nämlich als 6. Sektion in die 4. Direktion dieser Organisation eingegliedert. Roger, der von Marcel Gherson rekrutiert worden war, war fünf Jahre älter als ich und arbeitete zunächst in Pau, später in Nizza in der Rue Guiglia an der Herstellung falscher Papiere. Nachdem es für ihn in dieser Region zu gefährlich geworden war, zog er nach Lyon. Wie er mir nach unserer Verhaftung erzählte, war er bei einer Personenfeststellung in einem Postamt festgenommen worden. Vor kurzem fand ich im Lyoner *Centre d'Histoire de la Résistance et de la Déportation* das Protokoll einer Anhörung von *Gueule Tordue,* das sich im Wesentlichen mit dem, was Roger sagte, deckt. Er erklärte bei einem Verhör durch Polizeikommissar André Sondaz, er würde sich an die Verhaftung zweier junger Juden erinnern. In der Rue Boissac hätte er »zwei Personen semitischen Typs« bemerkt. Nachdem er sie angesprochen hatte, hätten sie die Flucht ergriffen und wären dann Ecke Rue Victor-Hugo und Rue Sainte-Hélène aufgegriffen worden. Da sich ihre Papiere als gefälscht herausstellten, wurden sie zur Gestapo in die Avenue Berthelot gebracht. »Bei der Durchsuchung fanden wir bei ihnen einen Schlüsselbund, wobei die Schlüssel zu ihrer Wohnung an der Place des Célestins gehörten [...]. Nach der Durchsuchung dieser Wohnung fanden wir dort ein richtiggehendes Labor für die Herstellung falscher Papiere und mindestens 300 verschiedene Stempel.«

Und genau in diesem Augenblick klopfte ich an die Tür. Keiner hatte mich über Rogers und Boris' Verhaftung informieren können.

URSPRÜNGE

In meiner frühesten Erinnerung sehe ich mich mit ungefähr zwei Jahren auf einem Nachttopf sitzend inmitten des einzigen großen Zimmers, das meine Eltern, meine Schwester Berthe, mein Bruder Joseph und ich bewohnen. Wir nennen es etwas hochtrabend *Wohnung*, sie befindet sich im Haus Nummer 102 in der Montée de la Grande-Côte. Ich bin erst einige Monate alt, als mein Vater Isaac, der aus der Türkei stammt, nach Lyon fährt, um Vorbereitungen für die Auswanderung seiner Familie zu treffen. Es ist das Jahr 1926. Ich weiß bis heute nicht, was ihn dazu bewogen hat, ausgerechnet in diese Stadt zu ziehen. Vielleicht, weil es religiöse und freundschaftliche Verbindungen zu seiner Gemeinde in der Region Smyrna gab.

Meine Familie gehört zu denjenigen Juden, die im 15. Jahrhundert aus Spanien vertrieben wurden und die Kultur der sephardischen Juden, *Ladino* genannt, und insbesondere auch die spanische Sprache bewahrt haben. Mein Vater stammt aus der Stadt Manisa, dem antiken Magnesia. Er kennt sein genaues Geburtsdatum nicht, in den damaligen türkischen Personenstandsregistern wurde es nicht erwähnt. Er legte es auf 1877 fest. Meine Mutter Ester bzw. Estelle Arditti ist etwa zehn Jahre jünger als er und wurde 1888 geboren. Als Abkömmling einer reichen Grundbesitzerfamilie lebt sie in Lyon würdevoll in mehr als bescheidenen Verhältnissen.

Mein Vater betreibt einen Trikotagenladen, ein Geschäft für Miederwaren und Strickwäsche, im Gebäude Nr. 86 der Montée de la Grande-Côte, einer alten, noch aus der Römerzeit stammenden Straße. Diese von alten Gebäuden gesäumte, etwa 300 Meter lange, stark abschüssige Fußgängerstraße wird relativ wenig frequentiert, was die Geschäfte meines Vaters schwierig macht; seine Einkünfte sind äußerst mager. Ich begreife schon sehr früh, dass seine Tätigkeit nur sehr wenig mit dem Beruf des Devisensachbearbeiters, den er in der Türkei ausgeübt hatte, zu tun hat. Es dauerte eine Weile, bis er sich an das Trikotagengeschäft gewöhnt hatte.

Die Bescheidenheit unserer Verhältnisse bedrückt mich – ebenso wie meine Mutter. Nach und nach erzählt sie mir ihre Geschichte. Sie wurde in Urla geboren, einem kleinen Städtchen in der Nähe von Smyrna, dem heutigen Izmir, wo ihre Familie Weintrauben, Tabak und Feigen – die berühmten aus Smyrna – anbaute und verkaufte und Rosinen herstellte. Ihr Elternhaus, das ihr Vater gebaut hatte, lag inmitten eines wunderschönen Parks und war als das prächtigste in der ganzen Stadt bekannt. Heute befindet sich darin das Rathaus von Urla. Vor kurzem habe ich erfahren, dass die Familie Arditti Ländereien an der Küste von Çeşme besaß. Einige davon sollen von einem Tourismusunternehmen, das Anlagen für Cluburlaube betreibt, übernommen worden sein.

Die Geschichte meiner Familie mütterlicherseits fasziniert mich. Meine Mutter hatte zwölf Brüder und Schwestern, wobei jedes der Geschwister ein eigenes Kindermädchen hatte. Sie erzählt mir von den Freizeitbeschäftigungen, die in diesen wohlhabenden Kreisen üblich waren, von den Mädchen, die für ihre Aussteuer Teppiche webten und Stickereien anfertigten. Eine ihrer Schwestern, Sarah, eine sehr hübsche Rothaarige, war eine ausgesprochen begabte Reiterin; andere waren musikalisch, insbesondere ihr Bruder Raphaël. Sie gingen auf Schulen der *Alliance Française* oder jesuitische Klosterschulen. Sie beherrschten mehrere Sprachen, unterhielten sich aber hauptsächlich auf Ladino. Im Osmanischen Reich hielten sich die Kontakte zwischen Juden und Türken so stark in Grenzen, dass nur wenige Sepharden korrektes Türkisch sprechen konnten. Alle Familienmitglieder meiner Mutter sprachen auch Französisch, obwohl diese Sprache seit dem Ersten Weltkrieg und der türkisch-deutschen Allianz kaum mehr unterrichtet wurde. Diese Verbundenheit mit dem Französischen hat ihre Wurzeln auch in der Geschichte der Ardittis, die »französische Untertanen«, »Juden aus Bayonne« waren. Außerdem begünstigte die griechische und italienische Besatzung die Verbreitung dieser beiden Sprachen. Mutter sprach perfekt Griechisch.

Mit dem Tod ihres Vaters im Jahr 1902 begannen die Schwierigkeiten. Zuerst zerstörte zwischen dem Ende des 19. Jahrhunderts und den ersten Jahrzehnten des 20. Jahrhunderts eine Reblausplage, von der nach und nach alle Regionen der Türkei betroffen waren, die Rebstöcke. Mutter, die jüngste der Geschwister, musste zusehen, wie die glücklichen Zeiten dahinschwanden.

In einer arrangierten Ehe heiratete meine Mutter im Alter von 32 Jahren meinen Vater, einen 43-jährigen Witwer. Die beiden sind vom Körperbau her sehr verschieden. Mutter ist gerade einmal 1,55 Meter groß und wiegt 50 Kilogramm, mein Vater ist kräftiger, 90 Kilogramm bei einer Größe von 1,75 Meter. Mein Vater hatte drei Kinder aus erster Ehe, Béno, Léon und Berthe. Béno ist 16 Jahre älter als ich und ein ausgezeichneter Schüler. 1924 geht er allein nach Paris, um dort Medizin zu studieren. In den frühen 1930er Jahren beschließt er, in die USA zu ziehen, wo er zwei Jahre bleibt. Bei seiner Rückkehr berichtet er vom Antisemitismus, dem er dort begegnet ist. In Paris steigt er mit außerordentlichem Erfolg in den Kunsthandel ein. Noch vor dem Krieg heiratet er Odette Vidal, die Tochter eines jüdischen Vaters und einer christlichen Mutter, deren Familie durch den Handel mit Teppichen zu Wohlstand gekommen war. Wir sehen Béno nur selten, und wenn er nach Lyon kommt, ist dies immer ein Familienfest.

Im Unterschied zu seinem älteren Bruder zeigt mein 1911 geborener Bruder Léon nur wenig Interesse für die Schule. Er ist schlank, hat schöne grüne Augen und ist ein Charmeur. Mit seinem außergewöhnlichen Verkaufstalent beginnt er seine berufliche Laufbahn in der Trikotagenbranche auf den Märkten der Region Lyon und im Département Isère. Mitte der 1930er Jahre bietet Béno ihm an, bei ihm in Paris in seiner Galerie zu arbeiten. Beide machen mit dem Kunsthandel glänzende Geschäfte. Als Folge des Krieges muss Béno jedoch die Galerie schließen und lässt sich im Südwesten, in der Region Guyenne, nieder. Léon hingegen kehrt wieder nach Lyon zurück, und wir sehen ihn häufiger.

Meine Schwester Berthe, Jahrgang 1913, lebt bei uns in Lyon. Sie ist außergewöhnlich begabt, muss aber die Schule aus finanziellen Gründen abbrechen. Das bedauert sie bis an ihr Lebensende. Nach dem Krieg übernimmt sie die Geschäftsleitung eines Unternehmens für Damenmode. In den 1950er Jahren hört sie auf zu arbeiten, um sich um ihr einziges Kind zu kümmern, das schwerstbehindert zur Welt gekommen ist.

Ich liebe meine drei Halbgeschwister von ganzem Herzen und stehe meinem drei Jahre älteren Bruder Joseph sehr nahe. Im Grunde genommen werde ich mir erst spät, mit ungefähr zwölf Jahren, der Tatsache bewusst, dass meine Familie aus zwei verschiedenen Zweigen besteht. Für mich ist meine Mutter die Mutter aller Kinder.

Im Alter von drei Jahren werde ich im Kindergarten in der Rue des Tables-Claudiennes angemeldet. Jungen und Mädchen betreut man dort gemeinsam. Ich fühle mich in diesem Kindergarten wohl. Atmosphäre, Umgebung, Spiele und Lachen – alles scheint mir so anders zu sein als zuhause.

Im Kontakt zu den anderen Kindern wird mir bewusst, wie groß der Unterschied zwischen uns ist, meine Familie ist definitiv nicht wie die anderen. Daheim reden meine Eltern Ladino. Ich ertrage es nicht, dass sie sich auch außerhalb des Hauses in dieser Sprache unterhalten. Es ärgert mich, dass sie in Frankreich leben, aber nicht ausschließlich Französisch sprechen. Das regt mich sogar auf. Darum antworte ich ihnen immer nur auf Französisch, wenn sie mich auf Ladino ansprechen. Ich möchte nicht anders sein als die anderen. Als ich in die Schule komme, stelle ich fest, dass viele meiner Freunde donnerstags etwas machen, was nichts mit mir zu tun hat: Sie gehen zum Religionsunterricht. Ich frage Mutter. Sie antwortet mir: »Nosotros samos djoulios.« (Wir sind Juden.), und sie erklärt mir, dass wir nicht in die Kirche, sondern in die Synagoge gehen. Ich verstehe das nicht gut.

Mein Vater ist ständig in Sorge, auf jeden Fall nicht sehr gesprächig. Unser Austausch beschränkt sich auf unsere schulischen Leistungen. Wann immer es ihm möglich ist, liest er in seiner hebräischen Bibel. Er kennt sie in- und auswendig. Trotzdem redet er mit uns nie darüber, von ihm erhalten wir keine religiöse Erziehung. Denkt er vielleicht, dass dies Mutters Aufgabe sei? Ich kann mich nicht erinnern, dass er jemals zuhause auch nur das kleinste Gebet gesprochen hätte, außer zu Pessach und Jom Kippur – den einzigen Tagen, an denen er in die Synagoge geht. Die Einhaltung der Kaschrut, der jüdischen Speisegesetze, beschränkt sich bei uns darauf, dass wir zu Pessach kein Schweinefleisch, keine Schalentiere und kein Brot essen. Bei den Beziehungen meines Vaters zur Synagoge erinnere ich mich im Wesentlichen an ständige Spendenaufforderungen für die Armen. Er gibt mehr als es angesichts seiner Situation angemessen gewesen wäre, zum Nachteil der Seinen. Alles bleibt an Mutter hängen, die von der Arbeit erdrückt wird. Wir kleiden uns möglichst preiswert, fernab der aktuellen Mode und nach einem Geschmack, der der Vergangenheit angehört. Glücklicherweise begegnet meine Mutter meinem kindlichen Unbehagen mit Takt und Feingefühl.

Mit den Nachbarskindern spielen wir donnerstags stundenlang Räuber und Gendarm. Wir legen einen bestimmten Bereich fest, der auch die typischen Lyoner *Traboules* umfasst; Durchgänge zwischen Häuserreihen, um von einer Straße zur anderen zu gelangen. Die Gruppe der Gendarmen muss die Räuber fangen. Mutter ist nicht begeistert davon, dass wir so viel Zeit auf der Straße verbringen. Vielleicht muss sie immer an den Tag denken, an dem ich im Alter von sechs Jahren von einer Frau mitgenommen wurde. Meine Freunde stürmten zum Laden, um ihr Bescheid zu geben. Völlig außer sich vor Angst rannte sie in die Rue des Tables-Claudienne, um mich zurückzuholen.

Zu dieser Zeit flüchte ich mich häufig in Léons alten Renault, wo ich die Ruhe und den Geruch genieße und Freude daran finde, die Gangschaltung zu betätigen. Dieses Auto, an dessen Kennzeichen ich mich noch erinnere – *944PF4* – ist mein Zufluchtsort, mein Spielplatz und mein Schreibtisch für die Hausaufgaben.

Auch meinem Vater fällt auf, wie viel Zeit wir im Freien verbringen. Über die Synagoge erfährt er von der jüdischen Pfadfinderorganisation *Éclaireurs Israélites de France*. Er schlägt Joseph und mir vor, dort einzutreten. Damit verändert sich unsere Kindheit von Grund auf.

Zwei wichtige Ereignisse machen unser Leben sehr viel angenehmer und lassen uns 1932/33 ein wenig träumen. Das erste ist unser Umzug in die neue Wohnung in der Rue Bodin, die nur einen knappen Kilometer vom Laden entfernt liegt. Das zweite ist die Anmietung eines neuen Ladengeschäfts in der Montée de la Grande-Côte Nr. 88 direkt neben dem alten, aber mit bedeutend mehr Platz. Wir leben in den Räumen einer ehemaligen Seidenweberei, die auch für diesen Beruf konzipiert worden waren. Davon zeugen die etwa 3,5 Meter hohen Decken. Im Vergleich zur vorherigen Wohnung erscheint diese mit ihrer Küche und den vier kleinen Zimmern wie ein Palast. Die Toilette befindet sich jedoch außerhalb, auf einem Zwischenflur, und wir teilen sie mit unseren Nachbarn, was für den Stadtteil Croix-Rousse damals normal ist. Der einzige Ort in der ganzen Wohnung, an dem es fließend Wasser gibt, ist in der Küche; ein Waschbecken aus Stein muss für alles herhalten. Joseph und ich teilen uns ein Zimmer. Ohne warmes Wasser fällt die morgendliche Toilette eher kurz aus. Einmal pro Woche darf ich die von der Grundschule der Rue Neyret organisierte Duschmöglichkeit nutzen oder ein Wannenbad in der Rue des Tables-Claudiennes nehmen.

Es macht mich wütend zu sehen, dass Mutter bei allem und jedem sparen muss und ständig lästigen Unannehmlichkeiten ausgesetzt ist. Freiwillig stehe ich morgens als Erster auf, um den Herd in der Küche mit Holz und Kohle, die ich aus dem Keller hole, anzuheizen. Mein Vater kümmert sich nie um die Probleme des Haushalts. Gelegentlich geht er auf den Markt. Ich habe ihn nie einen Nagel einschlagen sehen, während Mutter wie eine Verrückte arbeitet, um den Haushalt zu bewerkstelligen, die Mahlzeiten zuzubereiten, die Wäsche für alle zu waschen und jedem einzelnen von uns besondere Aufmerksamkeit zu schenken. Außerdem muss sie im Laden sein, damit mein Vater Waren besorgen und verschiedene Dinge erledigen kann, die für den Betrieb seines kleinen Geschäfts unabdingbar sind.

All ihren Anstrengungen zum Trotz leben wir sehr einfach. Wir haben genug zu essen, aber ich sehe, dass es jedes Mal ein finanzielles Problem darstellt, wenn Dr. Markakis, ein aus Griechenland stammender Arzt, gerufen werden muss, wenn wir Medikamente für meine alljährliche Angina brauchen, das Schlafwandeln meines Bruders Joseph oder andere kleine Beschwerden behandeln lassen wollen.

Vergnügungen gehören eher nicht zu unserer Familienkultur, noch nicht einmal an den Geburtstagen. Mutter versucht jedoch immer, diese Tage zu etwas Besonderem zu machen, indem sie sie ein wenig orientalisch gestaltet. Am 5. April, Josephs Geburtstag, und am 10. Mai, meinem Geburtstag, bereitet sie *Boyos* für uns zu, eine Art von Blätterteigtaschen gefüllt mit weichgekochtem Gemüse, sowie einige Süßigkeiten aus weißem Nougat, deren Rezept ihr Geheimnis ist. Wir lieben die *Boyos*. Ich habe später nie mehr etwas gegessen, das so ausgezeichnet schmeckt.

Mutter beklagt sich nie. Ihr einziges Glück ist es, uns gesund aufwachsen zu sehen und zu wissen, dass wir gut in der Schule sind. In dieser Hinsicht kann sie recht zufrieden sein. Joseph und ich gehören immer zu den Besten in der Klasse – trotz unserer besonders schwierigen Arbeitsbedingungen zuhause. In dieser Atmosphäre treffe ich im Laufe der Jahre ganz allein die wichtigen Entscheidungen über meine schulische Laufbahn. Gleichzeitig entfalte ich mich bei den Pfadfindern, die für mich zu einem wesentlichen Inhalt des Lebens, der Bildung und der Begegnungen werden.

ZWISCHEN JUGEND UND ERWACHSENENALTER

1937 bin ich zwölf Jahre alt. Nach der Grundschule, die ich mit Auszeichnung abschließe, muss ich mir überlegen, in welche Richtung ich weitergehen möchte. Ich nehme mit Erfolg am Auswahlverfahren für die Aufnahme in die Vorbereitungsklasse des technischen Gymnasiums *La Martinière* teil. Ich trete in die Fußstapfen meines Bruders Joseph.

Zu dieser Zeit können nur Kinder aus gutbürgerlichen Familien aufs Gymnasium gehen. Von denen gibt es in unserem Stadtteil Croix-Rousse allerdings wenige. Der Zweig, den ich gewählt habe, führt letztendlich zu einem Ingenieurabschluss, dem *Ingénieur des Arts et Métiers*. Zu dieser Zeit ist La Martinière eine nationale, berufsqualifizierende Schule, an der technische und allgemeinbildende Fächer unterrichtet werden. Um aufgenommen zu werden, muss man ein Auswahlverfahren durchlaufen. Die Arbeit ist intensiv, 44 Stunden Unterricht pro Woche, davon ungefähr zehn Stunden theoretische und praktische Berufsausbildung. 1938 werde ich nach einem weiteren Auswahlverfahren für das erste Jahr zugelassen, und bis 1942 lerne ich dort technisches Zeichnen und die Handhabung der damals modernsten Werkzeugmaschinen. Eine dieser Maschinen ist mir im Gedächtnis geblieben, eine hochpräzise sogenannte Ankörnmaschine mit zahlreichen Bearbeitungsfunktionen der Schweizer Firma *Société genevoise de mécanique*. Diese Maschine steht in einem abgeschlossenen, verglasten Raum mit konstanter Temperatur und Luftfeuchtigkeit. Meine technische Ausbildung wird einmal eine wichtige Rolle im Kampf ums Überleben im Lager von Auschwitz spielen.

1942 schließt mein Bruder Joseph sein Ingenieursstudium an der *École des Arts et Métiers* in Cluny ab. Das ist der Zeitpunkt, an dem ich mich entscheiden muss. Mein Plan ist es zwar, den gleichen Weg einzuschlagen wie er, aber ich zögere. Meine innere Stimme sagt mir, dass ich meine Eltern nicht allein in Lyon lassen kann. Joseph kehrt zwar nach Lyon zurück, aber ich weiß nicht, welche Pläne er hat. Vor diesem Hintergrund verzichte ich auf eine Teilnahme am Auswahlverfahren der *Arts et Métiers* und bewerbe mich stattdessen für die *École Centrale* in Lyon.

Nach einer Vorbereitungsklasse und Kursen an der naturwissenschaftlichen Fakultät erhalte ich die Zulassung für das im Oktober 1943 beginnende neue Schuljahr.

In diese Zeit fällt auch der Anfang meiner Aktivität bei der Bewegung der *Sixième* – und ich beginne, ein Doppelleben als Schüler und Widerstandskämpfer zu führen. Ich bin nun 18 Jahre alt. Aber nochmal zurück zum Sommer 1939.

IM STRUDEL DER EREIGNISSE: VON DER KRIEGSERKLÄRUNG BIS ZU MEINEM EINTRITT IN DEN WIDERSTAND (1939–1943)

Im August 1939 verbringe ich einige Tage in der Nähe von Die, im äußersten Süden des Vercors. Ich nehme am Sommerlager der laizistischen Pfadfinderorganisation *Éclaireurs de France* teil. Wir lachen und spielen, singen Chansons von Charles Trenet und Maurice Chevalier und lesen *L'Os de moelle*, eine humoristische, von Pierre Dac herausgegebene Zeitschrift.

In dieser sorglosen Atmosphäre erfolgt Ende August die Generalmobilmachung. Im Zentrum des kleinen Städtchens drängen sich im Bistro von Mutter Cornillon die Männer zusammen und diskutieren. In einigen Tagen, je nach Befehl, müssen sie sich ihrem Regiment anschließen. Ich bin noch zu jung, um alles zu verstehen, aber ihr Tonfall ist ernst.

Bei unserer Rückkehr nach Lyon spüren wir, wie stark sich das Leben verändert hat. Die französischen Behörden befürchten ein Bombardement der Städte und mehr noch Giftgasangriffe und verschicken möglichst viele kleine Kinder aufs Land. Die Pfadfinder helfen als Begleiter. Ich selbst führe Kinder zu einem großen Bauernhof etwa 20 Kilometer von Lyon entfernt. Der Besitzer, ein Veteran des Ersten Weltkriegs, der sicherlich noch von der Lebensmittelknappheit früherer Tage geprägt ist, hat die Schränke voller Zucker und Konserven. Er erzählt mir von seinen Kriegserlebnissen. Seine Erinnerungen vermischen sich mit den Bildern aus Filmen, die ich vor kurzem gesehen habe, *Les Croix de bois* (Die hölzernen Kreuze) von Raymond Bernard nach Roland Dorgelès' Roman und *All quiet on the Western front* von Lewis Milestone nach Erich Maria Remarques *Im Westen nichts Neues*. Die Bilder verfolgen mich, insbesondere die letzte Szene, in der ein deutscher Soldat, der versucht, einen

Schmetterling zu fangen, getötet wird, während der Krieg gerade zu Ende geht. Abends im Bett stelle ich mir die Soldaten in ihren Schützengräben und die entsetzlichen Schlachten, die ihnen bevorstehen, vor.

Doch vorerst gibt es weder Bombardements noch einen Grabenkrieg oder Giftgas, und wir kehren nach Hause und dann auch in die Schule zurück. Es ist der Beginn des *Drôle de Guerre* (des Sitzkrieges). Am 10. Mai 1940, meinem 15. Geburtstag, bombardiert die deutsche Luftwaffe den Flughafen von Lyon, die umliegenden Kasernen und die Militärflugzeuge. Der richtige Krieg beginnt. Wie 1914/15 ist es ein Bewegungskrieg. Ich lausche mit großer Aufmerksamkeit jenen Nachrichten, die zu uns durchdringen. Die Deutschen rücken von allen Seiten vor. Nach dem Einmarsch in Belgien unter Umgehung der Maginot-Linie marschieren sie über die Ardennen in Frankreich ein. Wir kleben alle am Radio. Die Nachrichten sind zum Verzweifeln. Die Flüchtlinge aus den nördlichen Regionen treffen in Paris ein, und bald setzt sich ganz Frankreich in Bewegung, um der deutschen Invasion zu entkommen. Einen Monat nach Beginn ihrer Offensive, am 10. Juni 1940, marschieren die Deutschen in Paris ein. Frankreich weint.

Das ungeheure seelische Leid, das die Franzosen ergriffen hat, macht sie anfällig für abstruse Nachrichten, die ein wenig Hoffnung versprechen. Auf großen Plakaten, die einige Monate vor der Offensive angebracht worden waren, wird die Bevölkerung gewarnt: »Der Feind hört mit.« Paranoia grassiert: Man muss sich vor Spionen in Acht nehmen und vor denjenigen, die Falschmeldungen verbreiten, der sogenannten Fünften Kolonne. Die verrücktesten Nachrichten gehen um. Eine große französische Gegenoffensive werde gerade dank des Eintreffens hunderter amerikanischer Panzer unter dem Kommando Frankreichs vorbereitet. Sie seien im Hafen von Bordeaux gelandet und würden sich nun auf Paris zubewegen. Die Macht Deutschlands nährt auch Phantasien auf wissenschaftlichem Gebiet. »Weißt du was«, sagt ein Kamerad zu mir, »ich habe gehört, die deutschen Motorräder fahren nicht mit Benzin, sondern mit Wasser.«

Sehr bald schon müssen wir den Tatsachen ins Auge sehen: Die Lage ist kritisch. Mitte Juni beschließen mein Bruder Joseph und ich, mit dem Fahrrad in den Süden zu fahren; unsere Eltern wollen lieber in Lyon bleiben. Wir beabsichtigen, uns nach Saint-Céré zu begeben, wohin die Familie Raphaël, Pfadfinder und Freunde aus Straßburg, geflohen ist.

Bereits kurz nach Verlassen der Stadt treffen wir in Oullins auf eine Atmosphäre, die von Panik vermischt mit Katastrophenstimmung geprägt ist. Zivilpersonen und Militärs laufen kreuz und quer umher. In Höhe der Mulatière-Brücke, am Zusammenfluss von Saône und Rhône, steigen gewaltige Flammen und dicker, schwarzer Rauch brennender Benzinlager in den Himmel. Es sind unsere ersten richtigen Momente des Krieges.

Einige hundert Meter weiter zwingt uns ein immer größer werdender Strom von Flüchtlingen dazu, von unseren Fahrrädern abzusteigen. Ein Frachtkahn des Militärs voll mit Zivilisten und Soldaten nimmt uns auf. Er fährt Richtung Le Puy-en-Velay. Aber eigentlich ist uns die Richtung mehr oder weniger egal, wir alle wollen nur der deutschen Invasion entfliehen. In unseren Herzen hoffen wir immer noch auf eine französische Gegenoffensive.

Bei Einbruch der Nacht stoßen wir auf der Suche nach einem Ort, an dem wir übernachten können, auf einen Stall an einem Bauernhof. Der Kuhhirte scheint sich keine Gedanken über die Welt um ihn herum zu machen. Gut möglich, dass er gar nicht weiß, dass Krieg ist. Nur ein paar Bretter trennen seinen Schlafplatz von dem der Tiere. Mir fällt auf, wie schmutzig es hier und wie schmutzig der Mann ist, der uns empfängt und der in einer Stallecke zu leben scheint. Sein Leben erinnert mich an ein biblisches Bild.

Viele kleine Begebenheiten sind mit unserem Exodus nach Saint-Céré verbunden. Wenn man 15 ist, sind die Hunderte von Kilometern sehr anstrengend. Endlich kommen wir bei Madame Raphaël und ihren beiden Töchtern, die zurückgezogen in dieser sehr schönen Kleinstadt leben, an. Unser Aufenthalt ist nur von kurzer Dauer. Am 24. Juni 1940 erfahren wir von der Unterzeichnung des Waffenstillstandes, der das Ende der Kampfhandlungen und die Teilung des Landes in zwei Zonen besiegelt. Eine steht unter der Besatzung der deutschen Armee, die andere, die sogenannte freie Zone, bleibt unter französischer Herrschaft und wird von der Stadt Vichy aus regiert. Lyon ist nicht besetzt, wir können wieder nach Hause zurück. In Saint-Céré erleben wir einen wunderschönen Sommeranfang und alles scheint dem normalen Leben noch so nah zu sein.

Auf dem Rückweg nach Lyon fahren wir durch das Rhône-Tal. Ich habe kaum Erinnerungen an diese Reise, abgesehen von der Entdeckung der schönen Landschaften und meine tiefempfundene Liebe zu diesem Land, das das meinige ist, selbst wenn ich hier nicht geboren bin. Zuhause angekommen, schalte ich das Radiogerät ein. Ich verstehe sehr schnell, welch gewaltiger politischer Umbruch sich Tag für Tag vollzieht. Am 10. Juli 1940 wird die Republik Frankreich ermordet und durch den *État Français* ersetzt; Marschall Pétain wird mit uneingeschränkten Befugnissen ausgestattet, die republikanische Devise *Freiheit, Gleichheit, Brüderlichkeit* wird abgeschafft und durch drei andere, konkretere Begriffe ersetzt: *Arbeit, Familie, Vaterland.* Ende August 1940 wird die Kriegsveteranenorganisation *Légion française des combattants* gegründet. Die meisten Franzosen schließen sich ihr an, auch zahlreiche jüdische Veteranen. Pétain, der Held von Verdun, genießt das Vertrauen des Volkes.

ZEIT DER REIFE

Im Sommer 1940, mit gerade einmal 15 Jahren, verfolge ich das Tagesgeschehen noch aufmerksamer als zuvor. Ich habe den aufgrund der Existenz zweier französischer Staaten entstandenen Konflikt durchaus begriffen, Aufstieg und Sieg der Volksfront beobachtet. Mir sind die materiellen Schwierigkeiten der Arbeitslosen und die Kämpfe der streikenden Arbeiter bewusst. Ich sehe sie in der Montée de la Grande-Côte von Geschäft zu Geschäft gehen und um Sachspenden bitten. Sie kommen auch in den Laden meines Vaters. Die Linke und die Rechte bekämpfen sich heftig. Jede Woche, sobald die Zeitungen erschienen sind, brüllen die Straßenverkäufer von *L'Humanité* und *L'Action française* ihre Schlagzeilen, gefolgt von ihren ›Leibwächtern‹ – Kumpanen, die sie beschützen sollen, falls es zu einer Schlägerei kommt. Sie schauen sich verächtlich an, beschimpfen einander, aber mehr auch nicht.

Ich persönlich habe bis dahin nie Antisemitismus zu spüren bekommen. Ich weiß natürlich, dass es ihn gibt und wie er sich in unserer Gesellschaft, insbesondere in der Politik Frankreichs, äußert. Mit dem Sieg der Deutschen und der Besatzung streift die fremdenfeindliche und antisemitische *Action Française* alle Hemmungen ab. Als Juden kennen wir die Ausgrenzung und Verfolgung, die seit 1933 in Deutschland betrieben wird, sehr genau. Die jungen deutschen und österreichischen Juden, die nach Lyon geflohen sind, haben uns ausführlich darüber berichtet. Wir sind gewarnt. Zur Situation unseres Landes kommt also noch eine zusätzliche Angst hinzu: Ein zutiefst antisemitischer, militarisierter, aggressiver, diktatorisch regierter Staat hat unser Land erobert und richtet seine Herrschaft ein.

Die Dinge lassen nicht auf sich warten: Am 3. Oktober 1940, nachdem die Deutschen kaum dreieinhalb Monate in Frankreich sind, wird das Judenstatut verkündet. Eine der Maßnahmen ist, dass alle Juden, auch diejenigen, die in der unbesetzten Zone leben, sich registrieren lassen müssen. Ich erinnere mich an dieses Doppelblatt, das wir ausfüllen und bei der Behörde abgeben müssen. Wenig später wird mein Vater verpflichtet, eine Bestandsaufnahme aller Waren seines Geschäfts zu machen. Dieses sehr detaillierte Inventar wird Seite für Seite von der Polizei abgezeichnet. Eine Zweitschrift des Dokuments wird beim Polizeikommissariat hinterlegt.

Mein Judentum wird für mich zu einer Belastung. Wir haben von der Festsetzung ausländischer Juden in Lagern sowohl in der besetzten als auch in der freien Zone gehört. Uns kommen Namen von Orten im Süden, insbesondere Gurs und Rivesaltes, zu Ohren. Innerhalb der *Éclaireurs des Israélites de France* tun wir unser Möglichstes, um den Gefangenen zu helfen. Wir packen Päckchen und geben sie an Sozialarbeiter weiter, die sich um die Zustellung kümmern. Ich empfinde das Ganze als großes Unrecht, und die menschlichen Dramen, die ich erlebe, stärken mich in meiner Überzeugung, dass man reagieren, sich dem entgegenstellen, ja kämpfen muss.

Die französische Bevölkerung scheint mir wie gelähmt zu sein. Eine gewisse Gleichgültigkeit breitet sich aus. Sicher, jede freie Meinungsäußerung ist unterbunden und die Presse unterliegt der totalen Zensur; auch der private Briefverkehr kann kontrolliert werden. Um sich zu vergewissern, dass die Post neutral ist, wird sie mit einem blauen Mittel bestrichen, das unsichtbare Tinte sichtbar machen soll. Ich interessiere mich sehr für dieses Thema. Ich verwende gerne eine dieser wenig bekannten Tinten, die aus in Wasser gelöstem Mangansulfat bestehen. Die Methode habe ich im Schullabor kennengelernt. Diese Tinte hat erstaunliche Eigenschaften. Sie ist farblos und wenn sie getrocknet ist, kann man das Briefpapier ganz normal verwenden. Die sympathische Tinte wird sichtbar, wenn man die normale Schrift mit einem in Javel- und normalem

Wasser getränkten Wattebausch abwischt. Mein Interesse daran kündigt bereits den Dokumentenfälscher an, der ich bald sein werde.

In der freien Zone müssen wir den Gelben Stern nicht tragen und auch kein *Jude* in unseren Personalausweis stempeln lassen. Ebenso dürfen wir im Unterschied zu den Juden in der besetzten Zone öffentliche Plätze aufsuchen. Dies gilt auch noch nach der Besetzung der freien Zone im Anschluss an die Landung der Alliierten in Nordafrika am 8. November 1942. Selbst wenn uns das Tragen des Gelben Sterns in unserer Zone aufgezwungen worden wäre, hätte ich es wegen meines Engagements im Widerstand niemals getan.

Im Schuljahr 1942/43 bin ich in der Vorbereitungsklasse für die *École Centrale de Lyon*. Die Leute reden von Judenrazzien, doch alles bleibt vage. Ich spüre die Gefahr auf diffuse Weise und immer stärker auch ihren morbiden Charakter.

Es gelingt mir nicht, mich ernsthaft in mein Studium zu vertiefen. In der Wohnung ist kaum Platz zum Arbeiten und ich höre lieber intensiv den englischen Rundfunk. Ich verfolge minutiös die Truppenbewegungen an den verschiedenen Fronten in Europa, Afrika und Fernost. Die Niederlage der Deutschen in Stalingrad und der beeindruckende Widerstand der Sowjets lassen Momente des Glücks aufkommen und nähren meine Hoffnung auf einen künftigen Sieg der Alliierten.

Die Politik des Antisemitismus dringt in alle Ritzen des Lebens ein. Das Kino und die täglichen Rundfunksendungen versprühen ihr Gift. Die Kollaboration des Vichy-Regimes mit Deutschland, die zum Handlungsprinzip des Staates geworden ist, führt zu Verhaftungen von Juden und Widerstandskämpfern. Die Verhaftungen scheinen nun systematisch vorgenommen zu werden. Man weiß jetzt, dass sie es nicht mehr nur auf ausländische Juden abgesehen haben.

Ab November 1942 ändert sich die Stimmung in Lyon gravierend. Bis dahin bleiben die deutschen Militärs unsichtbar, selbst als die Waffenstillstandskommission in Lyon weilt. Nunmehr sind sie überall. Ab Ende 1942 nehmen die Verhaftungen von Juden in Lyon und in der Region Rhône-Alpes zu, wobei immer noch vor allem solche mit ausländischen Wurzeln betroffen sind.

Ich zwinge mich, Philippe Henriot im Radio zuzuhören. Sein Hass auf die Widerstandskämpfer macht mich fassungslos und sein Antisemitismus trifft mich. Wie kann man nur so viel Gehässigkeiten verbreiten – und dies leider, wie man zugeben muss, sehr gekonnt? Ich frage mich, was die Beweggründe solcher Menschen sind. Woher kommt dieser Hass bei den Katholiken? Ich würde sie am liebsten daran erinnern, dass Jesus Jude war.

Ich überlege, alles aufzugeben und mich den *Forces Françaises Libres,* den Streitkräften des freien Frankreich an der Seite der Alliierten anzuschließen. Aber zu dieser Zeit, Anfang 1943, weiß ich noch nichts von den Widerstandsbewegungen. Als sich der von den *Éclaireurs Israélites* ins Leben gerufene Widerstand strukturiert, schließe ich mich ihm ohne zu zögern an. In dieser Zeit treffen sich die Pfadfinder der Roverstufe mit Claude Gutman und Marcel Gherson, die der nationale Leiter der *Éclaireurs Israélites de France,* Robert Gamzon, geschickt hat. Diese erläutern ihnen die Lage der Juden in Frankreich und die Haltung unserer Pfadfinderbewegung zu dieser Bedrohung. Ein starkes Engagement sei notwendig, um Razzien und Verhaftungen etwas entgegenzusetzen. Ohne die Situation genauer zu kennen, sind wir uns doch im Klaren darüber, dass es hierbei nicht nur um Hilfe für Verfolgte geht, sondern dass man handeln muss, um Leben zu retten. Eine echte Widerstandsbewegung formiert sich, die auf den Pfadfinderstrukturen und den vorhandenen Möglichkeiten aufbaut.

Ein Ereignis in dieser Zeit spielt ebenfalls eine große Rolle für mein Engagement, ein Donnerschlag am Himmel von Lyon: Am 9. Februar 1943 führen die Deutschen eine Razzia im Büro der *Union Générale des Israélites de France* in der Rue Saint-Catherine durch. Die *Union Générale des Israélites de France* war im Sommer 1941 auf nationaler Ebene vom *État Français* gegründet worden. Ihre Rolle ist widersprüchlich, denn zum einen soll sie die Juden gegenüber dem Staat vertreten, insbesondere in Fragen der Sozialhilfe, Vorsorge und Wiedereingliederung, und zum anderen wird sie damit faktisch zum Komplizen und Gehilfen bei der Durchsetzung der antisemitischen Politik. Alle Juden in Frankreich sind gezwungen, dieser Organisation beizutreten. Die jüdischen Verbände müssen sich auflösen und ihren Besitz der *Union Générale des Israélites de France* übertragen. Auch wir, die Pfadfinder der *Éclaireurs Israélites,* werden als 6. Sektion in diese Struktur eingegliedert. In Lyon versuchen dennoch einige, aus der Organisation heraus Juden in Not zu helfen. Pfadfinderkameraden sind dort angestellt und unterstützen mit ihrer Arbeit mittellose Jugendliche. Dies gibt ihnen die Möglichkeit, als Mittelsmänner bei der Aushändigung falscher Papiere zu dienen und Informationen über Verstecke oder Möglichkeiten, Kinder in die Schweiz zu bringen, weiterzugeben.

An diesem Tag im Februar 1943 wird die Razzia unter der Leitung von Klaus Barbie, Chef der Gestapo in Lyon, durchgeführt. Die Gestapo verhaftet einen Großteil der Mitarbeiter sowie sämtliche Juden, die sich dort eingefunden hatten, um Nachrichten oder Hilfe zu erhalten. Etwa 80 Personen gehen ihnen ins Netz.

Nach den großen Razzien in der Region Paris, insbesondere derjenigen vom *Vélodrome d'Hiver* am 16. und 17. Juli 1942, den Razzien im gleichen Sommer in der unbesetzten Zone sowie den Verhaftungen in Lyon wird mir und vielen meiner Freunde klar, dass wir etwas tun müssen. In unserer unmittelbaren Nähe spielen sich Familiendramen ab. Die Unterdrückung der Werte der Republik und die Jagd auf Juden machen ein Handeln notwendig. Es geht um unsere Verteidigung und um unser Überleben. Wir sind allesamt noch Schüler oder Studenten, zu jung, um allein zu kämpfen. Die Antwort kommt wie selbstverständlich vom nationalen Leiter der *Éclaireurs Israélites de France*, Robert Gamzon, der zusammen mit anderen, älteren Pfadfindern eine Widerstandsbewegung aufbaut, die sich auf drei Pfeiler stützt: falsche Papiere, Rettung von Kindern und bewaffnete Aktionen.

Drei Jahre hat es gedauert, von Sommer 1940 bis Herbst 1943, um aus mir einen jungen Mann zu machen, der sich in der Résistance engagiert und sich seiner Pflichten bewusst ist.

JUNI 1943 BIS JANUAR 1944 – MEINE ZEIT IM WIDERSTAND

Zwischen Juni und Juli 1943 durchlaufe ich mit Erfolg das Auswahlverfahren für die Aufnahme an der Ingenieursschule *École Centrale de Lyon.* Ich freue mich zwar darüber, bin aber mit den Gedanken beim Krieg. Die Landung der Alliierten in Italien im Juli bestärkt mich in meinem Vertrauen auf den Sieg. Zugleich baut der *État Français* seine Kollaboration mit Nazi-Deutschland aus. Der Pflichtarbeitsdienst, der für die 1922 geborenen jungen Menschen eingeführt worden war, wird auf den Jahrgang 1923 ausgeweitet. Sie müssen nach Deutschland gehen. Ausnahmen für Studenten sind begrenzt. Die jungen Leute, die sich weigern, müssen sich verstecken, und viele von ihnen treten der Résistance bei oder schließen sich den Partisanen des *Maquis* an. Gleichzeitig wütet die französische Miliz gegen die Widerstandskämpfer und die Juden.

Die Studenten an der *École Centrale* sind nicht besonders antisemitisch eingestellt, aber ich denke, dass sie eher dem Regime von Marschall Pétain nahestehen, dem Kriegstreiben schweigend und gleichgültig zuschauen und insgesamt der Résistance wenig Sympathien entgegenbringen. Diese Welt der Söhne aus gutbürgerlichem Hause vermittelt den Eindruck, dass um uns herum nichts passiert.

Ich erinnere mich an das traditionelle Initiationsritual zu Beginn des ersten Jahres, dem sich jeder neue Student der Hochschule unterziehen muss. Neben zahlreichen und vielfältigen körperlichen Prüfungen muss ich das Thema *Jonas im Bauch des Walfisches* behandeln. Ich ertrage diese Ansammlung junger, so offensichtlich mit sich und ihrer Welt zufriedenen Leute schlecht und kann es mir nicht verkneifen, einen Witz zu erzählen, der mit einem Wortspiel auf die jüngsten Kriegsereignisse, die Rückschläge der Deutschen und ihrer italienischen Verbündeten anspielt. Auch wenn es nur harmloser Klamauk ist, kommt die Anspielung schlecht an, besonders beim Schülersprecher, der *der Z* genannt wird. Ich hatte es gewagt, über den Krieg einen Witz zu machen. In diesem Augenblick hat mich keiner meiner Kommilitonen unterstützt, und später auch nicht.

Selbst die Dozenten sagen kein Wort zum Krieg. Diskussionen mit den Studenten gehören nicht zu ihren Gepflogenheiten. Keine Unterstützung und keine offenkundige Verbundenheit weder mit dem freien Frankreich noch mit dem Frankreich Marschall Pétains sickern durch. Mit einer Ausnahme allerdings, unserem Mathematikprofessor. In der Vorbereitungsklasse hatten wir zwölf Stunden pro Woche Unterricht bei ihm. Er ist Veteran des Ersten Weltkriegs und eine starke Persönlichkeit. Um die 60, makelloses Hemd mit hochgestelltem, zelluloidverstärktem Kragen, die Nase ein wenig gerötet, ist er von brillantem Verstand und ein leidenschaftlicher Kreuzworträtsellöser. Zu Beginn seiner Stunde kann er es nicht lassen, die aktuellen Ereignisse zu kommentieren, macht kurze Anmerkungen über die Zukunft und hat auch kein Problem damit, das Wort *boche* zu verwenden. Er erkundigt sich einmal nach meiner Situation: »Wie sieht es bei Ihnen aus? Bleiben Sie in Ihrer Wohnung?«

Ich wundere mich über seine Frage und sage ihm offen, wie es ist: »Ich habe vor, demnächst aus der Wohnung meiner Eltern auszuziehen.« Ich vermute, er denkt an mich als Jude. Und im Stillen sage ich mir: »Wenn Sie, lieber Professor, wüssten, was ich mache!«

In dieser Welt, die weder feindlich noch wohlwollend ist, bin ich nicht allein. Glücklicherweise unterstützen mich Henri Siméon und Camille Rachel, zwei Kameraden vom Gymnasium, beides Nichtjuden. Alle drei sind wir *Nazifresser*. Nach meiner Verhaftung und Deportation schließt sich Camille dem bewaffneten Widerstand an. Er kam im Widerstand im Département Ain um. Die tiefe Freundschaft zwischen Henri und mir hielt bis zu seinem Tod 2005.

MIT DEN JÜDISCHEN PFADFINDERN

Innerhalb der jüdischen Pfadfinderorganisation *Éclaireurs Israélites de France* in Lyon werde ich bei den *Rovern* Leiter der *Tisons*-Gruppe. Bei meinen Kameraden finde ich menschliche Wärme, Freundschaft und auch ein wenig Glück. Wir haben ähnliche Ansichten und Ziele. Die Beziehung zu ihnen hilft mir und zwingt mich dazu, über mich selbst hinauszuwachsen. Die Pfadfinder stützen sich auf zwei wichtige Strukturen, die Pfadfinderheime von Moissac und Taluyers.

Im Sommer 1943 verbringe ich einige Tage in Taluyers, im Département Rhône. Das Heim wird von Frédéric Hammel, einem ehemaligen Professor der Universität Straßburg, geleitet, den wir nach seinem Pfadfinderabzeichen *Kamel* nennen. Es ist ein Vorläufer dessen, was einmal die Kibbuzim in Palästina, später in Israel sein werden. Im Rahmen des Projekts Taluyers sollen »neue Juden« herangebildet werden. Die Bewohner erhalten eine handwerkliche Ausbildung und lernen, im Einklang mit der Natur zu leben. Es ist ein Ort des Lernens und der Kultur im Geiste der Achtung der jüdischen Tradition, des Sabbat und des Kaschrut. Hier leben Chemiker, Professor und Mediziner ein völlig anderes Leben. Alles wird am Ort hergestellt. Es gibt alle Arten von Berufen: Arbeiter, Mechaniker, Elektriker, Geflügelzüchter usw. Die Arbeit hat Vorrang vor allem. Die Eltern kümmern sich tagsüber nicht um ihre Kinder, diese werden auf dem Bauernhof betreut. Männer und Frauen gehen ihrer jeweiligen Tätigkeit nach und kommen abends wieder zusammen.

Der Gemeinschaft gehören zahlreiche Intellektuelle aus dem Ausland an, die das zionistische Ideal in einer faszinierenden Wirklichkeit leben möchten. Ich kann mich nicht erinnern, dass in diesem Bienenstock Taluyers, wo jeder einzelne seinen Platz und seine Aufgabe hat, jemals von einem jüdischen Staat die Rede gewesen wäre. Aber angesichts der Gegebenheiten denkt manch einer trotzdem daran. Nach meinem kurzen Aufenthalt dort habe ich die Möglichkeit, einigen Bewohnern der Gruppe im Rahmen meiner Untergrundtätigkeit zu helfen, indem ich ihnen durch falsche Papiere eine neue Identität verschaffe.

Ein weiteres Heim war 1939 in Moissac gegründet worden. Der Schwerpunkt liegt hier auf der Rettung von Kindern. Dieses Heim wurde von zwei außergewöhnlichen Menschen geleitet, Shatta und Bouli Simon. Bouli lernte ich 1937 im Schullandheim von La Chapelle-en-Serval (im heutigen Département Oise) bei einem Lehrgang für junge zukünftige Pfadfinderführer kennen, zu dem ich meinen Bruder Joseph begleitete. Ich war zwölf Jahre alt und Bouli beeindruckte mich durch sein Äußeres – er war hochgewachsen und kräftig, aber auch durch seine innere Größe. Ich bewunderte seine Herzlichkeit und seine herausragende Intelligenz.

In diesem Sommer 1943 werden viele Kinder nach der Verhaftung und Deportation ihrer Eltern nach Moissac gebracht. Ohne es zu wissen, sind die meisten von ihnen bereits Waisen. Moissac nimmt auch Studenten auf, die von Universitäten und Elitehochschulen verwiesen worden waren, sowie Erwachsene, denen die Gesetze von Vichy die Ausübung ihres Berufs verbieten. Viele von ihnen beteiligen sich an Aktionen der Résistance, darunter auch mein Bruder Joseph, frischgebackener Ingenieur der *École des Arts et Métiers*. Er stellt falsche Papiere jeglicher Art her. Er wohnt für mehrere Monate in Moissac in einem gemieteten Zimmer in der Innenstadt, um im Falle seiner Verhaftung das Heim nicht in Schwierigkeiten zu bringen. Mit seinem handwerklichen Geschick und seiner großen Genauigkeit kann er auch unter Zeitdruck in Linoleum gravierte Stempel von außerordentlich guter Qualität herstellen.

Angesichts der akuten Gefahr beschließen Bouli und Shatta im September 1943, das Heim zu evakuieren. Die Kinder werden verteilt.

IN LYON, ZWISCHEN PLACE BELLECOUR UND PLACE DES CÉLESTINS

Ab dem neuen Schuljahr 1943 führe ich also ein Leben im Untergrund und bewahre absolutes Stillschweigen darüber. Ich weiß sehr genau, welcher Gefahr ich meine Angehörigen aussetze. Ich muss meine Eltern und meine Freunde schützen. Zu diesem Zeitpunkt ist Claude Gutman der Regionalverantwortliche für die Untergrundaktivitäten. Seine rechte Hand ist Marcel Gherson, der später zum Leutnant der vereinigten bewaffneten Widerstandsgruppen *Forces Françaises de l'Intérieur* ernannt wird. Einzelheiten ihrer Aktivitäten und Kontakte kenne ich nicht. Marcel wird mein Chef, und mit einem ständigen Helfer des Netzwerks, Roger Appel, arbeite ich regelmäßig zusammen.

Marcel und Roger sind beide vier oder fünf Jahre älter als ich. Roger ist eine faszinierende Persönlichkeit, immer gut gelaunt und optimistisch. Er ist recht groß und blond und absolut kein semitischer Typ – entgegen der Aussage von *Gueule Tordue* bei seinem Verhör 1945. Er hat zahlreiche Kontakte außerhalb der Bewegung. Durch seine Vermittlung erhalten wir einen Großteil unseres Materials für die Herstellung falscher Papiere; über ihn laufen auch die Lebensmittelkarten und das Geld. Ich selbst befasse mich kaum mit solchen organisatorischen und logistischen Dingen. Ich bin im Wesentlichen Fälscher.

Ich nehme eine neue, neutralere Identität an und werde Raoul-Paul Cabanel, geboren in Montauban im November 1926. Diese Person existiert tatsächlich; mein Dokument ist daher echt und wurde von der Präfektur des Départements Tarn-et-Garonne ausgestellt. Da ich offiziell in diesem Département wohne, während ich gleichzeitig in Lyon studiere, muss ich meine vorgeblich neue Lyoner Anschrift in meinen Ausweis eintragen lassen. Die Nichtjüdin Madame André ist bereit, mir eine Gefälligkeitsbescheinigung auszustellen, nach der ich unter ihrer Anschrift in der Rue Pouteau wohne, so dass alles seine Ordnung hat. Es gibt jetzt also zwei Raoul-Paul Cabanel, einen echten in Montauban und einen falschen in Lyon.

Zu meinen Aufgaben gehört es auch, Freunde ausfindig zu machen, die für das Netzwerk arbeiten könnten. Wir bewegen uns in einem geschlossenen Umfeld, in dem Anfragen aus eigenem Antrieb für uns interessant sind. Dennoch sind auch andere Kriterien entscheidend: Diskretion und Widerstandsfähigkeit im Falle einer Verhaftung. Wir befürchten nicht, von Maulwürfen infiltriert zu werden, denn die von uns Angeworbenen kommen aus der Pfadfinderbewegung, und wir kennen sie schon seit langem.

Als ich meine Arbeit als Fälscher aufnehme, besteht unser Labor aus einer einfachen Kammer an der Place Bellecour, im Dachgeschoss des *Hôtel Royal.* Zu dem Zimmer gelangt man über einen Seiteneingang, der vermutlich früher einmal für Kutschen und Pferde gedacht war. Auf der hinteren Seite des Hofs führt eine Treppe zu dem Dachzimmer.

Viel Material wird hier gelagert: Personalausweise, Stempel jeglicher Art, Lebensmittelkarten, Arbeitsbescheinigungen, Militär- sowie Studentenausweise und sonstige Bescheinigungen, darunter auch Abiturzeugnisse. Zu dieser Zeit werden Personalausweise in den Großstädten von den Präfekturen, den Stadtverwaltungen und den Polizeikommissariaten ausgestellt. Blankoausweise kann man in Tabakläden kaufen. Man muss eine Gebührenmarke über elf Franc hineinkleben, ab 1943 sind es 13. Wir stellen täglich Dutzende von Personalausweisen her. Damit unsere Käufe von Blankoausweisen nicht auffallen, erwerben wir sie überall in der Stadt.

Es gibt vielfältige Gründe für die Nachfrage nach falschen Papieren. Hauptabnehmer sind Juden, die bei der *Union Générale des Israélites de France* arbeiten und die Dokumente an andere weitergeben. Manchmal sind sie auch für die jüdische Kampforganisation bestimmt oder direkt für Marcel, der sie dann persönlich aushändigt. Die Nachfrage wird immer stärker – und es beunruhigt mich immer stärker, dass Roger die Treffen direkt im Labor durchführt.

Ich bin in einem Zustand dauernder Wachsamkeit vor drohender Gefahr, sie lässt mich nicht los. Auch wenn wir die Mitglieder des Netzwerks gut kennen, so leben wir doch mit der Angst, denjenigen, die verhaftet werden und sich im Besitz unserer Papiere befinden, auf Gedeih und Verderb ausgeliefert zu sein. Und wir wissen, dass alles möglich ist, wenn man in die Hände der Gestapo fällt.

Eines Abends wird ein Mitglied des Netzwerks, der nach dem Ausgangsverbot noch unterwegs ist, festgenommen. Ohne einen Moment zu zögern, beschließt Marcel, unser Material sofort zu einem anderen Versteck an der Place des Célestins, im dritten Stock bei Madame Gouverneur zu bringen. Ich erfahre, dass sie die Vermieterin eines gewissen Durand ist, Rogers Vorgänger in der Résistance. Zu dritt tragen wir das

Material zu Fuß zu dem neuen Ort, der sich in der Nähe befindet. Wir gehen getrennt mit einem alt aussehenden Koffer. Die Operation ist gefährlich. Polizei und Miliz sind überall, sie kontrollieren ständig die Ausweise und fordern einen auf, die Taschen zu öffnen. Spione und Denunzianten sind überall. Die Aktion ist für jeden einzelnen von uns riskant, aber auch für das Netzwerk als Ganzes.

In der Gegend um die Place des Célestins herum kennen wir uns nicht gut aus. Aber Durand, ein Student und Widerstandskämpfer, hatte dort nie Probleme gehabt. Seinem Naturell entsprechend ist Roger zuversichtlich. Das Zimmer ist auf ihn angemeldet. Wir kommen mit ziemlich vielen Koffern an, dafür dass nur ein einziger Student dort wohnt ... Roger empfängt auch im neuen Labor wieder Juden, die falsche Papiere benötigen. Das irritiert mich und bereitet mir Unbehagen. Ich schlage Roger einen Geheimcode vor. Wir könnten ein völlig unauffälliges Stück Stoff in einer neutralen Farbe am Fenster als Zeichen für reine Luft anbringen. Roger findet die Idee gut, vergisst aber, sie in die Tat umzusetzen ... Wir vereinbaren außerdem ein Klopfzeichen an der Tür.

FALSCHE PAPIERE

Ich bin bei Roger die Anlaufstelle für Pfadfinder im Einsatz. Ich schaffe falsche Identitäten, die der Vielfalt unserer Klienten in Bezug auf Herkunft und Vorhandensein eines Akzents Rechnung tragen. Ich treffe sie nicht persönlich, man gibt mir ihre Merkmale an. So lasse ich Menschen, die aus Mittel- oder Osteuropa stammen, aschkenasischen Ursprungs sind und häufig einen ausgeprägten Akzent haben, im Norden oder Osten Frankreichs geboren sein. Wenn möglich, wählen wir Geburtsorte in Regionen oder Städten, von denen wir wissen, dass das Standesamt zu Beginn des Krieges zerstört wurde. Auf der anderen Seite versetzen wir den Geburtsort von Personen mit einem eher sephardischen Nachnamen, die Ladino sprechen und sich in der Regel einwandfrei auf Französisch ausdrücken können, eher in den Südwesten Frankreichs. Von Personen, die in Frankreich geboren wurden, erbitten wir eine Geburtsurkunde oder -bescheinigung und ändern ihren Namen. So kann aus einem Levy ein Leroy werden. In solchen Fällen wischen wir die Originalschrift auf dem amtlichen Dokument ab und ändern die Identität, sodass die Authentizität, insbesondere Stempel und Unterschrift des Standesbeamten, erhalten bleibt. Dies ist möglich, weil die Dokumente zur damaligen Zeit mit Federhalter und schwarzer Tinte beschrieben werden.

Unsere Dokumente sind von guter Qualität. Wir sind stolz darauf. Wir können eine Vielzahl unterschiedlicher Papiere liefern, insbesondere für die Mitglieder der diversen Widerstandsorganisationen. Neben Personalausweisen und Lebensmittelkarten stellen wir auch Militärausweise, Familienbücher, Arbeitsbescheinigungen und Abschlusszeugnisse her. Einige Originale wurden in den Gendarmerien gestohlen, dies gilt für die Militärausweise. Die anderen sind wiederverwendete Papiere.

Ich werde bald ein Spezialist auf diesem Gebiet. Man muss äußerst sorgfältig vorgehen, denn es ist nicht einfach, eine Schrift wegzuwischen und einen neuen Namen einzutragen, sodass das Dokument anschließend wieder wie ein Original aussieht. Ich lerne, die perfekte Dosierung zwischen ein paar Tropfen Javel- und ein wenig lauwarmen Wassers zu finden; bei falscher Dosierung wird das Papier gelb und unbrauchbar. Anschließend lässt man das Dokument trocknen und bügelt es, bevor man es neu beschreibt.

Unser Fälscherlabor umfasst eine nicht unbeträchtliche Anzahl von Stempeln aus Bürgermeisterämtern oder Polizeikommissariaten. Einige davon haben uns Mitarbeiter der Stadtverwaltungen besorgt, zum Beispiel im kleinen Städtchen Dieulefit im Département Drôme. Andere sind gefälscht, hergestellt von Druckern, die sich in der Résistance engagieren. Mein Freund Henri Zelnik, ein Mitglied der *Éclaireurs Israélites*, ist von Beruf Schriftsetzer und arbeitet in einer Druckerei in der Montée Saint-Sébastian. Von ihm bekomme ich einige Stempel, darunter den des Kommissariats des 6. Arrondissements von Lyon, das von Kommissar Rateau geleitet wird. Ich übe, seine Unterschrift nachzuahmen, und es gelingt mir offenbar sehr gut, denn eine Person, die mit einem meiner Ausweise kontrolliert wird, kommt damit problemlos durch. Diese Geschichte ist Balsam für meine Seele, und ich kann mir nicht verkneifen, sie meinen Freunden zu erzählen.

Ich habe auch die Gelegenheit, Papiere für Persönlichkeiten wie Herrn Lévy, einem hohen Beamten im Justizministerium zur Zeit der Französischen Republik, herzustellen. Ich meine mich zu erinnern, dass er Generalstaatsanwalt am Kassationsgericht war. Ich bringe ihm Dokumente für sich und seine Familie zu seinem Wohnsitz in Lyon, im Stadtviertel Ainay. Als er mich hereinlässt, fühlt er sich sichtlich unwohl; die Aushändigung erfolgt in Eile unter eisigem Schweigen. Für ihn ist es eine Vorsichtsmaßnahme, aber es frustriert mich dennoch ein bisschen, ein solch hohes Risiko eingegangen und durch die ganze Stadt gelaufen zu sein, um ihm die Fälschungen zu bringen und kein wohlwollendes Wort dafür zu erhalten. Überall herrscht eine krankhafte Angst.

Ich stelle auch für ein anderes Mitglied seiner Familie, Oberrabbiner Jacob Kaplan, falsche Papiere her. Weil es eilt, bringe ich sie ihm an einem Abend mit dem Fahrrad nach Villeurbanne. Zu dieser Tageszeit ist es am gefährlichsten, denn in der Stadt finden häufig Personenkontrollen statt. Zum Glück geht alles gut, und es freut mich sehr, dass ich dem Oberrabbiner, den ich über die *Éclaireurs Israélites* kenne, helfen konnte. Als ich bei ihm zuhause ankomme, erstaunt mich die Bescheidenheit seiner Wohnung, die sich im Erdgeschoss befindet und zur Straße hinausgeht.

Neben meiner Arbeit als Fälscher bin ich auch mit anderen Aufgaben betraut. Am häufigsten betätige ich mich als Verbindungmann, das heißt, ich befördere falsche Papiere im Umkreis des Départements Rhône. Auch wenn ich Vertrauen in die von mir gefälschten Papiere habe, schwebe ich doch immer in der Angst vor unerwarteten Kontrollen. Da ich in dem Alter bin, in dem ich im Rahmen des Pflichtarbeitsdienstes nach Deutschland müsste, kann es mich durchaus treffen. Ich bin zwar Student und kann es beweisen, aber ich wurde deswegen schon einmal in der Rue de l'Hôtel-de-Ville in Lyon überprüft. Mein letzter Außeneinsatz ist eine Dokumentenlieferung mit dem Zug nach Grenoble. Er verläuft ohne Zwischenfälle.

Zweimal nehme ich an einer Sitzung der Regionalverantwortlichen der 6. Sektion teil. Mit etwa 20 anderen Kameraden aus der Region Rhône-Alpes treffe ich mich in einer riesigen Wohnung an der Cours Lafayette. Solche Treffen sind zweifelsohne riskant, erlauben aber die Weitergabe von Informationen und beschleunigen die Koordination. Wir gedenken der verschwundenen Kameraden, der Verhafteten, Deportierten und Erschossenen. Die Treffen enden mit einem Zeichen der Verbundenheit: Wir fassen uns an den Händen und singen das Lied *Nehmt Abschied Brüder*. Seit dieser Zeit weckt dieses Lied bei mir schmerzliche Erinnerungen.

Zu meinen Kontakten zählen zahlreiche Mitglieder der jüdisch-kommunistischen Arbeiterorganisation *Union des Juifs pour la Résistance et l'Entraide*. Wir sind alle jung und vereinbaren, uns einmal pro Woche auf der Place Bellecour zu treffen. Wir vertrauen darauf, dass wir bei der Größe des Platzes und den vielen Stadtbewohnern, die dort verkehren, unbemerkt bleiben können. Wir begrenzen unsere Gruppegröße auf vier oder fünf Mädchen und Jungen. Auch wenn unsere Organisationen jeweils getrennt voneinander und ohne bekannte Verbindung untereinander agieren, halten wir jungen Leute es doch für wichtig, dass Informationen zwischen denjenigen, die an der Rettung der Juden arbeiten, und denjenigen, die am bewaffneten Kampf teilnehmen, ausgetauscht werden. Die Inhalte unserer Gespräche sind begrenzt, Informationen über Strukturen in unseren Organisationen sowie Namen von Personen sind absolut tabu.

Auf diesem Platz händigt mir Korolisky, der Bruder einer Pfadfinderin der *Éclaireuses Israélites de France*, auf meine Bitte hin eine Pistole aus. Er lässt sie aus seiner Hosentasche in meine gleiten. Es ist das erste Mal, dass ich eine Waffe trage. Es beunruhigt mich, zumal ich immer noch bei meinen Eltern in der Rue Bodin wohne. Ich bin mir nicht sicher: Soll ich zu Fuß nach Hause gehen? Aber der Weg ist weit ... Oder doch besser mit der Straßenbahn Linie *13* fahren? Unterwegs beschließe ich, ab der Montée de la Grande-Côte nicht mehr weiter zu Fuß zu gehen. Auf der Straße ist das Risiko, kontrolliert zu werden, höher, während die Straßenbahnen um 18.00 Uhr nach Arbeitsschluss gestopft voll sind und, wie ich annehme, meine Chancen, ohne Schwierigkeiten durchzukommen, deshalb größer sind. Trotz meiner tiefsitzenden Angst komme ich am Ziel an.

Ich beteilige mich zwar nicht am bewaffneten Kampf, auch wenn ich immer häufiger damit liebäugele, und bei meiner Arbeit als Fälscher brauche ich auch keine Waffe, aber ich ändere meine Meinung in diesem Punkt und möchte mit Blick auf die Zukunft, für die sich die militärische Option abzeichnet, eine besitzen. An mehreren Sonntagen hintereinander gehen wir jetzt in den Wald von Vaugneray, etwa zehn Kilometer westlich von Lyon, um das Schießen mit einer Kleinkaliberwaffe zu trainieren.

Als ich zu Ladenschluss im Geschäft meines Vaters eintreffe, schaue ich mir die Waffe von allen Seiten an, zerlege sie und baue sie wieder zusammen und suche schließlich das bestmögliche Versteck. Ich beschließe, sie unter der Schaufensterauslage des Ladens zu verstecken, wo der Boden aus gestampfter Erde besteht. Ich wickele sie erst in ein eingefettetes Stück Stoff und vergrabe sie dann unter etwas Erde. Ich habe sie nur ein einziges Mal benutzt, zur Einschüchterung eines mutmaßlichen Denunzianten. Ich erinnere mich nicht an den Namen dieses Mannes, der sich als Polizist ausgab, um Geld von den Geschäftsleuten des Stadtteils zu erpressen. Mit der Waffe wollte ich ihm Angst einjagen. Nach meiner Rückkehr von der Deportation fand ich die Pistole wieder dort, wo ich sie zurückgelassen hatte.

Einige von uns spielten mit dem Gedanken, sich dem bewaffneten Widerstand anzuschließen. Dies gilt auch für meinen Freund aus Kindheitstagen Fernand »Leutnant« Allouche. Als aktives Mitglied der nationalen Résistance trägt er ständig eine Kaliber-7,65-Pistole mit sich, und an seinem Handgelenk hängt ein Lothringerkreuz. Seine überbordende Unbekümmertheit fasziniert mich, gleichzeitig ärgert es mich aber, dass er sein Leben aufs Spiel setzt. Ich erstelle ihm neue falsche Papiere, da seine in meinen Augen von unzureichender Qualität sind.

Einige Zeit später wird er von der französischen Polizei festgenommen. Er ist leicht verletzt und kommt zunächst ins Saint-Paul-Gefängnis in Lyon, später wird er ins Krankenhaus *L'Antiquaille* eingeliefert. Ich will ihm zur Hilfe kommen, aber ich kenne niemanden aus seiner Gruppe. Als sein Freund möchte ich mein Möglichstes tun, ihn frei zu bekommen. Ich gehe hin, um herauszufinden, ob es eine Möglichkeit gibt, über die Mauer gegenüber dem Haupteingang in das Krankenhaus zu gelangen. Offenbar kann ich aber nichts machen. Ich werde wütend. Später erfahre ich, ich weiß nicht mehr über welchen Kanal, dass er aus dem Krankenhaus *L'Antiquaille* geflohen ist. Nach meiner Rückkehr aus den Lagern erhalte ich die Nachricht, dass er beim Kampf um die Befreiung von Grenoble gefallen ist.

WEIHNACHTEN 1943 AUF DER ALM

An den Weihnachtstagen 1943 beschließen alle *Rover* der *Tisons*-Gruppe, in Comborsière im Maurienne-Tal Ski zu fahren. Diesen Ort im Département Haute-Savoie kenne ich gut. Wir sind acht junge Männer, alles Juden und mit falschen Papieren ausgestattet. Na und? Die Jugend schert sich nicht um Gefahr! Wir kommen Heiligabend am Bahnhof von Saint-

Jean-de-Maurienne an. Der Bus zum Dorf Foncouvert in der Nähe von Toussuire fährt nur einmal am Tag und ist schon lange weg. Wir müssen die Nacht also in Saint-Jean-de-Maurienne verbringen. Aus finanziellen, aber vor allem aus Sicherheitsgründen kommt es nicht in Frage, in einem Hotel zu übernachten, denn in dieser Zeit muss jeder Reisende einen sehr detaillierten Meldezettel ausfüllen, der noch am selben Tag an die Gendarmerie weitergeleitet wird. Wir müssen die Nacht also im Bahnhof verbringen. Als Verantwortlicher für die Gruppe erkläre ich dem Bahnhofsvorsteher in groben Zügen die Situation. Er ist sofort damit einverstanden, uns in einem alten Waggon der 3. Klasse unterzubringen. Zu jener Zeit herrscht strenger Frost, sehr strenger. Wir steigen in ein eisiges Abteil, sind aber trotzdem froh, eine Unterkunft mit Holzbänken gefunden zu haben. Als ordentliche Pfadfinder haben wir alle ein oder zwei Kerzen in unserer Tasche, mit deren Hilfe wir Licht und ein wenig Wärme in diese eiskalte Umgebung bringen.

An diesem Heiligabend sitzen wir also dort in unseren wärmsten Skisachen und in Schuhen, unsere Schlafsäcke oder Decken über die Knie gebreitet, und singen ein Lied nach dem anderen aus unserem Pfadfinderrepertoire. Keiner kann uns auf diesem weit vom Eingang entfernten Abstellgleis hören. Unsere Essensvorräte, die wir untereinander aufteilen, tragen das Ihre zu einer fröhlichen und unvergesslichen Stimmung bei. Die eiskalte Nacht wird uns, weil alles so unbequem ist, sehr lang, aber durch unsere Freundschaft auch unendlich mild.

Früh am Morgen verlassen wir den Waggon und den Bahnhof, wobei wir davon überzeugt sind, dass der Bahnhofsvorsteher mit der Résistance sympathisiert. Wir gehen in die Stadt. An diesem ruhigen Weihnachtstag mischen wir uns unter die wenigen Skifahrer, die auf den Bus zum Dorf Foncouverte warten. Wir sind angenehm überrascht, weder einen deutschen Soldaten noch einen französischen Gendarmen zu sehen. Es ist wahrlich Weihnachten.

Ein alter Bus bringt uns keuchend bergauf und weit weg von allen Aufregungen und Gefahren. Nach und nach wird die Schneeschicht dicker und hat bei unserer Ankunft fast zwei Meter erreicht. Der Bus hält in jedem Weiler, aber schließlich kommen wir an unserem Ziel an. Der Anblick des Ortes macht uns ergriffen, und wir haben das Gefühl, in einer anderen Welt zu sein, weit weg vom Krieg und allen Einschränkungen. Aus einem Stall dringt ein warmer und scharfer Güllegeruch in unsere Nasen. Als wir am Bauernhof ankommen, treten wir ein, um vielleicht etwas zu essen zu bekommen. Völlig unerwartet und auf wunderbare Weise überrascht, stellen wir fest, dass wir ohne Lebensmittelmarken und zu einem normalen Preis Butter, Milch und Brot kaufen können. Oh, ihr fabelhaften Savoyer, oh, du herrliches Savoyen!

Ab Foncouverte gibt es keinen Weg, über den wir zu Fuß weitergehen können. Wir müssen also die wenigen Kilometer, die uns von unserem Chalet in Comborsière trennen, auf Skiern durch den Neuschnee bewältigen. Schon für gute Skifahrer, die mit Seehundfellen unter ihren Skiern ausgerüstet sind, ist es ein anstrengendes Unterfangen, aber für Ungeübte ohne geeignetes Material bedeutet es eine fast dreistündige Tortur. Die Schönheit der Berge, die sich uns darbietet, belohnt uns dafür, und wir erreichen unser Ziel bei Anbruch der Dunkelheit völlig erschöpft, aber glücklich.

Auf den Pisten hier gibt es keine Skilifte. Das Vergnügen, die Hänge auf Skiern hinunter zu sausen, bezahlt man mit einem Aufstieg zu Fuß, wenn der Schnee gewalzt ist, oder auf Skiern, wenn man Seehundfelle oder Riemen darunter befestigen kann. Auf den Pisten ist praktisch niemand. Einige österreichische Militärangehörige, erkennbar an ihren Hüten, rutschen die Pisten offensichtlich zu ihrem Vergnügen herunter. Der Krieg ist stets mit uns.

So verbringen wir eine Woche zwischen Weihnachten und Neujahr. Am Silvesterabend ist der Himmel klar, der Mond leuchtet uns wie eine Fackel und schenkt uns majestätisch sein wundervolles Licht. Nach dem Abendessen gehe ich hinaus. Es tut so gut, und alles ist so schön, dass ich meine Skier anschnalle. Ich bin allein, vollkommen allein in dieser herrlichen Natur und schaue auf die nahen Berge. Ich laufe langsam und halte dann an. Ich möchte dieses friedliche, majestätische, einzigartige Bild in mich aufnehmen. Ein Gefühl von Andacht umhüllt mich. Ich hoffe auf ein besseres Jahr 1944 und gleichzeitig auf die Niederlage der Deutschen. Ich weiß, wie glücklich ich mich schätzen kann, und wende meine Gedanken allen Kameraden zu, die in den Krieg gezogen sind – denjenigen, die verhaftet, erschossen, deportiert worden sind. Ich bleibe lange Minuten bewegungslos stehen, bis mich Verzweiflung überkommt beim Gedanken an die Brüderlichkeit, die es nicht mehr gibt und die in unserer heutigen Welt nicht möglich ist. Schmerz, Hoffnung, Glück und Leid vermischen sich. Ich kehre ins Chalet zurück.

Anfang Januar bei meiner Rückkehr nach Lyon nehme ich mein Doppelleben als Student und Fälscher wieder auf. Beides nimmt eine Woche später, am 8. Januar 1944 an der Place des Célestins ein abruptes Ende.

REISE IN EINE ANDERE WELT

BEI DER GESTAPO

Jetzt, da ich den bewaffneten Männern, die unsere Tür öffnen, und *Gueule Tordue* mit seinen Fragen gegenüberstehe, geht alles sehr schnell. Ich versuche, mich gedanklich auf das Verhör, das unvermeidlich folgen wird, einzustellen: Was soll ich sagen – und was nicht? Ich muss verhindern, dass weitere Personen verhaftet werden, meine Kameraden, aber auch meine Eltern, die von meiner Tätigkeit keine Ahnung haben. Als Jude und Widerstandskämpfer gebe ich nicht viel auf meine Haut, auch wenn ich immer hoffe.

Auf der Rückbank des Citroëns neben den Milizionären sehe ich die Straßen an mir vorüberziehen. Die Fahrt ist kurz, bald schon kommen wir an der Medizinischen Militärakademie in der Avenue Berthelot an, wo die Gestapo in Lyon ihren Sitz hat. Das Auto fährt über den Hof und hält dann vor einer Treppe links vom Haupteingang.

Ich werde sofort in einen großen Raum geführt, in dem eine Sekretärin hinter einer Schreibmaschine wartet. Mein Verhör beginnt. Ich bleibe bei meiner Darstellung und sage aus, niemanden an der Place des Célestins zu kennen. Ich gebe an, Roger Appel über unser gemeinsames Hobby, die Uhrmacherei, kennengelernt zu haben – was für das Hobby auch stimmt. Ich muss eine Begründung für meinen falschen Personalausweis finden, der auf den Namen Raoul-Paul Cabanel ausgestellt ist. Ich erkläre, dass ich mir als türkischer Staatsbürger dieses Papier besorgen musste, da ich als Ausländer ohne Sondergenehmigung nicht reisen darf und sonst meine Funktion als Sportverantwortlicher für die Region nicht hätte ausüben können.

Natürlich glauben sie mir kein Wort. Die Milizionäre führen mich in einen angrenzenden Raum, ein Badezimmer. Mein Blick fällt sofort auf die mit schmutzigem, von Blutschlieren durchzogenem Wasser gefüllte Badewanne. Die Milizionäre befehlen mir, mich auszuziehen. Ich bin nackt. Sie fordern mich auf, in das eiskalte Wasser zu steigen. Mehrfach drücken sie mir den Kopf unter Wasser. Ich leiste keinen Widerstand. Ich bin zweifelsohne in einer schwierigen Lage, aber ich simuliere auch und täusche vor, ich könne nicht mehr, bevor es tatsächlich so weit ist. Als sehr guter Schwimmer kann ich die Luft ungefähr eine Minute lang anhalten. Jedes Mal, wenn sie meinen Kopf wieder loslassen, tue ich so, als würde ich kollabieren. Neben dem simulierten Ertränken schlagen sie auf mich ein, versetzen mir Schläge ins Gesicht, auf den Körper und in die Genitalien. Es tut entsetzlich weh. Sie holen mich aus dem Wasser heraus. Ich darf mir auf meinen nassen Körper etwas überziehen, um meine Blöße zu bedecken, bevor man mich wieder in den anderen Raum bringt, in dem die junge Frau wartet. Anstand muss sein.

In Handschellen fordert man mich auf, mich hinzusetzen. Das Verhör beginnt von neuem. In dem großen Raum macht sich die junge Sekretärin bereit, meine Aussage einzutippen. Die Männer, die mich misshandelt haben, werden aus dem Zimmer herausgerufen. Die Frau und ich bleiben allein zurück. Sie zündet eine Zigarette an und steckt sie mir in den Mund. Ich bin in einer schlechten Verfassung. Hat sie Mitleid mit mir? Gehört das eher zu den Verhörtaktiken? Wie dem auch sei, ich rauche nicht ... Die Schergen kommen zurück und nehmen ihre Befragung wieder auf. Ich bleibe in allen Punkten bei dem, was ich bereits gesagt habe. Ich verrate nichts und niemanden.

Ich weiß, dass Klaus Barbie an diesem Tag gekommen ist, ohne jedoch einzugreifen. Er überlässt die Angelegenheit den Leuten der *Parti populaire français*. Zu diesem Zeitpunkt weiß ich nicht, was mit mir geschehen wird. Ich bekomme keinerlei Informationen. Keine Rechtsvorschriften gelten. Als Widerstandskämpfer werde ich vermutlich im Schnellverfahren verurteilt und erschossen oder in ein Lager nach Deutschland verschleppt.

Der Gedanke daran, dass ich ausgelöscht, getötet werden könnte, lässt mich nicht los. Noch am selben Abend werde ich in das Militärgefängnis Montluc überstellt. In den fast zwei Wochen meiner Haft dort werde ich in Ruhe gelassen.

DAS MILITÄRGEFÄNGNIS MONTLUC

Das Gefängnis steht unter alleiniger deutscher Leitung. Militärangehörige nehmen mich in Empfang. Ohne Aufnahmeformalitäten werde ich direkt in einen Haftbereich geführt. Die Größe der Halle beeindruckt mich. Wir sind bereits im ersten Stock, als mein Wärter den Befehl erhält, mich woanders hinzubringen.

Wir kehren also wieder um. Im Hof sehe ich eine einfach gebaute Baracke. Ich erfahre später, dass sie *Judenbaracke* genannt wird. Es scheint nicht sehr viele Gefangene zu geben, etwa 60. Einige begrüßen mich. Auf meinem Gesicht sind wohl noch immer die Spuren des Verhörs zu sehen. Sie interessieren sich für den Grund meiner Inhaftierung und möchten wissen, wer ich bin. Es sind Mitglieder der Résistance. Sie zeigen mir, wo es noch eine freie Bettstelle gibt, oben.

Ich habe seit Stunden nichts gegessen. Ich habe nicht nur Hunger, sondern spüre auch das Bedürfnis zu essen, um die Ereignisse, durch die mein Leben soeben aus den Fugen geraten ist, zu kompensieren. Es ist 17 oder 18 Uhr, als die Suppe verteilt wird. Ein Insasse der Baracke bringt sie mir. Seine Geste geht mir sehr nahe.

Ich versuche, Klarheit in meine Gedanken zu bringen. Sie wandern zu meinen Eltern. Die Vorstellung, dass sie die Konsequenzen meines Handelns tragen müssen, bereitet mir Sorge. Ich stelle mir eine Wohnungsdurchsuchung bei ihnen vor. In mehreren Büchern in meinem Zimmer sind Blankoarbeitsbescheinigungen, zwei oder drei Lebensmittelkarten und einige Lebensmittelmarken versteckt. Durchsuchen sie gerade unseren Laden? Haben sie meine Pistole gefunden? Ich kann nichts für meine Eltern und meine Eltern nichts für mich tun. Wir sind getrennt. Ich hoffe von ganzem Herzen, dass meine Verhaftung nicht ihre eigene nach sich ziehen wird.

Die Männer der *Parti populaire français* jagen nicht nur Résistance-Mitglieder und Juden, sondern stehlen auch Eigentum, insbesondere das der Juden. In Lyon haben wir von ihren »Geschäften« gehört. Bei meinen Eltern gibt es für sie nichts zu holen. Mein Vater besitzt zwar ein paar Goldstücke, aber die befinden sich nicht im Haus. Ich hege die Hoffnung, dass ihre türkische Staatsangehörigkeit meine Eltern schützt. Türkische Juden dürfen theoretisch nicht verhaftet werden, wenn sie die türkischen Verwaltungsvorschriften befolgen und jährlich den Zehnten zahlen, wie es mein Vater jährlich im Generalkonsulat der Türkei in Marseille tut.

In Montluc treffe ich wieder auf meinen Kameraden Boris Bezborodko. Er ist sieben Jahre älter als ich und wurde am Abend zuvor, am 7. Januar, zusammen mit Roger Appel verhaftet. Er ist in meiner Baracke. An Roger habe ich von der Zeit der Inhaftierung keine Erinnerung mehr. Bis dahin war die Verhaftung der beiden eine bloße Vermutung gewesen. Die Durchsuchung unseres Labors durch die Männer der *Parti populaire français* hat die Tatsache bestätigt. Aus den Umständen meines Verhörs schließe ich, dass die Milizionäre die Namen der Mitglieder der *Sixième* nicht kennen. Boris und Roger haben mich also nicht verraten. Ich habe im Übrigen auch keinen Augenblick daran gezweifelt. Ich bin in eine Falle gegangen, und niemand hatte die Zeit, mich zu warnen.

Mir fällt es schwer, die Fassung zu bewahren. Ich habe Hunger. Ich mochte Steckrübensuppe nie – seit dieser Zeit hasse ich sie buchstäblich. Am Abend vorher konnte ich um die gleiche Uhrzeit Kirschkonfitüre genießen – riesige Früchte in dickflüssigem Sirup. Ich aß mich an der Konfitüre, die mein Vater mitgebracht hatte, satt – wohlwissend, was für ein Privileg das in diesen entbehrungsreichen Zeiten war.

Das Leben in Haft bringt mich sehr schnell wieder in die Wirklichkeit zurück. In dieser Baracke aus schwarz gewordenen Holzbrettern zeigt die Bettstelle, die mir zugewiesen wurde, auf den rechteckigen Gefängnishof. Vergitterte Fenster filtern die Sonnenstrahlen. Am Abend löschen die Wärter die wenigen, nur schwaches Licht abgebenden Lampen.

Nach der ersten Nacht komme ich wieder ein wenig zur Besinnung. Um 6 oder 7 Uhr in der Früh öffnet ein Soldat die Barackentür und macht das Licht an. Ich weiß nicht, ob es sich um einen SS-Mann handelt. Er ruft zwei Leute auf. Ich erfahre, dass dies jeden Morgen so abläuft. Man informiert mich über die Regeln hier: Um 7 Uhr ist Aufstehen und Aufruf der Personen »ohne Gepäck«, das sind diejenigen, die verlegt oder erschossen werden; um 9.30 Uhr werden diejenigen aufgerufen, die zum Verhör ins Gebäude der Gestapo gebracht werden; um 10 Uhr werden die Häftlinge »mit Gepäck« aufgerufen, die in die verschiedenen Konzentrationslager deportiert werden.

In der zweiten Nacht wird ein alter jüdischer Mann direkt neben mir krank. Zwei Stunden lang röchelt er. Am Morgen ist er tot. Es ist der erste Tote, den ich sehe.

Tagsüber bleiben wir in der Baracke eingeschlossen. Wir verlassen sie nur einmal am Tag, wenn wir in Reihen um den Hof laufen müssen. Das Ritual dauert wohl rund eine Stunde. Das ist auch der einzige Zeitpunkt, an dem man die Aborte benutzen darf. Diese sind notdürftig auf einem Podest errichtet, unter dem Metallfässer stehen. Da es kein Toilettenpapier gibt, wird alles verwendet, um sich so gut es geht zu behelfen. Bewaffnete Soldaten beobachten uns, ihre Maschinengewehre auf uns gerichtet.

Wir gehen im Kreis. Meine Gedanken wandern durch die hohe, graue Gefängnismauer hindurch. Dahinter ist das Leben. Das Leben der Männer und Frauen, die den Vorzug haben, frei zu sein. Auch wenn die Freiheit, die Besatzung und Krieg ihnen lassen, äußerst relativ ist, sind sie doch draußen, bei ihren Familien. Hier im Gefängnis gehört uns unser Leben nicht mehr.

Aber ich bin reich, ich besitze 100 Franc! Meine Gefängniswärter wissen das nicht. Ich hatte für den Fall meiner Verhaftung einen Geldschein ins Schulterstück meiner Jacke eingenäht – mit dem Gedanken, dass er mir vielleicht einmal nützlich sein und womöglich bei einer Flucht helfen könnte ... Er wurde weder bei der Durchsuchung durch die Gestapo noch beim Eintreffen in Montluc entdeckt. Er bleibt für mich ein Schlüssel für die Zukunft. Ich denke ständig an Flucht, selbst wenn davon seit Montluc nicht mehr die Rede sein kann.

Einige Tage nach meiner Inhaftierung kommt Raymond Dreyfus hier an. Er ist Anführer bei den Pfadfindern, sechs Jahre älter als ich und nicht bei der Résistance. Er berichtet, dass er im Rahmen einer banalen Personenkontrolle durch Polizisten in Zivil verhaftet wurde, als er seine Eltern in Lyon besuchen wollte.

In dieser *Judenbaracke* treffe ich auf große Widerstandskämpfer, die ich bis dahin nicht kannte: Jacques Bergier, Verantwortlicher des Netzwerks *Marco Polo*, Georges Hildebrand und Oberst Ganeval, der nach dem Krieg zum General und Leiter des militärischen Generalsekretariats unter Präsident René Coty befördert wird. Auch ein sehr eigenartiger Mann ist dort, von dem es heißt, er sei *Falkenstein*, ein Doppelagent, sowie Colin, ein Metzgerjunge von 17 oder 18 Jahren, der wegen Sabotage von Eisenbahngleisen verhaftet worden war. Wir reden miteinander, ohne irgendeine Untergrundaktion zu erwähnen. Wir wissen, dass es Spitzel unter uns gibt. Dass so viele Widerstandskämpfer in einer einzigen Baracke konzentriert sind, erscheint uns verwunderlich.

Während meiner gesamten Haftzeit wird Jacques Bergier fast jeden Morgen zum Verhör gerufen. Wenn er gegen Mittag zurückgebracht wird, beschreibt er im kleinen Kreis die gewaltfreien Verhörmethoden, die bei ihm angewandt werden. Soweit ich es beurteilen kann, ist dieser Mann äußerst intelligent. Er analysiert die Taktiken der Deutschen, die eingesetzten Mittel wie beispielsweise vordergründig freundliche Gespräche, teilweise mit Kaffee und Zigaretten. Nach Art eines Schachspielers erzählt uns Bergier von seinen eigenen Manövern und rechnet sich aus, welchen Fragen er künftig begegnen wird.

In dieser Baracke, wo wir alle einen nagenden Hunger verspüren, redet ein hochgewachsener Mann, Herr D., mit niemandem. Als einziger von uns besitzt er einen Koffer voll mit Lebensmitteln. Wir Häftlinge wundern uns alle über seine privilegierte Stellung.

Ich warte jeden Morgen darauf, aufgerufen zu werden. Nichts passiert. Wir verbringen die Zeit damit, Hunger zu haben, vom Krieg zu reden und über die Zukunft zu spekulieren, über unsere und die unserer Eltern.

An einem Tag kommt der junge Colin zurück und teilt uns mit, dass er zum Tode verurteilt wurde. Wir verstummen. Jeder denkt daran, dass dieses Schicksal auch ihn treffen kann. Das deutsche Gericht fällt stets dasselbe Urteil: »Tod«; das Gnadengesuch muss durch den Pflichtverteidiger in Berlin eingereicht werden. Es heißt, dass manchmal Todesurteile in Deportation umgewandelt werden. Man klammert sich an jeden Strohhalm.

Die Gruppe der Widerstandskämpfer unterstützt Colin moralisch. Wir reden lange mit ihm und lassen ihn reden. Er erzählt von seinem Beruf und wie man Hechtklößchen macht, die berühmte Lyoner Spezialität. Meine älteren Mithäftlinge bedenken alles, um eine Art intuitive, psychologische Unterstützung zu leisten. Colin erzählt. Sein Mut ist unglaublich. »Ich danke euch für eure Hilfe, ihr sollt wissen, ich werde wie ein Franzose zu sterben wissen«, sagt er.

Ich verlasse die Baracke, bevor ich weiß, was aus Colin geworden ist, und ich weiß es noch immer nicht. Bis heute ist es mir nicht gelungen, ihn auf den Listen der Erschossenen von Montluc zu entdecken.

Am 25. Januar werde ich gerufen. Ich verlasse das Gefängnis mit einer Gruppe von Juden, vielleicht 50. Wir wissen nicht, welches Schicksal uns bevorsteht. Alles ist denkbar. Ein deutscher Militärlastwagen mit Plane nimmt uns mit. Als das Auto in einer Kurve abbremsen muss, wirft Raymond einen Zettel heraus. Er hatte mich zuvor über seine Absicht informiert. Gleich darauf sehen wir einen Citroën herannahen. Der Lastwagen hält an. Der Zettel wird aufgehoben. Die Männer von der Gestapo befragen uns. Raymond gibt sofort zu, dass er es war. Es handelt sich um eine Nachricht an seine Verlobte, Sabine. Er hatte gehofft, dass sie gefunden und ihr Ziel erreichen würde. Er fängt sich ein paar kräftige Ohrfeigen ein – und der Lastwagen setzt seinen Weg fort.

Am Güterbahnhof bei Perrache steht an einem abseits liegenden Bahnsteig ein Waggon dritter Klasse. Wir müssen einsteigen. Raymond und ich sind die einzigen, die mit Handschellen aneinandergefesselt werden; ich vermute, dieses Privileg verdanken wir seinem *amourösen* Widerstand. Unser Waggon wird anschließend an einen normalen Reisezug angekoppelt. Jedes Abteil ist verriegelt, und die Militärs laufen ständig auf dem Gang auf und ab, um uns zu überwachen. Unsere Überführung findet am Abend und während der Nacht statt. Die Schilder in den Bahnhöfen, an denen wir nacheinander vorbeikommen, bestätigen unsere Vermutung: Wir fahren Richtung Paris, wahrscheinlich zum Lager Drancy, von dem wir schon gehört haben.

Am frühen Morgen erwarten uns am Gare de Lyon in Paris Busse der hiesigen Verkehrsbetriebe. Das diskrete Vorgehen der französischen Polizei, die uns nach den deutschen Militärs in Empfang nimmt, erstaunt mich. Ich weiß nicht warum, aber uns werden endlich die Handschellen abgenommen. Auf der hinteren Plattform des Busses hält sich ein einzelner dicker Polizist in Zivil fest. Vielleicht gibt es eine Möglichkeit, ihn kurzfristig zu überwältigen und mit einem Sprung über die Balustrade zu fliehen? Ich denke die Erfolgsaussichten durch, aber die Erinnerung an den Wagen, der uns in Lyon gefolgt ist, und das Auto, das ich auch hier ziemlich bald entdecke, bestätigen mir, dass Improvisationen nicht angebracht sind.

DAS LAGER VON DRANCY

Es ist der 26. Januar 1944, 18 Tage nach meiner Verhaftung. Meine Kameraden von der *Sixième* hatten bei regionalen Treffen das Lager von Drancy mehr als einmal erwähnt. Jetzt bin ich da. Wir werden in nicht fertiggestellten, zu einem großen Rechteck angeordneten Gebäuden festgehalten. Eine der kurzen Seiten ist zur Straße hin offen und mit Gittern abgeriegelt.

Die Stimmung ist völlig anders als im Gefängnis Montluc. Hier spüre ich nicht die bedrohliche Allgegenwart der Aufseher und auch nicht die Gegenwart von Maschinengewehren; hier gibt es keine Verhöre, keine Folter, jedenfalls nicht, dass ich wüsste. Die Dinge sind irgendwie bereits geregelt. Die Atmosphäre ist weniger angespannt, aber sicherlich alles andere als friedlich. Drancy ist ein Sprachenbabel. Vor dem Hintergrund der Angst mischen sich europäische Sprachen und fehlerhaftes, mit starkem Akzent gesprochenes Französisch. Auf den ersten Blick frappiert mich der familiäre Charakter, insbesondere durch die Anwesenheit von Kindern, auch von ganz kleinen. Es beruhigt und erschreckt mich gleichzeitig, und instinktiv versuche ich, Hoffnung aus diesen schwer zu durchschauenden Elementen zu schöpfen.

Französische Gendarmen überwachen die Umgebung, während die Deutschen die Überwachung innerhalb des Lagers übernehmen. Da sie einen Teil der allgemeinen Aufgaben an Gefangene übertragen haben, sieht man sie allerdings kaum. Drancy ist eine kleine Welt für sich: eine überwältigende Mehrheit verzweifelter Menschen und einige wenige, die Privilegien genießen und in der Lage sind zu tricksen, um besser zu leben, aber auch, um zu helfen. Die Raffiniertesten profitieren davon und geben sich der Illusion hin, dass sie davonkommen könnten; am Ende ist das Ergebnis das gleiche, der Abtransport nach *Pitchipoï*.

Mir ist es gelungen, einen Brief an meine Eltern herauszuschleusen. Ich erinnere mich nicht mehr daran, was ich ihnen geschrieben habe. Ich habe versucht, diesen Brief wiederzufinden; leider vergeblich.

An diesem Ort begegnen sich Pelzmäntel und löchrige Schuhe, Juden aller Nationalitäten, aller Altersgruppen, aller Lebensverhältnisse. Sie kennen sich nicht, sie erkennen sich nicht. Nur wenige sind in der Lage, den Alten und den oft in den Armen ihrer Mütter weinenden Babys zu helfen. Viele haben Angst um ihre (noch) nicht verhafteten Angehörigen.

Drancy ist eine Welt des »kleinen Gepäcks«. Einige, so wie ich, haben nichts, andere haben mitgenommen, was sie auf die Schnelle zusammensuchen konnten und was sie als nützlich oder wertvoll erachteten: warme Kleidung, ein wenig Geld und oft Fotos ihrer Angehörigen. Mein Reichtum beschränkt sich auf meinen Mantel, ein bisschen Taschengeld und immer noch meinen im Schulterstück meiner Jacke versteckten 100-Franc-Schein.

Drancy strahlt Elend und Verzweiflung aus. Die Unsicherheit über die Zukunft erdrückt alles.

Im Unterschied zu vielen der unglücklichen Internierten habe ich wenigstens einen Grund, warum ich dort bin. Ich hatte mich dafür eingesetzt, die humanistischen und republikanischen Werte zu verteidigen, um einer größtmöglichen Anzahl an Juden zu helfen, den Nationalsozialismus zu überleben. Jetzt bin ich einer von ihnen.

Da ich die materiellen Entbehrungen bereits aus dem Gefängnis Montluc kannte, komme ich mit der Situation in Drancy zurecht. Ich werde einem Männerschlafraum zugewiesen. Wir schlafen auf dem Boden, auf einem Strohsack mit Decken. Macht nichts.

In meinem Saal fällt mir ein Jugendlicher auf, der die Abzeichen der katholischen Pfadfinderbewegung *Scouts de France* trägt. Er heißt René Badour und ist 13 Jahre alt, ein prachtvoller Junge mit blonden Haaren und blauen Augen. Ich lerne auch seinen Bruder Henri kennen, ein großer und schmaler junger Mann von 17 Jahren. Beide berichten mir, was ihnen widerfahren ist. Vor einigen Tagen, am 10. Januar 1944, wurden sie in Biarritz zusammen mit ihrer Schwester von der Feldgendarmerie verhaftet. Sie erklären mir in wenigen, klaren Worten, warum sie nicht hierhergehören: Sie sind Katholiken. Als Vollwaisen werden sie von ihren Großeltern mütterlicherseits aufgezogen, die selbst Juden sind. Ihr Vater, der aus der Charente stammt und nach dem Nazi-Vokabular »reinrassig« und »arisch« war, stirbt 1937 im Alter von 40 Jahren an den Folgen des Ersten Weltkrieges, ihre Mutter im selben Jahr nach einem Unfall. Die beiden Brüder sind zusammen mit ihrer 19-jährigen Schwester Liliane hier.

Sie haben Recht, ihr Profil entspricht nicht den Kriterien der von der Vichy-Regierung erlassenen Rassengesetze. Nach ihren Angaben hätten sie nicht verhaftet werden dürfen. »Wir haben nie den Gelben

Stern getragen und unsere Großeltern im Übrigen auch nicht«, erklären sie mir. »Wir hatten nie irgendeinen Bezug zum Judentum. Wir sind in eine katholische Schule gegangen. Wir sind alle drei Christen.« Ihre Geschichte erscheint mir wirklich sehr ungewöhnlich, und ich verstehe ihre Verstörtheit. Mit meinen 18 Jahren, gereift durch mein Leben als Pfadfinder und im Untergrund, übernehme ich die Rolle des großen Bruders für sie.

Am nächsten Tag lerne ich Liliane kennen. Ich bin sofort von ihr bezaubert. Sie ist eher klein, und der leichte, singende Akzent des Südwestens betont ihr ansprechendes Äußeres. Ihre Haut ist zart und ihr rundes Gesicht beseelt von funkelnden Augen. Ihre üppigen Haare betören mich. Kurzum, ich verliebe mich Hals über Kopf! Hübsch und verführerisch hat sie mein junges Männerherz aus der Bahn geworfen. Und es ist das erste Mal!

Wir reden ernsthaft über ihre Lage. Mir wird klar, dass nur René, der Jüngste, der 1941 unter der Besatzung getauft worden war, dessen Taufe aber nicht akzeptiert wurde, von den Gesetzen betroffen sein kann. Die Feldgendarmerie, die zu seiner Verhaftung gekommen ist, hat sie aber dennoch alle drei mitgenommen, wahrscheinlich aufgrund von Lilianes Reaktion, weil sie sich der Festnahme ihres kleinen Bruders heftig widersetzte. Ihre alten und gebrechlichen Großeltern hatten keine Schwierigkeiten bekommen, obwohl sie Juden sind. Sie erzählt mir von ihren Alltagsproblemen, da sie ja dem Prozess der ›Arisierung‹ unterworfen sind, mit anderen Worten der Enteignung ihres kleinen Hotels. Das Hotel wird jetzt von einem vom Generalkommissariat für Judenfragen ernannten Treuhänder verwaltet.

Alle drei scheinen mir Lichtjahre von der politischen Wirklichkeit, die sie hierhergeführt hat, entfernt zu sein. Wenn ich es richtig verstanden habe, wollte ihr Großvater seine Enkelkinder so gut es ging schützen. Sie sind sich der Gefahr, die die Juden bedroht und die nun auch sie betrifft, überhaupt nicht bewusst.

Liliane fragt mich, ob ich mich um Henri und René kümmern und ihnen notfalls helfen könnte, da sie selbst dem Frauenschlafsaal zugewiesen ist und die Lagerregeln nur eine begrenzte Bewegungsfreiheit zulassen. Ich verspreche es ihr und setze meine spontane Betreuung weiter fort.

Es macht mir Spaß, Henri zuzuhören, wenn er mir von seinem Beruf als Kinotechniker erzählt. Sein lebhafter Geist und sein sonniges Gemüt, sein charmanter Akzent und seine Sorglosigkeit begeistern mich. René ist dagegen eher zurückhaltend. Er macht auf mich einen verlorenen Eindruck. Das gemeinsame Schicksal als Waisen und ihre jetzige Lage haben die beiden Brüder und ihre ältere Schwester zusammengeschweißt.

Während der sechs Tage, die ich im Durchgangslager Drancy verbringe, beschränken sich meine Kontakte im Wesentlichen auf meine neuen Bekanntschaften. Meine Freunde Raymond, Boris und Roger sind in anderen Blöcken untergebracht. Wir treffen uns nur dann, wenn wir in den Hof hinunter gehen können. Wir versuchen, uns die Zukunft auszumalen und stellen anhand der Wirklichkeit, die sich uns darbietet, Hypothesen auf.

In der Blüte unseres Lebens und voller Vertrauen auf unsere körperliche Kraft stellen wir uns vor, in der großen Wirtschaftsmaschinerie Deutschlands gefangen zu sein, um in *Pitchipoï* zu arbeiten. Ich weiß nicht, ob uns damals bewusst ist, dass dieses ursprünglich jiddische Wort einfach nur *unbekannter Ort* bedeutet. Bei diesen Gedankenspielen fällt es uns jedoch schwer, eine Rechtfertigung für die Mischung der verschiedenen Altersgruppen vom Säugling bis hin zum Greis zu finden.

Wir haben im Rahmen der Résistance viel gehört. Wir stellen uns auch entsprechend der Nazi-Doktrin die Schaffung einer »jüdischen Zone« irgendwo im Osten vor, eine Art Reservat. Ansonsten ist ein alles beschließender Gedanke am einfachsten, nämlich dass der Krieg eines Tages vorbei sein wird – und zwar schon bald.

Während dieser wenigen Tage begegne ich anderen Jugendlichen sowie Familien. Eine von ihnen, die Schwarzmanns, werde ich nie vergessen. Die Eltern sind mit ihren zwölf Kindern hier, von der 22-jährigen jungen Frau bis zum Säugling. Sie waren allesamt in ihrer Wohnung in Quinteux, in der Nähe von Reims, verhaftet worden. Kurze Zeit zuvor hatten sie noch die Auszeichnung *Médaille de la Famille* für ihren Kinderreichtum erhalten. Eines der älteren Mädchen, die 18-jährige Léa, freundet sich mit Liliane an.

Der Umgang mit René und Henri bedeutet, dass ich Liliane sehen kann. Ich bin hingerissen von ihr und nichts anderes ist mir in dieser feindlichen Umgebung mehr wichtig, als mit ihr zu reden, ihr schönes, strahlendes Gesicht und ihr Lächeln zu bewundern und ihren Akzent des Südwestens zu hören. Das einzige, was ihr wirklich am Herzen liegt, sind ihre kleinen Brüder. Sie ist immer noch davon überzeugt, dass sich die Sache aufklären wird, dass alles ein Missverständnis ist und dass ihr Großvater sie ganz bestimmt hier herausholen wird.

Am 1. oder 2. Februar 1944 werden wir zusammen mit mehreren Hundert anderen von den übrigen Lagerinsassen getrennt und in streng überwachten Blocks untergebracht. Liliane, Henri, René und ich sind beieinander. Ich frage Liliane, ob ich ihr einen Kuss geben darf. Ich denke dabei nur an einen Kuss auf die Wange. »Nicht jetzt«, antwortet sie, »wenn wir angekommen sind.«

Ich hege Fluchtgedanken. Ich überlege, ob ich mir eine Metallsäge besorgen kann. Ich habe noch die in meiner Jacke eingenähten 100 Franc. An diesem beziehungsreichen Internierungsort gibt es immer jemanden, der jemanden kennt, der weiß, wie man gegen Geld ... Nachdem es mir gelungen ist, mithilfe eines französischen Gendarmen einen Brief an meine Eltern herauszuschmuggeln, scheint mir alles möglich zu sein. Mangels Zeit zerschlagen sich meine Fluchtpläne erneut. Aber ich gebe sie nicht auf.

Zusammen mit anderen Männern werden mir am Tag vor der Abreise die Haare abrasiert. Das missfällt mir, weil man mich so bei einer Flucht leichter erkennen kann. Die Zuordnung zu den Waggons wird bekannt gegeben. Wir reisen am Morgen des 3. Februar ab. Von französischen Gendarmen bewachte Autobusse aus Paris bringen uns zum Bahnhof von Bobigny – die Anwesenheit der Gendarmen macht den Häftlingen, die immer noch ein grenzenloses Vertrauen zu Frankreich haben, ein wenig Hoffnung.

Am Bahnhof angekommen, ändern sich Gesichter und Stimmung. Die Gendarmen werden durch bewaffnete deutsche Soldaten ersetzt. Die Szenerie ist beeindruckend. In großer Zahl stehen sie in Reih und Glied einige Meter hinter dem Zugende auf dem Bahnsteig. Busweise werden die Menschen zu den Waggons geführt. Der Ablauf ist perfekt organisiert. Auf dem Bahnsteig redet ein deutscher Offizier in sehr gutem Französisch. Er erläutert uns die Risiken einer Flucht und die harte Bestrafung, die den ganzen Waggon treffen würde. Es herrscht absolute Stille.

Ein Schriftzug auf den Waggons gibt an: *40 PERSONEN – 8 PFERDE.* Der Moment des Einsteigens ist gekommen. Es ist schwierig, sich hochzuziehen, die Plattform ist für die älteren Menschen zu hoch. Wir müssen uns sehr beeilen, was nicht einfach ist bei all den Koffern und dem Gedränge. Wir müssen eng zusammenrücken. Es ist entsetzlich beklemmend. 70 bis 80 Personen sind in jedem Waggon, mindestens. Ich kenne niemanden aus meiner Gruppe und entdecke weder Liliane noch ihre Brüder oder meine Freunde aus Lyon. Es überrascht mich, eine Nonne aus Saint-Vincent-de-Paul mit einer weißen Haube hier zu sehen.

Ich befinde mich gegenüber der Türöffnung in der Nähe eines Lüftungsschlitzes. Auf dem Boden liegt ein wenig Stroh und in der Nähe der Tür stehen zwei Metallbehälter, einer ist mit Wasser gefüllt, der andere dient als Abort, eine Art Gemeinschaftsnachttopf für 70 Personen, ohne Sichtschutz. Jeder versucht, in dieser misslichen Lage irgendwo einen Platz für sich zu finden. Die Tür wird geschlossen. Man hört von außen das metallische Geräusch des Riegels.

DREI TAGE IM DEPORTATIONSZUG

Wie soll man das Leid so vieler ungleicher Menschen, die hier unter so unsäglichen Bedingungen vereint sind, lindern? Die körperlichen Bedürfnisse stehen an erster Stelle. Ja, unsere bedauernswerten Körper, denen jegliche Intimität genommen wurde, die gezwungen sind, sich zur Schau zu stellen. Die Frauen trifft es am schlimmsten. Mit Hilfe einer Decke, die mit der Hand festgehalten werden muss, wird ein improvisierter Sichtschutz erstellt.

Trotz der Rede bei der Abfahrt, die sehr abschreckend wirken sollte, denke ich immer noch an Flucht. Ich befühle den Boden und suche eine lose Latte. Die Männer und Frauen begreifen sehr schnell, was ich vorhabe. »Du hast gehört, was der Offizier gesagt hat.« »Wir werden dich daran hindern, wenn es sein muss.« Auf jeden Fall sind meine Chancen allein und ohne jegliches Werkzeug gleich null.

Ich flüchte mich in meine Gedanken an Liliane. Ich versetze mich absichtlich in einen Zustand des Nicht-Daseins. Ich strecke mich bestmöglich entlang der Wand des Waggons auf dem Boden aus, ich möchte träumen. Ich denke an die Folterungen im Mittelalter, als man für die

Weigerung, seinem Glauben abzuschwören, bei lebendigem Leibe verbrannt wurde. Wenn ich jetzt sterben muss, so soll es mit dem Gedanken an Liliane sein. Während der drei Tage bin ich mit dem Kopf immer bei meiner Liebe.

Zwei Tage nach der Abreise hält der Zug morgens auf offener Strecke. Von außen wird die Tür des Waggons energisch entriegelt. Ein Soldat taucht auf, offensichtlich betrunken. Er verlangt, das heißt, er gibt uns zu verstehen, dass wir ihm Zigaretten und unsere goldenen Armbanduhren geben sollen. Er sagt, dass uns dies Unannehmlichkeiten ersparen werde und dass man uns die bei unserer Ankunft sowieso wegnehmen würde.

Das bisschen Licht hilft uns, wieder zur Besinnung zu kommen. Ein älterer Mann reicht ihm seine sehr schöne goldene Taschenuhr, vermutlich in der Überzeugung, ihn milde zu stimmen; ein zweiter tut es ihm gleich. Die Ausbeute an Zigaretten ist beträchtlich. Während des Halts wird der Toilettenbehälter geleert. Der Zug fährt weiter. Die Luft, die einströmen konnte, hat den Gestank ein wenig vertrieben. Aber bald werden Urin und Exkremente die Behältnisse von neuem füllen.

Im Halbschlaf, wieder in meiner Gedankenwelt, nehme ich das Geräusch des Riegels wahr; die Tür öffnet sich kreischend. Geschrei. In meinem Inneren ergreift mich eine Vorahnung des Todes. Meine Vorstellungen werden nun mit der Wirklichkeit konfrontiert.

AUSCHWITZ UND BIRKENAU

AUSCHWITZ – RAPHAËL

»Schnell!« »Raus!« Deutsche SS-Männer brüllen. Andere in gestreiften Hosen und Jacken gekleidete Männer stürzen in unseren Waggon. Sie sprechen Französisch. »Raus! Beeilt euch!« »Lasst eure Sachen im Waggon!« »Und wie sollen wir sie wiederfinden?«, fragen wir. »Keine Sorge, ihr werdet sie wiederfinden.«

Vor den Waggons sehe ich bewaffnete SS-Männer mit Hunden. Auch die allerletzten Besitzstücke müssen wir zurücklassen. Die ›gestreiften‹ Männer versuchen, uns zu beschwichtigen und ein wenig zu beruhigen. Alles geht so schnell, dass es schwierig ist zu begreifen, was hier vor sich geht. Ein etwa 20-Jähriger spricht mich auf Französisch an: »Sie nehmen sowieso alles weg.« »Selbst die Uhren?« »Alles!«, erwidert er. Ich möchte meine Armbanduhr auf gar keinen Fall hergeben. Die Grenze zwischen den beiden Welten hängt an dieser Uhr. Sie ist mein Eigentum, ein Gegenstand, an dem ich hänge, ich will sie behalten. In dieser Sekunde ist sie das Symbol meiner Entscheidungsfreiheit. Ich nehme nicht hin, dass man sie mir raubt. Wütend stopfe ich sie in den letzten Kanten Brot, den ich noch in meiner Hosentasche habe.

DIE ERSTEN STUNDEN, DIE ERSTEN TAGE

Auf dem Ankunftsbahnsteig wird es allmählich hell. Es ist sehr kalt. Ich halte nach Liliane und meinen Freunden Ausschau. Es ist unmöglich, sich in dieser dichtgedrängten, kopflosen Menschenmenge fortzubewegen. Die Hunde, Deutsche Schäferhunde, sind Teil des Aufgebots. Es ist zu spüren, dass sie einen ungestraft anfallen dürfen. In diesem heillosen Durcheinander, das sich allmählich zu organisieren beginnt, sprechen die ›Gestreiften‹ einige von uns unauffällig an: »Wenn man dich nach deinem Beruf fragt, sag, dass du etwas Handwerkliches machst: Schneider, Maler, Klempner, Arbeiter oder so«, und anderen mit jugendlichem Aussehen raten sie: »Sag, dass du 17 bist, selbst wenn du noch nicht so alt bist.«

Die Masse, die wir bilden, eine riesige Menschenherde, wird zusammengehalten und dann sehr rasch nach Geschlecht und Alter getrennt in zwei Gruppen aufgeteilt – die Männer auf der einen Seite und die Frauen und Kinder auf der anderen. In Fünferreihen müssen wir losmarschieren. Die Anwesenheit von Lastwagen des Roten Kreuzes, die am Rande stehen, beruhigt uns ein wenig. »Erschöpfte oder kranke Personen können in die Lastwagen einsteigen«, heißt es auf Französisch.

An der Spitze jeder Kolonne werfen tadellos gekleidete SS-Offiziere einen prüfenden Blick auf die auf sie zukommenden Reihen. Eine Sekunde und schon ist klar, wo man hin muss. Ein Zeichen mit der Gerte gibt die Richtung an. Sie sind dabei, uns nach für uns unverständlichen Kriterien zu sortieren. Es kommt tatsächlich vor, dass sie uns nach dem Alter und dem Beruf fragen, und sie scheinen auf die körperliche Verfassung zu achten. Ich werde auf Anhieb einer Gruppe von Männern zugeordnet, die mir eher jung und in guter Verfassung zu sein scheint. In diesem organisierten Chaos halte ich wieder Ausschau nach Liliane und ihren Brüdern. Ich kann sie immer noch nicht entdecken.

In meiner Gruppe, die aus einigen Dutzend Personen besteht, kommt mir kein Gesicht bekannt vor. Ein ›Gestreifter‹ weist mich und jemand anderen an, einen der vollen Toilettenbehälter zu tragen. Es handelt sich um einen *Kapo* – ein Begriff, den ich zu diesem Zeitpunkt noch nicht kenne, ein Funktionshäftling, ein Verantwortlicher, der Jude oder Nichtjude sein kann. Wir haben keine Wahl. Wir nehmen uns also dieser stinkenden Last an, jeder an einem Henkel. Ich kenne meinen Leidensgenossen nicht. Der Behälter ist sehr schwer. Angeführt vom *Kapo* setzt sich die Gruppe in Bewegung. Wir müssen ihrem Tempo folgen. Unmöglich, die Seite zu wechseln, so dass sich wenigstens ein Arm, eine Schulter ausruhen könnte. Es ist kein Ende in Sicht. Nach einem guten Kilometer betreten wir ein Gelände, über dessen Eingangstor die Worte *ARBEIT MACHT FREI* stehen, die man mir übersetzt. Sogleich bemerke ich an den Fenstern des ersten Gebäudes, links vom Eingang, Frauen. Sie sind geschminkt und scheinen mir einen eher entspannten Eindruck zu machen.

Danach sehe ich diese Frauen kaum mehr. Ich erfahre später, dass es sich um Prostituierte handelt, im Lager gibt es ein Bordell. Diese bedauernswerten Frauen, überwiegend nichtjüdische Deutsche, sind Strafgefangene und für die »arischen Funktionshäftlinge« gedacht. Für die jüdischen *Kapos* gilt das sicher nicht, denn die Nürnberger Rassengesetze würden in Auschwitz wohl kaum so offen verletzt werden. Vielleicht mussten sich jüdische Frauen dort zwangsprostituieren. Es hieß, dass es gelegentlich der Fall war.

Eine solches ›Motto‹ über dem Eingangstor ist mit der Anwesenheit dieser Frauen schwerlich in Einklang zu bringen. Mein Verstand versucht, Schlüssel zum Verständnis dieser Welt zu finden, die wir soeben betreten haben. Mir fallen bereits die sehr konkreten Grenzen auf, die dieses Gelände umgeben: doppelte elektrische Stacheldrahtzäune. Endlich können mein Leidensgenosse und ich den Toilettenbehälter abstellen.

Wie spät mag es sein? Ich wage es nicht, auf meine Uhr zu schauen, die in meinem Brotkanten versteckt ist. Es muss etwa 10 Uhr sein. Das Lager scheint leer zu sein, lediglich einige ›Gestreifte‹ laufen die Wege entlang. Einige tragen Tabletts mit Brotrationen. Es gibt hier also zu essen.

Wir werden quer durch das Lager zu einem der Gebäude geführt. Alle scheinen mir gleichartig zu sein, zweistöckig, aus rotem Backstein. Zwischen den Gebäuden befinden sich Freiflächen und Wege. Der Ort sieht aus wie eine Kaserne. Das Gebäude, in das wir gehen, liegt am Ende eines Weges in der Nähe des Elektrozauns. Die Nummer 11 steht auf der Fassade.

SS-Offiziere erwarten uns dort. Wir werden aufgefordert, in den ersten Stock hochzugehen. Es deutet sich bereits an, welche Atmosphäre hier herrscht, denn während wir hochsteigen, schlägt uns der SS-Mann mit seiner Gerte. Direkt neben mir wird ein junger Mann in meinem Alter von der Gerte am Auge getroffen. Er blutet. Sein Auge hängt heraus. Ich habe so etwas noch nie gesehen. Niemand sagt ein Wort. Wir müssen weiter. Der Verletzte scheint entsetzliche Schmerzen zu haben; kein Schrei ist von ihm zu hören, er steigt mit uns hoch.

Wir gelangen in einen Raum und erhalten den Befehl, uns auszuziehen. Zu meiner großen Erleichterung sehe ich Roger und Boris wieder. Dass Raymond Dreyfus nicht da ist, verwundert mich, ich vermute ihn in einer anderen Gruppe. Wir kommen der Aufforderung nach. Unsere Sachen werden auf einem Haufen geworfen. Wir müssen auch unsere Taschen leeren. Ich muss also doch meiner Uhr und meinen 100 Franc Adieu sagen. Ich besitze ein ›Kleidungsstück‹ mehr als meine Kameraden, eine Kniebandage schützt mein linkes Knie. Einige Monate vor meiner Verhaftung habe ich mir eine Kreuzbandverletzung zugezogen. Seit Lyon habe ich die Bandage immer anbehalten. Ein ›Gestreifter‹

fordert mich auf, sie abzunehmen. Ich weigere mich. Er wiederholt sich und bemerkt: »Du wirst Ärger bekommen.« Ich folge der Anordnung dennoch nicht. Ich habe sehr wohl verstanden, dass es sich um einen Häftling handelt, und ich fühlte mich keineswegs verpflichtet, ihm zu gehorchen. Daraufhin sagt er mir oder vielmehr rät mir: »Wenn man dich was fragt, sage, dass alles in Ordnung ist und dass du wieder gesund bist.« Ich verstehe nicht so recht, was das soll. Erst kurze Zeit später kann ich den Wert seines Ratschlags ermessen.

Das Warten beginnt. Man lässt uns stundenlang nackt und ohne Essen sitzen. Nichts passiert. Boris, Roger und ich unterhalten uns leise, stellen uns die Zukunft in dieser Ungewissheit vor. Auf einmal knallen deutsche Worte: »Schnell! Schnell!« Im hinteren Teil des Raumes werden rasch Tische aufgebaut. Wir müssen wie bei unserer Ankunft an einem SS-Mann vorbeigehen, nur diesmal im Adamskostüm. Was wollen sie?

Als ich an der Reihe bin, interessiert sich der SS-Mann gleich für meine Kniebandage. »Bist du Torwart?« Die Frage wird mir von einem ›Gestreiften‹ übersetzt. Ich antworte, dass ich gesund bin, dass ich vor einigen Wochen einen Erguss im Kniegelenk hatte. Ich muss die Bandage abnehmen und mein Knie beugen. Es macht mir keine Beschwerden. »Was bist du von Beruf?« »Maschinenbaustudent.« Ich werde zur größten Gruppe geschickt. In einer anderen Ecke des Raumes stehen etwa 15 Männer beieinander, darunter der Arme, dem sie das Auge herausgeschlagen haben. Die SS-Männer gehen mit ihnen weg und wir bleiben mit den ›Gestreiften‹ zurück.

Die meisten sind Juden. Sie beantworten unsere Fragen: »Wo sind wir? Was werden sie mit uns machen? Wo sind die anderen?« Diejenigen, die nicht alleine hier eingetroffen sind, fragen, wann sie ihre Angehörigen wiedersehen können.

Die Antwort ist klar und eindeutig: »Ihr gehört zu den wenigen, die ins Lager gekommen sind, alle anderen werden sterben. Hier töten sie mit Gas. Alle, die ankommen. Das geschieht in Birkenau in großen Anlagen. Die Leichen werden verbrannt. Von jedem Transport behalten die Deutschen nur ein paar Männer und Frauen, die sie für arbeitsfähig halten. Die Frauen sind im Lager Birkenau, drei Kilometer von hier, wo auch Männer sind. Wenn man nicht mehr in der Lage ist zu arbeiten, wird man ebenfalls getötet. Es kann einen jederzeit eine Selektion treffen.«

Dieser Augenblick wird mir für immer im Gedächtnis bleiben. Die kleine Fraktion der Männer und Frauen, die ins Lager kommt, wird systematisch sofort über die Massenvergasungen informiert. Es ist kein Geheimnis, es ist das Offenkundige dieses Ortes. Jeder Jude, der in dieser Todeszone gefangen ist, weiß, was ihn erwartet; er lebt tagtäglich in der Todeszelle, während er gleichzeitig Zeuge eines unfassbaren Verbrechens wird, das er nicht anzeigen kann, da er ja selbst auch sterben muss. Er ist zweifach zum Schweigen verurteilt. Hier wurzelt das Bewusstsein über den Wert des eigenen Zeugnisses, das ein Entkommener manchmal hat.

Die Hoffnungen, die man sich gemacht hatte, zerschlagen sich. Meine Intuition erweist sich als richtig. Die Nazis verfolgen die Juden, um sie zu töten. In den ersten Minuten, selbst in den ersten Stunden und bei einigen sogar in den ersten Tagen können wir kaum glauben, was wir gehört haben. Ein gesundes Gehirn sperrt sich offensichtlich dagegen. An diesem fremden Ort wissen wir nicht, was wir denken sollen. Man zweifelt lieber. Schließlich ist derjenige, der uns das gerade gesagt hat, auch nur ein Häftling wie wir. Will er Eindruck bei uns schinden? Diejenigen, die sich schon vorher der Gefahr bewusst waren, die von den Nazis ausgeht, junge Widerstandskämpfer wie wir, nehmen die Informationen ernst. Aber es kommen sofort ›vernünftige‹ Fragen auf: Wie können sie so viele Menschen umbringen und anschließend verschwinden lassen? Zumal wir nicht die einzigen sind, die hier eingetroffen sind. Und wenn es stimmt, wie lange geht das schon? Technische Fragen stellen sich, insbesondere über den gewaltigen Umfang, die Methoden. Wir denken an die Massaker des Ersten Weltkrieges. Aber da handelte es sich um Schlachten, in denen mit Waffen gekämpft wurde. Der ›Gestreifte‹ hat jedoch von eigens dafür konzipierten Bauten gesprochen.

Wir sind soeben mit einer Wirklichkeit konfrontiert worden, die, wenn sie einmal außerhalb des Lagers, außerhalb der Kriegszeit bekannt wird, unsere Welt erschüttern wird.

Der ›Gestreifte‹ fährt fort: »Die 15 Leute, die gerade gegangen sind, werden vergast.« Und derjenige, der mir zuvor den guten Ratschlag gegeben hatte, sagt zu mir: »Du hast großes Glück gehabt mit deiner Kniebandage. Die kleinste Verletzung, und man schickt dich in den Tod.« Ich denke an Liliane. Was ist aus ihr geworden? Und aus Henri? Und René? Dass sie nicht bei der Gruppe der jungen Männer dabei waren, beunruhigt mich. Henri war ein junger Mann, aber René war noch ein Jugendlicher. Wurden sie getrennt? Kann es sein, dass sie bereits vergast wurden, wie diese Männer berichten? Nein, es muss noch eine weitere Männergruppe geben, denn auch Raymond, der doch jung und stark ist, ist nicht mehr bei uns. Das ist meine Hoffnung. Diejenigen, die zusammen mit ihren Angehörigen gekommen sind, haben wahnsinnige Angst.

Wir sind immer noch nackt. Am Abend wird ein kegelstumpfförmiger Kübel mit Suppe gebracht. Wir erhalten eine Art Napf, eine Halbkugel aus emailliertem Blech, die als Schüssel dient. Wir erfahren, dass es sich um eine sogenannte *Miska* (Schale auf Polnisch) handelt. An ihrem Zustand lässt sich erkennen, dass sie schon oft benutzt wurde. Wir müssen sie uns zu sechst teilen; wir haben keinen Löffel, wir trinken direkt aus dem Napf. Es schmeckt nicht, aber uns ist klar, dass uns an diesem Ort nichts Besseres serviert wird. Essen muss man. Wir haben immer noch nichts zum Anziehen für die Nacht und teilen uns zu zweit einen Schlafplatz. Eine Art Kaminofen wärmt das Zimmer. Ich kann mich nicht erinnern, dass mir kalt gewesen wäre.

Gegen 4 oder 5 Uhr werden wir brutal geweckt. Wieder Gebrüll. Eine heiße Flüssigkeit wird serviert, ein Gebräu aus Kräutern, die das Wasser schwarz färben. Jedem von uns wird ein dreiviertel Liter davon in die *Miska* gegossen, die weiterhin von mehreren benutzt wird. Wir bekommen nichts anderes.

Wir verbringen den Tag im Gebäude. Irgendwann stellen die ›Gestreiften‹ Tische auf. Es folgt unsere Lagerregistrierung. Es sind Häftlinge, die unsere persönlichen Daten aufnehmen. Wenig später wird uns eine Nummer auf den linken Unterarm tätowiert: Ich bin *173.295*.

Wir nennen uns jedoch weiterhin beim Vornamen. Ich habe nie aufgehört, Raphaël zu sein. Das Problem ist, dass man die Nummer auf Deutsch lernen muss, die Sprache der Herren. Ich, der ich kein Deutsch kann, bemühe mich, so gut es geht.

Wir werden anschließend zu einem Ort mit Gemeinschaftsduschen geführt. Mal ist das Wasser zu heiß, mal zu kalt. Wir haben weder Seife noch Handtuch. Eine Gruppe Friseure kommt, um uns zu rasieren. Alle Haare werden abrasiert, von Kopf – auf dem ich seit Drancy nicht mehr viele habe – bis Fuß. Rücksichtslos, so wie man Tiere schert, trocken, einschließlich Bart.

Kleidung wird ausgeteilt: ein Unterhemd, eine Unterhose, ein Hemd und jeweils eine gestreifte Jacke und Hose sowie eine ebenfalls gestreifte Kopfbedeckung, eine Art Baskenmütze. Wir bekommen einen Mantel aus dem gleichen Stoff wie die Jacke. Dieses Material, Zellwolle oder etwas Ähnliches, ist extrem leicht. Die Schuhe sind Galoschen, die aus einer Holzsohle mit einem Obermaterial aus Stoff bestehen. Statt Strümpfen gab es zwei quadratische Stofflappen, sogenannte russische Strümpfe, die an drei Seiten über dem Fuß zusammengebunden wurden. Soviel zu unserem Körper.

Während der elf Monate, die ich in Auschwitz verbracht habe, komme ich in den Genuss von zwei Duschen ohne Handtuch und ohne Seife. Wir haben keine Zahnbürste, selbstverständlich keine Taschentücher, keine Handschuhe und keine Ohrenwärmer.

Wir werden in den Block 11 zurückgebracht. Einige Tage lang verfolgen wir den täglichen Lagerrhythmus vom Aufstehen bis zum Schlafengehen, ohne zu arbeiten. Wir sind, so scheint es, »in Quarantäne«. Nach dem Austeilen der morgendlichen schwarzen Flüssigkeit warten wir im Block oder im Hof.

Dort richtet ein tadellos gekleideter SS-Offizier eine kurze Ansprache an uns. Bis jetzt haben wir die SS kaum zu Gesicht bekommen. Man übersetzt mir den Inhalt dessen, was er sagt – ich erinnere mich nur an eins: Hier kommt man nur durch den Schornstein wieder heraus, aber wenn wir arbeiten und alle Anordnungen befolgen, passiert uns nichts; jede Missachtung der Autorität wird hart bestraft.

Wenn wir arbeiten ... Das erinnert mich an das Motto, das ich am Eingang gesehen habe. Ein Widerspruch fällt mir sofort auf und bedrückt mich: Ihnen scheint am Leben bestimmter Juden etwas zu liegen, aber alle anderen werden gnadenlos umgebracht ... Das passt nicht zusammen. Wir leben in der Gewissheit, dass wir irgendwann getötet werden. Wenn man noch ein Weilchen überleben will, muss man sich ruhig verhalten und arbeiten. Aber das Ergebnis ist im Endeffekt dasselbe ...

Alles ist gut eingespielt. Seine Ansprache ist für mich ein Teil eines ›Willkommensprotokolls‹.

Unsere ›Abrichtung‹ beginnt damit, dass wir die Haltungen und Bewegungen beim Appell üben: sich in Fünferreihen aufzustellen und die Befehle »Mützen ab!« und »Mützen auf!« zu befolgen. Wir wiederholen diese Choreographie so lange, bis der Orchesterchef, ein *Kapo*, nur noch eine einzige Armbewegung sieht. Der Drill dauert mehrere Stunden.

Das Erlernen der körperlichen Bewegungen findet kollektiv statt – auch als wir wenig später üben, in Fünferreihen zu marschieren.

Der Körper muss unauffällig sein, sich auf sich selbst konzentrieren. Er muss unbedingte Einhaltung der Hierarchie ausdrücken, und zwar mit Augen wie mit Worten: Es ist verboten, einem SS-Angehörigen ins Gesicht zu blicken, verboten, ihn direkt anzusprechen. Die Regeln gelten wortlos und sind verbindlich.

In diesem Hof lenken die *Kapos* unseren Lernprozess und üben ihre Autorität mit großer Härte aus.

Man begreift schnell, wie das Lager angeordnet ist, jedenfalls in seiner Gesamtheit: Drei Reihen roter Backsteingebäude, die alle genau gleich aussehen. Nach meiner Zählung sind es etwa 30. Unser Gebäude grenzt an einen rechteckigen Hof, der durch ein Gitter geschlossen werden kann. Die Fenster des gegenüberliegenden Gebäudes sind komplett mit Holzbrettern zugenagelt. Zu diesem Zeitpunkt weiß ich noch nicht, dass in diesem Block 10 Dutzende von Frauen eingeschlossen sind, an denen SS-Ärzte schmerzhafte, lebensbedrohliche, tödliche Pseudoexperimente durchführen. Die sehr hohe Umfriedungsmauer am hinteren Ende des Hofs ist ungewöhnlich. Wir merken bald, dass dieser Hof nicht nur für körperlichen Drill gedacht ist. Als wir im Inneren des Gebäudes sind, hören wir dumpfe Geräusche. Wir können nichts sehen, aber hören. Bei einem Ausgang fällt uns an der hinteren Mauer feuchter, dunkelrot verfärbter Sand auf, Blut. Es ist ein Erschießungsort. Wir erfahren, dass dort nur nichtjüdische Polen erschossen werden; die Juden werden vergast.

Wir werden in die ›Appellzeremonie‹ eingeweiht. In Wirklichkeit ist es eine Zählung, denn wir werden nie aufgerufen, sondern in ›Stück‹ gezählt, einer Maßeinheit wie bei Gegenständen. Gestern Abend gab es eine bestimmte Anzahl, und die muss heute Morgen gleich sein. »Stimmt«, die Zählung passt.

Nach vier oder fünf Tagen in Block 11 wird ein Teil unserer Gruppe in den Block 4 a geschickt. Roger, Boris und ich bleiben zusammen. Das Gerücht geht um, dass wir einer Maschinenfabrik zugewiesen werden. Das beruhigt mich. Kurz nach Zuteilung der Bettstellen kommt ein SS-

Mann herein: »Ist einer von euch Uhrmacher?« Roger dreht sich zu mir um. Wir haben beide die Uhrmacherei als Hobby. Er möchte sich melden und mich ermuntern, dies auch zu tun. Ich zögere.

Als Jugendlicher hatte ich mich sehr für Holzarbeiten und die Uhrmacherei interessiert. Weil ich mich zuhause langweilte, besuchte ich – wann immer es möglich war – den Uhrmacher, der seinen Laden gegenüber dem Geschäft meines Vaters hatte. Der Mann, ursprünglich kabylischer Herkunft, war Autodidakt. Ich schaute ihm gern beim Arbeiten zu. Seine natürliche Freundlichkeit ermutigte mich, ihm Fragen zu stellen. Dank seiner Erklärungen und praktischen Anleitungen konnte ich mir ein paar Fertigkeiten aneignen. Ich hatte einige Werkzeuge und stellte mich recht geschickt an. Die Uhrmacherei kanalisierte meine Impulsivität, sie zwang mich zu Geduld und Präzision. Sie brachte Ruhe in das lebhafte Kind, das ich war. Ich beherrschte sehr bald die Fachterminologie und ein Mindestmaß an Technik, das man für ein *Rhabillage*, das vollständige Auseinandernehmen und Reinigen einer Uhr, benötigt. Es waren mechanische Uhren, die mittels eines *Hemmung* genannten Systems funktionierten. Als ich verhaftet wurde, hatte ich meinen Uhrmacher schon lange nicht mehr besucht, aber die Uhrmacherei ist meine Lieblingsfreizeitbeschäftigung geblieben. Ich erholte mich dabei wie ein Angler, die Freude bestand in dem Erfolgserlebnis, wenn es mir gelungen war, eine Uhr wieder zum Laufen zu bringen, und sie laufen sehen und hören zu können. Ich wurde auch von meiner Familie und Freunden gebeten, ihre Uhren zu reparieren. Ich besaß ein kleines Ersatzteillager. Am liebsten arbeitete ich an kleinen Damenuhren, die die größte Genauigkeit verlangten. Geduld war immer oberstes Gebot.

Ich entscheide mich schnell: »Roger, du weißt, ich sehe mich eher als Mechaniker denn als Uhrmacher. Außerdem hat man uns gesagt, wir würden in diesem Block bleiben. Ich möchte lieber hier sein«, antworte ich ihm. »Ich werde gehen«, erwidert er.

Die meisten der deportierten Männer und Frauen berichten, dass sie irgendwann einmal vor einer Wahl standen, bei der es um Leben und Tod ging. Man kann sich kaum vorstellen, dass es in dieser Welt überhaupt eine Wahl gibt, die vom freien Willen bestimmt sein sollte. Wenn man in eine solche Situation kam, lief es oft auf ein äußerst unfreiwilliges *russisches Roulette* hinaus. Man bewegt sich mit verbundenen Augen am Rande eines Abgrunds. Wird man hineinfallen oder sich vom Abgrund entfernen?

Roger hat uns an diesem Tag verlassen, wir haben ihn nicht wiedergesehen. Als der Krieg zu Ende war, ist er nicht zurückgekehrt. Wir vom Block 4 a werden alle zur Arbeit in die *Union*-Werke, einer Waffenfabrik zwischen Auschwitz und Birkenau, beordert.

BIRKENAU – LILIANE

Ja, genau so war es in Drancy. Über meine Brüder lerne ich Raphaël kennen. Für uns drei Geschwister begann das Martyrium drei Wochen zuvor in Biarritz.

Am 3. Februar, in dem Moment, als wir in diese Viehwaggons verfrachtet werden, habe ich noch Hoffnung. Zu diesem Zeitpunkt bin ich mir sicher, dass es Großvater gelingen wird, uns freizubekommen, und er die notwendigen Papiere, die belegen, dass wir keine Juden sind, beibringen kann. Bei der Abfahrt sage ich mir noch, dass er sie dorthin schicken wird, wo man uns hinbringt, obwohl ich unser Ziel nicht kenne. Ich leide insbesondere darunter, dass mein Vater nicht da ist. Mein Ritter. Er wäre gekommen, um uns herauszubekommen.

Wir befinden uns in einer verrückten Lage. Wir wissen gar nichts über die Welt der Juden. Mir war bekannt, dass Großvater und Großmutter in Russland bzw. in Litauen geboren wurden und dass sie sich in Frankreich kennengelernt haben. Er war Soldat im Ersten Weltkrieg. Wir sind alle drei katholisch getauft. Ich ging auf ein katholisches Internat in Oloron-Sainte-Marie, und Henri war bei den Jesuiten.

Ich bin regelrecht aus allen Wolken gefallen, als die Männer kamen, um René mitzunehmen, weil seine Taufe im Jahr 1941 nach ihren Aussagen nicht gültig sei und er deshalb Jude wäre. Das war am 10. Januar 1944. Ich wollte nicht, dass sie ihn festnehmen. Ich konnte ihn in dieser Situation nicht allein lassen. Alles ging sehr schnell. Zumindest ließen sie Großvater und Großmutter in Ruhe, beide waren alt und in einer gesundheitlich schlechten Verfassung. Sie war praktisch blind und er litt an Krebs. Später wusste ich natürlich, dass die Nazis fähig waren, jeden mitzunehmen, selbst Behinderte.

Nach unserer Inhaftierung in der Zitadelle von Bayonne wurden wir in einem Zug abtransportiert. Wir kannten das Ziel nicht. Es waren auch andere Juden da. Wir hielten in Bordeaux, wo weitere Personen einsteigen mussten. Ich erfuhr später, dass es sich um Juden handelte, die bei einer großen Razzia im Südwesten des Landes verhaftet worden waren. Am 25. Januar 1944 kommen wir in Drancy an. Henri und René werden einem Männerschlafsaal zugewiesen.

Dort lerne ich Raphaël kennen. Auch er ist gerade eingetroffen. Er sei in Lyon festgenommen worden, erzählt er mir, ohne genauere Einzelheiten zu berichten. Er ist außerordentlich liebenswürdig und erklärt sich bereit, auf Henri und René aufzupassen. Wir verbringen einige Tage in Drancy. Am 3. Februar findet die Abreise statt.

Ich möchte nicht an die drei Tage im Zug nach *Pitchipoï* denken; das war ja kein Reisezug, sondern ein Transport für Soldaten und Vieh. Die Hölle! Meine beiden Brüder und ich sind zusammen, ich sehe sie noch vor mir. Als der Zug anhält und die Waggontür entriegelt wird, sind wir erleichtert, endlich kommen wir irgendwo an.

Wir werden sogleich von einer allgemeinen Panik erfasst, einem Strudel physischer und akustischer Gewalt. Ich erinnere mich auch an die Kälte, die ich so intensiv nie zuvor gespürt hatte. Das waren wirklich nicht die Temperaturen, wie wir sie vom Baskenland kennen. Dann kommen Männer in Sträflingskleidung in die Waggons, und auf dem Bahnsteig sind SS-Männer mit Hunden.

Überall ist Geschrei zu hören.

Das Aussteigen ist nicht einfach, da die Plattform hoch ist und es keine Stufen gibt. Wir helfen uns gegenseitig, vor allem den Alten und Kindern.

»Lasst alles liegen, lasst eure Koffer da, lasst eure Pakete da, lasst alles da, ihr bekommt es im Lager wieder!«, hören wir auf Französisch. Und sofort gibt man uns Anweisungen: »Die Männer gehen auf die eine Seite, ohne eure Frauen. Und ihr Frauen geht auf die andere Seite, mit den Kindern!«

All das geschieht unter Gebrüll auf Deutsch. Ich habe noch die Zeit, Henri und René zu sagen: »Bleibt zusammen, ihr zwei, heute Abend sehen wir uns wieder.«

»Vorwärts! Vorwärts!« Irgendwann laufen Verantwortliche die Reihen ab und fragen, ob es Ärztinnen oder Krankenschwestern unter uns gibt. Einige Frauen treten vor.

Wir laufen in Fünferreihen los. Ich behalte Henri und René im Blick. Sie sind noch ungefähr auf meiner Höhe, in der Männerkolonne neben uns. Wir laufen im gleichen Tempo.

Wir kommen vor einem SS-Mann an, der uns mit einer knappen Bewegung mit einer Art von Gehstock die Richtung weist. Ich werde einer Gruppe von Frauen zugewiesen, die an der Seite wartet. Von dort sehe ich noch meine Brüder, die auf Lastwagen mit dem Zeichen des Roten Kreuzes zulaufen. Ich habe das Gefühl, ich müsse sofort etwas unternehmen, damit wir nicht getrennt werden. Ich verlasse meine Gruppe und gehe zu den Lastwagen hinüber. An Bord sehe ich Frauen mit kleinen Kindern und ältere Menschen. Ich fühle mich erschöpft und im Grunde scheint mir die Lösung mit den Lastwagen eher positiv zu sein.

Zwei SS-Angehörige sind in der Nähe. Ich schleiche mich vorsichtig heran. Einer der Deutschen packt mich und stößt mich in Richtung der Frauengruppe, der ich gerade entkommen bin. Wir sind nicht mehr in Rufweite zu Henri und René.

In meiner Frauengruppe sind die meisten jung; einige scheinen Ende 30 zu sein.

Flankiert von bewaffneten SS-Männern, setzen wir uns in Bewegung. Es dauert nicht lange. Wir erreichen einen Ort, der mir ungeheuer groß erscheint; Stacheldrahtzäune versperren überall die Sicht. Sie grenzen anscheinend verschiedene Bereiche voneinander ab. Auf einer Seite sehe ich Backsteinbauten wie eingeschossige Häuser mit kleinen Öffnungen, und auf der anderen sind Dutzende von Holzschuppen zu sehen, ohne Fenster und hinter Stacheldrahtzäunen.

Meine größte Sorge ist, wie ich Henri und René auf einem solch riesigen Gelände wiederfinden soll. An wen kann ich mich wenden?

Meine Frauengruppe wird zu einem Gebäude geschickt. Hinter Tischen sitzen dort Männer, die aussehen, als warteten sie auf uns. Sie stellen uns Fragen und füllen Papiere aus: Name, Vorname, Anschrift, Beruf, Familie ...

Unmittelbar danach peitscht ein mehrfach wiederholter Befehl auf Deutsch durch den Raum, der von Häftlingsfrauen aufgegriffen wird. Man übersetzt ihn uns: »Ausziehen! Ihr sollt euch ausziehen! Zieht euch nackt aus!«

Einen Moment lang sind wir unschlüssig. Ich sehe den starken Unmut auf dem Gesicht mehrerer Frauen neben mir. Nicht nur, dass wir uns nackt ausziehen müssen, sondern auch noch vor Männern, Häftlingen und SS-Leuten.

Ich bin nicht allzu schamhaft. Widerwillig befolge ich die Anweisungen. Man kann sowieso nichts dagegen machen.

Eine von uns fragt: »Wohin sollen wir die Sachen legen?« »Auf die Erde«, antwortet eine der weiblichen Häftlinge und deutet mit einer Handbewegung einen Haufen an. Wir gehen anschließend in einen anderen Raum. Männer mit Rasierapparaten warten dort. Mein Herz krampft sich zusammen. Von Kopf bis Fuß: Arme hoch, Beine breit.

Einige fangen an zu weinen, während andere nervös kichern. Ich fahre mir mit der Hand über meinen kahlen Schädel. Das ist etwas, was ich mir nicht hätte vorstellen können! Ich spüre, dass ich mich auf noch mehr gefasst machen muss.

Unsere kleine Kohorte nackter Frauen wird anschließend zu einem Duschplatz geführt, Gemeinschaftsduschen. Dort stehen wir nun zu mehreren unter einem dünnen Wasserstrahl, erst kalt, dann sehr heiß, dann wieder kalt ... Nach dem Duschen bleiben wir nass.

Vor mir stehen Frauen an und warten. Wir gehen weiter. Ein Mann feuchtet einen Lappen in einem Kanister an und wischt damit über den gesamten Körper einer Frau, einschließlich dem Intimbereich. Für alle Frauen wird derselbe Lappen benutzt. Die mit dieser seltsamen Desinfektion betrauten Häftlinge gehen rein mechanisch vor.

Danach wieder Anstehen. Diesmal werden wir namentlich aufgerufen, in alphabetischer Reihenfolge. Häftlinge tätowieren eine Nummer auf unseren Unterarm. Ich bin an der Reihe. Nach und nach kommt die Nummer 75.127 zum Vorschein. Das ist mein hiesiger Ausweis. Man erklärt uns, dass wir sie auswendig lernen müssen, auf Deutsch. Ich habe nie Deutsch gelernt und verstehe nicht, was man mir vorsagt. Es gibt kein Papier zum Aufschreiben.

Bis jetzt ist alles mit einer gewissen Ordnung abgelaufen. Bei der Kleiderausgabe verhält es sich ganz anders. Wir stellen uns vor Tische: Frauen hinter ihnen, Häftlinge, werfen uns Kleidungsstücke zu. Aber das geschieht aufs Geratewohl: Jeder von uns steht eine Unterhose, ein Kleid und ein wärmerer Schutz, ein Schal und zwei Schuhe zu! Aber die

Größen passen nicht zueinander, und manche bekommen zwei Einzelschuhe. Auf die Verteilung folgt eine Tauschbörse.

Wenn wir uns gegenseitig anschauen, brauchen wir keinen Spiegel, um zu wissen, welchen Anblick wir bieten.

Dann gehen wir wieder, flankiert von weiblichen Häftlingen. Ich weiß nicht, wie lange das Ganze gedauert hat. Ich denke an Henri und René und sage mir, dass sie das gleiche erlebt haben müssen, nur in der Männergruppe.

Unterwegs trauen wir uns, Fragen zu stellen: »Wann werden wir unsere Angehörigen, mit denen wir hier angekommen sind, wiedersehen?«, fragt eine. Die Antwort ist unverblümt: »Ihr werdet sie nicht wiedersehen, sie sind tot. Eure Leute wurden vergast«, sagen sie uns. »Ihr habt Glück, nur wenige kommen in die Lager, die meisten werden umgebracht.« Was sie sagen erscheint uns so bizarr, dass wir es nicht glauben. Wir denken deshalb, dass diese Frauen nur versuchen, uns Angst einzujagen, Eindruck zu schinden. Wir waren zu Hunderten im Transport. Wie kann man so viele Menschen töten, und außerdem warum?

Wir nähern uns den roten Backsteingebäuden und betreten eine der Baracken durch einen ebenerdigen Eingang. Im Inneren ist es dunkel. Ich wundere mich sehr: Ich erkenne nur eine Art senkrecht angeordneter, dreistöckiger Buchten entlang den Längsseiten des Gebäudes mit einem Gang in der Mitte. Die untere Etage ist aus Beton, die beiden anderen bestehen aus groben Holzbrettern.

Anfangs verstehe ich nicht so recht. Da sollen wir schlafen? Und eine weitere Überraschung: Es sind keine Einzelplätze, sondern wir werden dort zu fünft schlafen!

Man sagt mir, dass sie *Koje* heißen. Es gibt nichts anderes in diesem Gebäude, keine Toiletten, keinen Tisch, keinen Stuhl, überhaupt nichts. Nur Kojen. Jedoch mit Ausnahme eines kleinen Zimmers in der Nähe des Eingangs für die Chefgefangene dieses Blocks. Ich erfahre in den folgenden Tagen, dass sie *Stubowa* (Stubenälteste) genannt wird.

Ich verbringe meine erste Nacht mit Léa Schwarzmann und ihrer älteren Schwester, die ich bereits aus Drancy kenne. Die beiden anderen, mit denen wir unseren Bretterboden teilen, kennen wir nicht.

Am Morgen hören wir die ›verrückte‹ Information erneut: »Hier werden die Ankommenden getötet.« Diesmal sind es andere Frauen, die uns das mitteilen oder es bestätigen. Sie machen keinen besonders verrückten Eindruck. Ich glaube immer noch nicht daran. Ich versuche, es mir vorzustellen, aber es gelingt mir nicht. Kein Bild. Das Lager ist groß! Meine Brüder sind irgendwo. Ich verdränge diesen Gedanken aus meinem Kopf.

Wir sind anscheinend »in Quarantäne«. Wir werden sofort einer Arbeit zugewiesen. Draußen in der Kälte müssen wir Steine von einem Ort zu einem anderen tragen. Um sie dann wieder aufzunehmen und zum ersten Ort zurückzubringen. Sinnlose Idiotenarbeit. Frauen schreien uns an und schlagen diejenigen, die zu langsam sind.

Ohne dass ich die Situation insgesamt begreifen kann, ist mir klar, dass es sich um eine Schikane handelt, mit der jeglicher Widerstand in uns gebrochen werden soll. Die Frage nach den Grenzen stellt sich: Wie weit können sie gehen? Ist es bis zum Tod, von dem man hier so viel spricht?

Die ›verrückte‹ Information steht immer noch im Raum. Langsam wird sie zu einer Tatsache. »Wo sind meine Kinder, wo ist mein Mann?«, schreit eine Frau in unserem Block. Auch Léa und ihre Schwester sind in allergrößter Sorge um ihre Eltern und ihre zehn Geschwister. Ich denke an Henri und an René. Alle, die mit Angehörigen hier eingetroffen sind, sind voller Angst.

Ich wäge ständig Henris und Renés Alter gegeneinander ab. Henri ist 17 und hat nach allem, was wir gehört haben, eine Chance, ins Lager gekommen zu sein, während René 13 ist und nach der »geltenden Regel«, die man mir erklärt hat, zum Tode verurteilt ist. Anscheinend werden alle unter 16- oder 17-Jährigen getötet. Ich stelle mir vor, dass Henri René nicht alleingelassen hat. Ich habe noch das Bild der Lastwagen bei unserer Ankunft vor Augen, auf die ich zugelaufen bin, um bei ihnen zu sein. Es heißt, dass alle, die in die Lastwagen einsteigen, getötet werden. Es gibt keine Hoffnung.

EIN TAG VERGEHT WIE DER ANDERE

Léa und ihre Schwester sind die ersten von uns, die dem Ganzen Glauben zu schenken scheinen: »Wo könnte an einem solchen Ort denn eine zwölfköpfige Familie mit kleinen Kindern und einem Baby sein?«, fragt Léa. »Es gibt hier keine Familien. Das seht ihr doch selbst, oder nicht?«

Französische Frauen sind mit einem anderen Transport eingetroffen, darunter auch Ida Fensterszab-Grinspan. Sie ist vierzehneinhalb Jahre alt. Wir sind erst seit einigen Tagen hier und müssen ihr bereits die Wirklichkeit erklären. Kameradinnen sagen ihr, welches Glück sie hat, hier zu sein.

Sie erzählt uns ihre Geschichte: Sie ging im Département Deux-Sèvres zur Schule und wurde von französischen Gendarmen verhaftet. Nach harten Verhören wurde sie ins Lager Drancy gebracht, anschließend deportiert. Sie ist allein. Sie weiß, dass ihre Mutter im Juli 1942 festgenommen wurde und vermutlich auch hierhergeschickt wurde. Seit ihrer Verhaftung hofft sie darauf, sie wiederzusehen.

Unsere »Quarantäne« ist eines Morgens zu Ende. Wir werden Arbeitsgruppen zugeteilt, ohne dass wir die geringste Ahnung haben, um was es sich dabei handelt. Bei der Bildung einer dieser Gruppen werden Léa und ihre Schwester getrennt. Das ist ein Drama! Ich willige deshalb ein, meinen Platz mit ihrer Schwester zu tauschen. So können die beiden Schwestern zusammenbleiben.

Mir werden die Konsequenzen sofort klar: Ich muss meine Gruppe von Französinnen verlassen und in einen anderen Block im hinteren Teil des Lagers wechseln. Ich kenne dort niemanden und muss in einem *Außenkommando* arbeiten. Wir arbeiten im Freien, in einer Kälte, die weh tut. Die Arbeit ist körperlich sehr anstrengend. Meine Frauengruppe muss Erdbauarbeiten verrichten, Männerarbeiten. Man sagt mir, dass sich unser Block in der Nähe einer Gaskammer befindet.

ÜBERLEBEN, VON EINEM TAG ZUM NÄCHSTEN

DIE UNION-WERKE – RAPHAËL

Ich erinnere mich sehr gut an meinen Anfang bei den *Union*-Werken. Mich erstaunen die Größe und die Atmosphäre – und dass ich dort eine Ankörnmaschine der *Société genevoise* sehe, genau die gleiche wie in meinem Gymnasium in Lyon. Der Anblick dieser Maschine macht mir Mut und lässt mich für einen Moment meine Lage vergessen. Mit dem Eintreten in die Welt der Fabrik verlasse ich die Welt des Lagers und der Angst. Die Industrie, das ist Leben, Gestaltung, Produktion, eine rationale Welt, beinahe beruhigend.

Diese beiden Welten, die zumindest auf den ersten Blick nichts miteinander zu tun haben, geben meinem Alltag bis zur Evakuierung den Rahmen.

Diejenigen von uns, die sich wie ich als Fachleute gemeldet haben, müssen eine Reihe einfacher Tests absolvieren. Ich als Techniker muss Werte auf einer Bügelmessschraube (ein Präzisionsmessinstrument) ablesen, feilen und eine Maschine bedienen. Ich habe kein Problem damit und werde sofort als geeignet anerkannt.

Und zwar als dermaßen geeignet, dass ein SS-Mann auf mich zukommt und sagt, ich solle für ihn arbeiten. Er ist Serbe, von mittlerer Größe und extrem parfümiert. Er ist sehr nervös. Ich komme sogar rasch zu dem Schluss, dass er geistesgestört ist. Er befiehlt mir, ein Chrom-Nickel-Teil (rostfreier Stahl) herzustellen, das für eine Handfeuerwaffe bestimmt ist, die er anfertigen möchte. Ich verstehe ihn nicht, was unsere Beziehung nicht einfacher macht. Ich setze mich an eine Werkbank. Ich arbeite langsam, sehr langsam. Ich habe Hunger. Ich ertrage den Mangel an Nahrung extrem schlecht. Ich habe seit dem Stück Brot und der einen Zentimeter dicken Scheibe Wurst vom Vorabend nichts mehr in den Magen bekommen. Der eine Liter Flüssigkeit vom Morgen und die im Stehen während einer knapp halbstündigen Arbeitspause heruntergestürzte dünne Suppe vom Mittag haben nicht viel geholfen. Nach einer Woche schlägt mich der SS-Mann brutal. Seine Schläge schicken mich zu Boden. Er lässt nicht von mir ab. Er ruft einen *Kapo*. Ich muss ab jetzt im Freien arbeiten.

Vom Facharbeiter werde ich also zum ungelernten Arbeiter, und das auch noch im Freien. An diesem und an den folgenden Tagen muss ich Eisenstangen von Waggons abladen und zu einem Lager bringen. Die Temperatur zu dieser Zeit, Ende Februar, schwankt um minus zehn Grad. Die Kälte ist so beißend, dass die Eisenstangen an der Haut festkleben, die Ohren werden spröde; die Kälte frisst sich in meinen ganzen Körper.

Dieser Übergang vom Drinnen zum Draußen kann zwischen Leben und Tod entscheiden. Ich bin hungrig und friere; meine Stimmung ist auf einem Tiefpunkt. Trotzdem muss ich durchhalten. Der *Kapo*, der uns bewacht, hat Handschuhe, Ohrenschützer und warme Kleidung unter seinem gestreiften Häftlingsanzug. Wegen der Kälte bleibt er nur kurze Zeit im Freien. Das ist unsere Chance. Wir, meine Kameraden und ich, nutzen dies aus, um uns so lange wie möglich unter einem Schuppendach unterzustellen und so wenig wie möglich zu tun, während wir aufpassen, wann er wiederkommt.

Seit ungefähr zehn Tagen arbeite ich jetzt im Freien. Ich weiß, dass ich es nicht mehr lange durchhalten werde. Meine Kniebandage, das letztendlich einzige Besitzstück, das mir geblieben ist, hilft mir ein wenig, denn aus dem Latex und der Baumwolle ziehe ich einige Fäden heraus und stecke sie in meine Ohren, um den Gehörgang zu schützen.

Die Rettung kommt von einem Mann namens Jacques Stroumsa. Er ist ein Jude aus Saloniki, 1943 mit seiner Familie deportiert worden, Ingenieur von Beruf und hat in Frankreich an der *École supérieure d'électricité* studiert. Er ist der einzige jüdische Gefangene, der sich in der Fabrik frei bewegen darf. Er versteht und spricht mehrere Sprachen, auch Deutsch. Er hat Verbindung zur technischen Werksleitung, die es ihm ermöglicht, Kameraden zu helfen. Ich erzähle Jacques von meiner Misere und sage ihm, dass ich selbst auch Ingenieurstudent und folglich drinnen nützlicher als draußen bin. »Davon bin ich überzeugt«, sagt er mir, »aber dein SS-Mann macht es dir ziemlich schwer zurückzukommen.« »Jacques, es bringt mich um, wenn ich weiter im Freien arbeiten muss.« Das Glück ist mir hold. Mein SS-Aufseher ist weg. Jacques erreicht es, dass ich in der Schlosserei als Drehergehilfe arbeiten kann. Ich bin einem nichtjüdischen Polen zugeordnet. »Jedenfalls«, so sagt er mir, »ist dein SS-Aufseher Spezialist für Präzisionsgeräte, und falls er wieder zurückkommt, wird er seine Nase nie in den Bereich stecken, in dem die großen Drehmaschinen stehen.«

Erneut stellen die unterschiedlichen Sprachen eine Barriere dar. Es bringt mich zur Verzweiflung, dass ich mich mit meinem polnischen Arbeitskollegen Jasek nicht unterhalten kann. Der fast 60-Jährige verhält sich mir gegenüber korrekt. Wir sind beide Häftlinge und dennoch haben wir einen sehr unterschiedlichen Status. Er darf regelmäßig Pakete und Post bekommen, wohingegen die Juden allesamt *Nacht und Nebel* sind – dazu bestimmt, spurlos zu verschwinden.

Gelegentlich kommt Jasek mit Brot und Speck an. Wenn ich das Brot mit der wunderbaren Kruste sehe, dick und goldfarben, läuft mir das Wasser im Munde zusammen. Ich schaue Jasek beim Essen zu, verfolge die Bewegung seiner Lippen, seiner Kiefer. Ohne ein Wort zu sagen, bricht er die Kruste ab und reicht sie mir. Sie kracht unter meinen Zähnen. Gierig beiße ich hinein. Dann bremse ich mich. Ich möchte den Augenblick des Glücks auskosten. Die Erinnerung an Brotlaibe, an Zuhause, an die Pfadfinderlager kommt in mir auf. Wenn ich heute nach 70 Jahren unser Landbrot mit seiner dicken, duftenden Kruste esse, denke ich immer sofort an Auschwitz und an Jasek, dem ich über die Jahrzehnte hinweg dankbar bin.

Die *Union*-Werke sind eine Waffenfabrik. Ursprünglich befanden sie sich auf sowjetischem Territorium hinter den Linien der Wehrmacht, wurden dann aber demontiert, um der Gegenoffensive der Sowjets zu entgehen, und im Herbst 1943 weiter westlich im ›Verantwortungsbereich‹ des KZ Auschwitz wieder aufgebaut. Sie nutzen das ›Arbeitskräfteangebot‹, das ständig im Lager ankommt und von denen einige hoch qualifiziert sind.

Ich weiß zu diesem Zeitpunkt nicht, wie viele wir sind, da wir immer nur einen Teilausschnitt zu sehen bekommen. Es ist unmöglich, Fragen zu stellen oder sich innerhalb der Fabrik zu bewegen. Ich schätze, es sind mehrere Hundert Männer und etwas weniger Frauen. Sehr viel später sollte ich erfahren, dass dort tagsüber etwa 1.000 Menschen gearbeitet haben und nachts um die 200 Frauen und Männer. Die Fabrik arbeitet rund um die Uhr. Tag und Nacht wechseln sich die Schichten im 12-Stunden-Rhythmus ab. Eine Schicht arbeitet von 6 Uhr morgens bis 18 Uhr, die andere von 18 bis 6 Uhr. In der Nachtschicht arbeiten hauptsächlich Fachkräfte, Männer. Bis Ende Mai 1944 bleibe ich in der Tagschicht, dann werde ich der Nachtschicht zugeordnet.

Wir arbeiten mehr oder weniger ununterbrochen. Alle sieben Wochen gibt es einen arbeitsfreien Sonntag. Der einzige Grund für unser vorläufiges Überleben sind die Erfordernisse der Deutschen: Wir werden für die Herstellung von Waffen für unsere Henker ›verwendet‹. Unsere Ermordung wird zugunsten der Bedürfnisse des militärisch-industriellen Apparates ausgesetzt, der Zeitpunkt wird für die Dreher, Fräser, Einrichter, Schmiede, Graveure usw. ein wenig verschoben.

Ich denke an Liliane. Ich weiß nichts über ihre Lage. Ich kann nur annehmen und hoffen, dass sie in das andere Lager, dort wo die Frauen sind, gekommen ist, nach Birkenau. Wir sehen jeden Tag einige bei ihrer Ankunft, und manchmal begegne ich welchen in der Fabrik. Sie sind den weniger technischen Arbeiten zugeordnet, am Fließband oder an den Pressen. Ich habe eine fixe Idee: Ich könnte sie doch fragen, ob sie Liliane Badour kennen. Aber wir dürfen nicht miteinander reden und uns nicht von unserem Arbeitsplatz entfernen ...

Allerdings ist es erlaubt, zur Toilette gehen. Die Männertoiletten und die Frauentoiletten liegen nebeneinander, ich sehe darin eine Möglichkeit. Der Ort wird als *Radio Klo* bezeichnet. Wenn es doch Nachrichten für mich gäbe ...

Unser Gesundheitszustand ist sicherlich nicht gut, aber ich kann nicht ständig Durchfall vortäuschen, um die Genehmigung zu bekommen, zur Toilette zu gehen. Ich prüfe die Sachlage: Um einer Französin über den Weg zu laufen, muss man den richtigen Zeitpunkt wählen, und der deutsche Vorarbeiter sollte ein einigermaßen ruhiger Mensch sein.

Es ist März, und wir sind schon seit mehr als einem Monat im Lager. An einem Vormittag versuche ich mein Glück bei einer jungen Frau, der ich am Eingangstor begegne. Ich rede sie leise an: »Kennst du Liliane Badour? Sie ist Französin.« »Ja, ich kenne sie. Sie ist im Lager. Im Moment weiß ich nichts von ihr, wir sind nicht mehr im selben Block.« »Kannst du ihr sagen, dass Raphaël an sie denkt?« »Ja, ich versuche es. Aber wie soll ich dir Antwort geben?« Sie schlägt vor, dass wir uns am übernächsten Tag um 15 Uhr am gleichen Ort wieder treffen. »Wie heißt du?« »Fanny.« Fanny scheint mir eine sehr sympathische und entschlossene Frau zu sein. Ich vertraue ihr. Für den Moment bin ich unendlich glücklich zu erfahren, dass Liliane lebt und dass es mir gelungen ist, eine Verbindung zu ihr herzustellen.

Zwei Tage später richten wir es so ein, dass wir uns wie verabredet begegnen. Sie berichtet mir, dass Liliane in einem Außenkommando ist, »ein sehr hartes Kommando«, wie sie sagt. »Ich habe sie nicht gesehen, aber ich werde mein Möglichstes tun, um sie zu treffen«.

In meiner inneren Welt hält mich der Gedanke an sie aufrecht. Aber ich bin auch sehr in Sorge. Seit meiner Erfahrung mit dem Abladen der Eisenstangen weiß ich, dass man in den Außenkommandos nicht lange durchhält. Man krepiert dort sehr schnell.

Nach einigen Wochen im Lager wissen wir, was hier vor sich geht. Es geschieht vor unseren Augen, im Alltag. Man sieht die Flammen aus einem hohen Schornstein aufsteigen, die Sicht auf das restliche Gebäude ist verdeckt. Außerdem umgibt uns der entsetzliche Gestank von verbranntem Fleisch. Schon sehr bald mache ich mir keine Illusionen mehr. Meine Vorahnung sagt mir, dass ich Henri und René nie wiedersehen werde. Dass es vorbei ist.

Ich arbeite tagsüber im Freien. Wir müssen Schienen und Steine schleppen. Mir ist klar, dass wir dabei sind, ein Eisenbahngleis zu bauen, das in das Lager hineinführen soll. Die Kälte tut weh. Ohne geeignete Kleidung ertrage ich sie trotzdem irgendwie. Ich versuche, an den Frühling zu denken, der bald kommen wird.

Am Morgen weckt uns das Gebrüll »Aufstehen!«. Die Stubenälteste läuft durch die Reihen der Kojen und schlägt mit einem Stock gegen die Rahmen der Bettstellen, mitunter trifft sie auch die Frauen selbst. Einige werden beauftragt, den ›Kaffee‹ zu holen, Kübel mit einem Getränk aus einer Kräutermixtur. Die Behälter zu tragen ist furchtbar, jeder einzelne wiegt fast 50 Kilogramm. Wir stürzen das Gebräu ohne Zucker und ohne Brot hastig und im Stehen hinunter. Unsere Ration halten wir zwischen den Händen, denn es gibt hier nichts zum Hinsetzen oder Abstellen, weder Stuhl noch Tisch.

Beim Appell werden wir gezählt und wieder gezählt. Eine wahre Hölle und eine Qual. Stehend, den Kopf geradeaus, ohne zu reden, ohne sich zu bewegen, bis zum Ende der sich endlos hinziehenden Zählung, die bestätigen soll, dass alle, die Lebenden wie die Toten, anwesend sind. In dieser großen unsäglichen, grotesken und qualvollen Zählung der Appelle wird der Weg vom Leben zum Tod aufgezeichnet.

Die weiblichen *Kapos* sind da. Unter ihrer Führung stellen wir uns mehr schlecht als recht in Fünferreihen auf, anschließend setzt sich die Kolonne in Bewegung und passiert die zentrale Lagerstraße. Vor dem Wachposten spielt das Orchester rhythmische Musik. Ab dem Lagerausgang flankieren die SS-Männer mit ihren Schäferhunden die Kolonne bis zum Einsatzort.

Den ganzen Tag über verrichten wir Bauarbeiten und tragen Schienen und Steine mit unseren Händen. Durch die Kälte klebt das Eisen an der Haut, die sich ablösen kann. Ich versuche, die Enden meiner Ärmel über meine bloßen Hände zu ziehen, um sie ein wenig zu schützen.

Die *Kapos* schreien und beschimpfen uns. Sie prügeln auf uns ein, insbesondere wenn ein SS-Aufseher in der Nähe ist. Sie zwingen uns, größere Lasten zu tragen, damit wir auf diese Weise schneller arbeiten. Ich verstehe ihre meist auf Deutsch oder Polnisch ausgestoßenen Beschimpfungen nicht, man übersetzt sie mir. Es sind auch Slowakinnen dabei, anscheinend Jüdinnen. »Nichtsnutze! Ungeziefer! Ihr sollt verrecken!« Eine der Beschimpfungen der Deutschen verwundert mich: »Dreckige Juden, ihr werdet bestraft, ihr werdet dafür bezahlen, ihr seid schuld am Krieg!« Die Kälte treibt einem die Tränen in die Augen, die sogleich zu Eis gefrieren.

Diese gut im Fleisch stehenden, wohlgenährten Frauen schlagen willkürlich, ohne Grund zu. Sie herrschen durch Gewalt. Wir haben ihre Verstrickung mit dem System bald begriffen. Sie werden als »Chefinnen rekrutiert«. Im Gegenzug arbeiten sie nicht und bekommen mehr zu essen. Sie üben eine ›Funktion‹ aus und übernehmen den Geist, der mit dieser Funktion einhergeht: Schreie, Schläge, Beschimpfungen. Man fragt sich, wer sie vorher waren und ob sie dieses ›Stellenprofil‹ bereits vorher hatten. Das Lager hat sie offenbar zu regelrechten Monstern gemacht. Als eifrige Dienerinnen bilden sie sich ein, sie könnten überleben. Es gibt einige ›gute‹ *Kapos*, die weder bei der Überwachung der Arbeiten noch im Umgang mit den Häftlingen Eifer zeigen und sie weder prügeln noch terrorisieren.

Am Abend müssen die *Kapos* den Trupp mit derselben ›Stückzahl‹ – tot oder lebendig – wieder zurückbringen, mit der sie morgens losgezogen sind.

Wie kann man 11- oder 12-stündige Arbeitstage unter solchen Bedingungen überstehen? Wie kann man gar Wochen, Monate durchhalten? Wehe denjenigen, die sich verletzen oder vor Erschöpfung umfallen. Wir sind Frauen, die solche Bauarbeiten noch nie gemacht haben. Die Gedanken, die Vorstellungen münden immer in derselben Frage: Wann wird diese Hölle ein Ende haben, und sei es durch den Tod? Man hofft, ohne genau zu wissen, worauf. Es gilt durchzuhalten. Ein freundlicher Blick, ein Wort genügen. Die seelische Verfassung springt dort ein, wo Nahrung fehlt. Sie ist unsere Stütze.

Mittags genehmigen uns unsere Peinigerinnen eine halbe Stunde Pause. Dann wird die ›Suppe‹ ausgeteilt. Man muss sich anstellen, seine auf dem linken Unterarm tätowierte Nummer zeigen, den Napf hinhalten, der bis dahin an der Hüfte festgebunden war, und bekommt einen dreiviertel Liter Rübensuppe, manchmal mit Mehl angedickt. Wir essen im Stehen und arbeiten dann bis zum Sonnenuntergang weiter.

Auf dem Rückweg sind wir am Ende unserer Kräfte. Wir müssen den Frauen helfen, die kurz vor dem Zusammenbrechen sind. Musik empfängt uns, lächerlich und skurril. Wir müssen den Kopf in die Richtung drehen und im Gleichschritt marschieren. Die Tortur des Appells beginnt von neuem. Vor dem Block, im Stehen, eine Stunde, manchmal zwei oder noch mehr. Die Leichen werden gezählt. Es gibt Essen, eine Brotration von ungefähr 250 Gramm, ein Stück Margarine oder eine Scheibe Wurst. Endlich gehen wir in unsere Gemeinschaftskojen zurück. Abends ist das Essen eines unserer beliebtesten Gesprächsthemen. Wir sind so hungrig, dass wir von Lebensmitteln und ganzen Gerichten träumen. Dies hilft uns ein wenig, den Mangel zu ertragen – und macht uns gleichzeitig noch hungriger.

Ich verdränge jeglichen Gedanken. Der Vergangenheit und den glücklichen Momenten nachzuhängen, macht mich niedergeschlagen. Ich will nicht mehr an Henri und René denken. Ich muss mich mit mir selbst herumschlagen. Ich suche das Positive in dieser unsäglichen Lage. Jede von uns versucht sich einzureden, noch irgendwie Glück gehabt zu haben. Ich sage mir zum Beispiel, dass unsere Baustelle durch ihre Nähe zum Lager besser ist als die weiter entfernten, für die andere Kommandos ermüdende Wege auf sich nehmen müssen, wo wir doch sowieso schon so schwach sind.

Ich spüre einen stärker werdenden Schmerz an meinem rechten Arm und entdecke dort einen Abszess. Er wird von Tag zu Tag größer und bereitet mir starke Schmerzen. Was soll ich tun? Ich weiß, dass das sogenannte Revier, eine Art Krankenstation, gefährlich ist, aber man kann dort auch geheilt werden. Ich beschließe hinzugehen. Ich gerate an eine tschechische Ärztin, die mir den Abszess ohne Betäubung und ohne Desinfektion aufschneidet. Es tut weh. Sie bietet mir eine Zigarette an, weil ich durchgehalten habe und genehmigt mir ein paar Tage im Krankenrevier, um wieder ein wenig auf die Beine zu kommen.

Das Wetter wird milder. Es ist ungefähr Mitte April und der Frühling scheint zu kommen.

Schulz ist ein *Kapo*, ein *Kapo* mit Leib und Seele. Er stammt aus Jugoslawien und ist Jude. Hier führt er sich wie ein Drecksack auf. Schulz liebt es zu prügeln, grundlos selbstverständlich. Sein größtes Vergnügen ist es, wenn er jemandem mit der Kraft des Fußballers, der er bis vor kurzem war, in den Hintern treten kann.

Eines Morgens kommt Schulz mit geschwollenem Gesicht und schwärzlicher Verfärbung um die Augen herum an. Er hat zwei blaue Augen! Er ist sehr ruhig und man hört ihn nicht herumschreien. Was ist passiert? Schnell macht die Geschichte die Runde. Die Lagerbewohner, die schon seit langem im Lager sind, die mit den niedrigen Häftlingsnummern, im Wesentlichen nichtjüdische Polen, haben gegen Schulz revoltiert.

Herr Schulz schläft im obersten Stockwerk in einem kleinen Einzelzimmer. Obwohl er den höheren Kreisen angehört, ist er doch immer noch ein Mensch und es passiert ihm, wie jedem anderen auch, dass er nachts zum Urinieren aufstehen muss. Dafür muss er ins Erdgeschoss hinunter. Während der Nacht hatten altgediente Lagerinsassen auf der Treppe des Blocks auf ihn gewartet. Zuerst umklammerten sie ihn von hinten und warfen eine Decke über seinen Kopf, um seine Schreie zu ersticken. Dann versetzten sie ihm Fausthiebe und Fußtritte, die Spuren hinterließen, ihn aber nicht umbringen würden.

Zuerst sind wir davon überzeugt, dass Schulz sich mehr denn je an uns austoben würde und dass die SS uns für dieses Aufbegehren gegen die Disziplin bestrafen würde. Aber auf unserem Weg vom Lager zur Fabrik und während der Arbeit bleibt Schulz stumm und ruhig. Auch in den folgenden Tagen ändert sich das nicht. Kein SS-Mann und auch kein Angehöriger der Häftlingshierarchie, Stubendienst oder Blockältester, sprechen über den Vorfall.

Wir verstehen, dass man Schulz, würde er sich bei der SS beschweren, für unfähig halten würde, seinen Posten und seine Macht über uns auszuüben. Für uns ist es letztendlich wichtig, dass Schulz uns in Ruhe lässt. Leider ist das nicht der Fall, seine gemeinen Fußtritte werden aber zumindest seltener.

Boris braucht Hilfe. In der Fabrik arbeitet er in der Produktion an einer Ölbadmaschine, einem mittels Druck arbeitenden Gewindeschneider. Es ist eine anspruchsvolle Arbeit. Öl spritzt dabei unablässig gegen seinen Körper. Er hat selbstverständlich keinen Schutz, und seine Kleidung ist unzureichend. Sein Oberkörper ist mit Pusteln und Bläschen übersät, die sich schnell entzünden können. Er kann nichts dagegen machen. Eine Dusche könnte die Wirkung des Öls mildern. Die Schmerzen und bald auch der Geruch lassen nicht nach. Boris ist in Gefahr. Einer seiner Freunde, Albert Spiler, versucht, sich für ihn einzusetzen.

Albert ist ein richtiger Fachmann, von Beruf Graveur. Er arbeitet in dem Glaskasten, in dem sich die Ankörnmaschine befindet. Er hat einen ›goldenen‹ Posten. Er graviert für die Fabrik, aber inoffiziell auch für die Deutschen – die wenigen Zivilisten und einige SS-Angehörige, die ihn gelegentlich um kleine Arbeiten bitten, hauptsächlich Schmuckstücke.

In Auschwitz und Birkenau fehlt es nicht an Schmuckstücken. Sie werden aus den Koffern der Deportierten gestohlen und sind die Grundlage eines regen Handels, insbesondere unter den SS-Offizieren. Albert, der Graveur, ist sehr gefragt. Er kennt die Vornamen der Freundinnen seiner Meister, die Hochzeits- und Geburtstage. Er ist in einer Situation, in der er etwas aushandeln kann. Selbstverständlich nicht mit einem SS-Mann, die Verhandlungen laufen über einen deutschen Meister.

Albert bemerkt dem Meister gegenüber, dass Boris vollkommen falsch eingesetzt ist, da er von Beruf Werkzeugmacher sei. Es ist ein riskantes Spiel. Boris ist auf eine Rabbinerschule gegangen und hat lediglich in der Spiegelfabrik seines Bruders herumgewerkelt, nicht mehr. Er kennt sich mit Werkzeugen praktisch überhaupt nicht aus. Letztendlich funktioniert der Trick und Boris wird der Schlossereiwerkstatt zugewiesen. Unsere Arbeitsplätze sind seitdem dicht beieinander.

In der Schlosserei ist alles möglich, weil dieser Teil, der den ›Profis‹ vorbehalten ist, vom Produktionsbereich getrennt ist. Jeder schleift hier seine Werkzeuge selber. Es kommt vor, dass jemand vor dem Schleifstein wartet, bis er an der Reihe ist. Diese kurzen Momente werden genutzt, um Boris einzuweisen, der sehr schnell begreift und rasch lernt, seine Maschine selbständig einzurichten. Ich betreue ihn ein paar Tage lang. Die vom Meister bestellten Teile sind fertig. Boris ist noch einmal davongekommen.

Ein anderer Kamerad wird jetzt seinen Platz an der Ölbadmaschine einnehmen müssen. Aber was soll man machen? Wir sind in einem Dschungel, in dem es keinen Platz für Sentimentalitäten gibt. Die Mitglieder einer Gruppe sind untereinander solidarisch; das wendet sich gegen andere. Das

System hält einem ständig den Tod vor Augen. In den unterschiedlichsten Gesichtern – Krankheit, Verletzung, Arbeitsunfall, unglückliche Begegnung mit einem übelgelaunten *Kapo* oder SS-Mann usw. – schwebt er drohend über allem. Die Vollstreckung unseres Todesurteils ist nur ausgesetzt, und wir setzen alle unsere Energie und unseren ganzen Verstand daran, dass diese Aussetzung fortdauert.

Unsere einzige echte Hoffnung ist die Niederlage der Deutschen und damit verbunden ganz konkret der Vormarsch der alliierten Truppen des Ostens, der Sowjets. Die Tage vergehen langsam, wir leben in der Hoffnung auf eine schnelle Veränderung an der Front. Die Niederlage von Stalingrad sowie die Landung in Italien vor unserer Deportation lässt uns auf ein baldiges Ende des Krieges und den Sieg des richtigen Lagers hoffen.

Nachts, wenn es still ist, mit meiner Decke über dem Kopf und meinen Schuhen als Kopfkissen in meine Hose eingewickelt, bin ich frei und kann denken, träumen ... Das Geschrei, das »Schnell, schnell!« überall, die Schläge, alles rückt in weite Ferne. Unsere dauernde Angst verliert sich ein wenig. Dieses Gefühl von Freiheit, das ich mir bewahre, das ich mir erfinde, hilft mir, über meinen ständigen Hunger hinwegzukommen. Ich bin nicht gläubig. Meine Gedanken fließen ineinander. Warum so viel Hass? Was ist mit unserer Zivilisation geschehen? Ich schlafe mit meinen Gedanken bei Liliane ein.

Das Wecken um 4 Uhr ruft uns wieder schlagartig Auschwitz in Erinnerung. Es ist Mitte April, und ich versuche noch immer, an Nachrichten über Liliane heranzukommen. Über meinen üblichen Kanal erfahre ich, dass sie mit einem Abszess unter dem Arm im Revier ist. Das ist kein gutes Zeichen. Ich will ihr helfen, aber wie? Ich fühle mich so hilflos.

EINE »SELEKTION« IM KRANKENREVIER VON BIRKENAU – LILIANE

Die tschechische Ärztin, die meinen Abszess behandelt hat, gewährt mir einige Tage Ruhepause im Revier. Nach und nach werde ich gesund. Die weiße Salbe – falls es nicht doch die gelbe war, diese beiden sind die einzigen Arzneimittel des Lagers – wirkt. Das Entzündungsrisiko ist abgewendet. Ich habe Glück, denn kleine Wunden können in dem Dreck, in dem wir leben müssen, leicht eitrig werden und einen ›natürlichen‹ Tod zur Folge haben.

Was an diesem dem Massenmord gewidmeten Ort eigenartig erscheint, ist, dass ein Einzelner doch auch versorgt werden kann, und sei es auf sehr rudimentäre Art und verbunden mit dem Eingehen einer Gefahr. Das Lager ist eine gigantische Tötungsmaschinerie, in der das Leben dennoch versucht, seinen Weg zu finden.

Am 27. April 1944, das Datum wurde mir nach dem Krieg bestätigt, gibt der Boden unter meinen Füßen nach. Das Schlimmste tritt ein: Eine Gruppe SS-Offiziere betritt unser Krankenrevier für eine *Selektion.* Alle Ausgänge werden versperrt, *Blocksperre.* Wir können nicht mehr heraus, wir sind drinnen eingesperrt, sitzen in der Falle. Männer mit Waffen sind anwesend. Die Operation wird von einem SS-Arzt befehligt.

Ich bin nicht die einzige Französin. Außer mir ist dort noch eine kleine Gruppe etwas älterer Frauen: Suzanne Birnbaum, Simone Hirschler, die Frau des Oberrabbiners, und andere. Für einige von uns bedeutet das den sicheren Tod. Ich habe Hoffnung, ich hatte einen einfachen Abszess und bin immer noch arbeitsfähig. Aber andere, die bettlägerig oder krank sind, begreifen in dieser Minute, dass es für sie vorbei ist.

In einem ersten Tumult versuchen Frauen, sich zu verstecken, andere versuchen, trotz allem aus dem Block herauszukommen. Es ist unmöglich. Sofort prasseln Befehle auf uns ein: Alle, die laufen können, sollen aufstehen und sich nackt ausziehen. Ich sehe daraufhin todkranke Frauen, die mit einer unglaublichen Willensanstrengung die Kraft finden aufzustehen. Die Kränksten und die Ausgemergelsten werden schonungslos auf ihre Pritsche gestoßen. Wir kneifen uns in die Wangen, um wieder Farbe zu bekommen, straffen unseren Oberkörper, um zu zeigen, dass wir gesund sind und noch arbeiten können.

Eine nach der anderen müssen wir nackt an den Ärzten vorbeigehen. Wir müssen einige Meter laufen. Der Arzt nimmt die Akte jeder einzelnen zur Hand, denn so widersprüchlich dies auch an diesem Ort des Tötens erscheinen mag, jeder, der ins Krankenrevier kommt, hat eine Akte wie in einem richtigen Krankenhaus. Er studiert sie und schaut sich jede Patientin an: ein paar Sekunden, um über Leben und Tod zu entscheiden. Ohne einen Ton zu sagen, lässt er uns weitermachen. Die Häftlingsnummer von einigen wird aufgeschrieben. Das ist ein schlechtes Zeichen. Sie werden in einen hinteren Raum geschickt. Auch ich gehöre dazu.

Wir fragen uns: Sind wir diejenigen, die für die Gaskammer bestimmt sind? Gewöhnlich schreiben sie die Nummern derjenigen auf, die sie töten wollen. Wir schauen uns gegenseitig an und stellen fest, dass in unserer Gruppe die kräftigsten Frauen sind. Ein Moment abgrundtiefer Angst. Nach ein paar Minuten wird uns klar, dass sie es umgekehrt gemacht haben. Die Häftlingsnummern der Frauen, die noch als arbeitsfähig gelten, wurden erfasst. Wir sind – selbstverständlich – glücklich, überglücklich. Es ist furchtbar, weil ja zur gleichen Zeit unsere zum Tode verurteilten Kameradinnen am Boden zerstört sind. Suzanne Birnbaum ist auf der richtigen Seite, aber Simone Hirschler, die Frau des Oberrabbiners, ist mit sechs weiteren Französinnen in der Gruppe der zum Tode Verurteilten.

Nachdem die beiden SS-Ärzte wieder gegangen sind, treffen wir uns alle gemeinsam. Nach der üblichen Vorgehensweise der SS werden sie die Verurteilten später abholen. Mit einem Lastwagen. Was soll man diesen Frauen, die wissen, dass sie in einigen Stunden vergast werden, sagen?

ALLES TUN, UM LILIANE ZU HELFEN – RAPHAËL

Die Nachricht von der *Selektion* im Revier erreicht uns noch am selben Tag in den *Union*-Werken. Ich bin in Sorge. Wurde Liliane für die Gaskammer selektiert? In diesem Moment berühren sich ihre Geschichte und die der Familie Hirschler.

Vor kurzem ist der Rabbiner René Hirschler, Armeegeistlicher und Seelsorger der *Éclaireurs Israélites de France,* den ich in Lyon kennengelernt hatte, in den Block der *Union*-Werke gekommen. Lange Zeit wusste ich nicht, wie er von einem Außenkommando in das *Union*-Kommando wechseln konnte. Nach dem Krieg berichtete mir Jacques Stroumsa, dass er sich erfolgreich für ihn bei der Werksleitung eingesetzt hatte.

Ich freue mich sehr, dass er bei uns ist; ein wunderbarer Mensch. Zusammen mit seiner Frau Simone wurde er am 3. Februar 1944 mit demselben Transport wie wir deportiert. Er ist eine herausragende Persönlichkeit und etwa 20 Jahre älter als wir. In Auschwitz gibt es nur wenige 40-Jährige. Rabbi Hirschler kommt nach seinem Außenkommando langsam wieder zu Kräften; einmal an einem Ruhetag sagt er mir sogar: »Stell dir vor, Raphaël, ich habe vergessen, wo wir sind und was wir sind, ich bin heute so richtig schwungvoll durch den Block gelaufen!«

Im Block 4 a schlafen wir im selben Bettgestell. Ich liege über ihm auf der obersten Etage. Wir erzählen uns unsere Träume und reden miteinander über unser Elend. Unsere Unterhaltungen sind kurz. Morgens und abends muss alles sehr schnell gehen. Die Appelle, das Getränk, die Verteilung von Brot mit einer Scheibe Wurst oder 20 Gramm Margarine. Am Abend sind wir so müde, dass wir nur noch schlafen wollen und brechen entkräftet zusammen.

Am folgenden Sonntag, einer der wenigen freien Sonntage, teilt mir Rabbi Hirschler mit, dass seine Frau bei der *Selektion* im Revier vor drei Tagen mitgenommen wurde. Sie wird wohl in die Gaskammer geschickt, wenn sie nicht bereits tot ist, ermordet. »Ich habe soeben eine schriftliche Nachricht von ihr erhalten«, sagt er mir. Die Beförderung kurzer Schreiben zwischen Birkenau und Auschwitz ist eine absolute Ausnahme, die richtiggehend organisiert werden muss und ganz bestimmt die Komplizenschaft von Leuten der *Union*-Werke erfordert hat.

Wir setzen uns auf den Rand unserer Bettstelle. Mehrere Franzosen erfahren von der Tragödie. Sie versammeln sich um ihn herum. Würdevoll liest er uns einfach die bewundernswerte Nachricht seiner Frau vor. Es spricht keine Feindseligkeit aus ihren Worten. Sie hofft, er werde eines Tages zu ihren Kindern zurückkehren können, die sie vor ihrer Verhaftung in Sicherheit bringen konnten. Hirschler hatte mir berichtet, wie er mit hohen Würdenträgern der Kirche gesprochen hatte und diese sich bereit erklärt hätten, sich um die Kinder zu kümmern und sie in die Schweiz zu bringen (sie haben in Frankreich überlebt). In unseren Reihen herrscht Schweigen, das unsere starke Betroffenheit zum Ausdruck bringt. Vor unseren Augen zieht der programmierte Tod einer geliebten Frau, einer Ehefrau, einer Mutter, einer Unschuldigen vorüber, die Tragödie des Sieges von Wahnsinn und Hass, einer Menschlichkeit, die es nicht mehr gibt. Wir teilen mit ihm die Intimität des Schmerzes.

Wir müssen sofort wieder weitermachen und die gefährliche Hoffnungslosigkeit verdrängen. Wir müssen die Kraft zum Leben wiederfinden und diesen Lebensmut in einen imaginären Faradayschen Käfig stecken, der uns vor uns selbst schützt. Der allgegenwärtige Tod klebt an unseren Körpern, an unseren Gedanken, an unserer Lebensweise. Man muss auf der Hut sein und versuchen, dem Schlimmsten zu entgehen, und gleichzeitig darauf vorbereitet sein. Das ungeschriebene und grausame Gesetz des Lagers entfremdet uns von unserem natürlichen Empfindungsvermögen. Es will, dass wir die Vorstellung, dass wir Sklaven und keine Menschen sind, verinnerlichen. Unser Leben hängt an der Bewahrung unseres Ichs.

Ich bin dem Rabbiner in diesem Moment sehr nahe, umso mehr als ich weiß, dass Liliane im Revier war. Wurde sie selektiert? Die Angst schnürt mir mein Herz zusammen und lässt mich nicht los. Ich muss es unbedingt wissen. Die Frauen der *Union*-Werke, die aus dem Lager Birkenau kommen, sind die einzigen, die mir Auskunft geben können.

Für Montag habe ich mir ein Versprechen gegeben: Ich werde Fanny begegnen. Es gelingt mir! Wir können ein paar Sekunden miteinander reden: »Wie geht es ihr?« »Sie ist schwach, aber es geht.« Unser Gespräch hört hier auf. Ich habe später erfahren, dass diese *Selektion* eine nachhaltige Wirkung auf die Frauen im Lager Birkenau hatte. Liliane ist ihr entkommen. Sie wird vermutlich wieder ihrem Außenkommando zugeteilt werden.

Auf dem Rückweg bin ich wie ein Roboter, ich vergesse sogar das Lager und meinen ständigen Hunger. Ich habe nur noch einen Gedanken im Kopf, Liliane in die *Union*-Werke zu holen. Die Arbeit hier ist mühselig, aber nicht zu vergleichen mit einem gefährlichen und lebensbedrohlichen Außenkommando. Ich beschließe, mit Jacques Stroumsa darüber zu reden. Ihm ist es ja auch gelungen, mich aus den Fängen meines SS-Irren zu befreien, vielleicht kann er auch für Liliane etwas erreichen.

Jacques ist ein ruhiger Mensch. Er kam mit seinen Eltern und seiner jungen, schwangeren Frau hier an. Das Lager hat ihm sehr bald die Gewissheit verschafft, dass er künftig Waise und Witwer sein würde. Das Schicksal Lilianes kann ihm nicht gleichgültig sein. Ich schlage ihm vor, Liliane als Chemikerin vorzustellen, deren Fähigkeiten der Fabrik von Nutzen sein könnten. »Raphaël«, sagt er mit seinem unnachahmlichen, leicht näselnden Akzent, »ich werde alles in meiner Macht Stehende für Liliane tun.«

Um den 10. Mai herum, meinem 19. Geburtstag, erhalte ich die Bestätigung, dass Liliane aus dem Revier entlassen wurde. Und einige Tage später bewirkt Jacques beim Werksdirektor, Ingenieur Bosch, dass mehrere Frauen aus Birkenau, darunter drei Studentinnen der Universität Straßburg sowie Liliane, den *Union*-Werken zugeteilt werden.

ICH WECHSELE IN EINEN ANDEREN BLOCK UND IN EIN ANDERES KOMMANDO – LILIANE

Raphaël hat es geschafft, mich in die Fabrik zu holen. Das ist wahrhaft außergewöhnlich. Mein ›Leben‹ hat sich dadurch grundlegend geändert. Unmittelbar nach der *Selektion* flüchteten wir schnell aus dem Revier. Ich kam wieder zu meinem Außenkommando zurück. Das Eisenbahngleis verläuft inzwischen bis zum Lager selbst, bis in die Nähe der Gaskammern und Krematorien.

Als ich wieder in meinen Block zurückkehre, teilt man mir mit, dass sich eine gewisse Fanny, eine Französin, nach mir erkundigt hätte. Die Nachricht über die *Selektion* hat die Lagergrenzen überschritten.

In dieser Zeit lerne ich auch ein noch sehr junges Mädchen kennen, Marceline Loridan-Ivens, geborene Rosenberg; ich nenne sie *kleiner Rotschopf*. In ihrer Zerbrechlichkeit erscheint sie wie ein Kind. Sie ist 15 Jahre alt. Sie hat eine erstaunliche Lebensenergie. Mitte April ist sie im Lager angekommen. Wir mögen einander sehr.

Ende Mai werde ich zur Blockältesten gerufen. Diese sagt mir, dass ich in einen anderen Block wechseln müsse. Ich komme also in ein anderes Kommando. Zu meiner Überraschung treffe ich wieder auf Léa, ihre Schwester und Ida sowie eine ganze Gruppe von Französinnen! Ich werde dem Block der *Union*-Werke zugeteilt. Ich weiß nicht warum, aber nachdem ich der *Selektion* entkommen bin, scheint mir, dass ich eine Glückssträhne habe.

Ida ist immer noch eine Jugendliche, aber in diesen wenigen Wochen hat sie sich verändert. Sie hofft nicht mehr darauf, ihre Mutter wiederzusehen: »Wie hätte sie hier so lange überleben können?« Sie hat resigniert. Sie denkt, dass ihre Mutter sie vermutlich gerettet hat, denn kurz vor der Verhaftung hatte sie Ida wie eine junge Frau frisiert. Ida ist überzeugt, dass sie deshalb bei ihrer Ankunft im Lager für die Zwangsarbeit ausgewählt wurde.

Ich teile meine Koje mit Ida und den beiden Schwarzmann-Schwestern, und ich lerne auch Claudine kennen, die meine sehr gute Freundin *Babou* wird. Innerhalb unserer Koje führen wir einen ›demokratischen‹ Modus ein: Jeden Tag wechseln wir die Plätze, sodass abwechselnd jede mal den besten und mal den schlechtesten Schlafplatz ganz vorne oder ganz hinten auf dem Holzboden hat.

Ich entdecke die Welt der Fabrik. Alles ändert sich für mich. Wir sind im Warmen und ich arbeite im Sitzen an einem Montageband mit kleinen Teilen – angeblich Bestandteile von Granaten.

Als ich im Block der *Union*-Werke ankomme, erklärt mir Fanny, was Raphaël für mich getan hat. Ich verdanke ihm und auch ihr sehr viel. Sie hat es geschafft, meine Häftlingsnummer herauszufinden und sie Raphaël mitzuteilen, der sie seinerseits Jacques Stroumsa weitergegeben hat. Hier sind wir nur Nummern ... Fanny ist unser Postbote und trägt die kleinen Nachrichten zwischen Raphaël und mir hin und her. Das ist gefährlich. Unsere Treffen finden ohnehin nur sehr eingeschränkt statt. Da Fanny nachts arbeitet, können wir uns nur alle sieben Sonntage sehen, an den berühmten Ruhetagen. Unsere kurzen Nachrichten sind selten.

ZWISCHEN FABRIK UND LAGER – RAPHAËL

Ich habe es geschafft, Liliane in die *Union*-Werke zu holen! Wie kann es möglich sein, dass einem ›Stück‹ so etwas gelingt? In der Welt, die wir ertragen müssen, ist das eigentlich unglaublich. Wir verdanken es Jacques, seiner Menschlichkeit und seiner großen Intelligenz – Eigenschaften, die ihn in den *Union*-Werken, dieser deutschen Fabrik, zu einer bedeutenden Persönlichkeit machen.

Liliane ist da, und ich hoffe von ganzem Herzen, sie zu treffen oder sie zumindest zu Gesicht zu bekommen. Ihr Bild geht mir nicht aus dem Sinn und macht mich froh.

Das Schicksal entscheidet anders ... »Raphaël«, spricht mich Jacques an, »du arbeitest jetzt schon lange mit dem Polen an der großen Drehmaschine. Ich denke, das kann nicht so bleiben; außerdem wird dein SS-Irrer wahrscheinlich zurückkommen. Ich werde dich für das Konstruktionsbüro der Fabrik vorschlagen.« Ich gebe ihm zu bedenken, dass ich das technische Zeichnen zwar beherrsche, dass ich aber weder Polnisch noch Deutsch spreche. »Es gibt dort einen alten polnischen Ingenieur, der Französisch spricht. Der wird dich anleiten.«

Jetzt bin ich also im Konstruktionsbüro, das sich oberhalb des Eisenbahngleises befindet. Der Blick geht auf das Lager Birkenau. Vom Büro aus kann ich dicken Rauch in den Himmel emporsteigen sehen. »Krematorium!«, sagt mir ein Pole. Ohne dass ich mich an meinem Zeichenbrett umdrehen muss, sehe ich auch die Hauptbahngleise, auf denen die Militärkonvois Richtung Osten fahren. Einige sind vollständig mit Kampfpanzern beladen, wobei die Fahrer in den Panzern sitzen. Als wäre die Front nicht mehr weit weg ...

Im Konstruktionsbüro werde ich von den Polen sehr kühl empfangen. Sie schauen mich mit Verachtung an. Ob Jude oder nicht, die Franzosen werden von den Polen wenig gemocht, da sie unser Land dafür verurteilen, dass es nicht in der Lage war, ihrem Land zur Hilfe zu kommen. Die Männer, die in diesem Büro arbeiten, insgesamt fünf oder sechs, gehören mehr oder weniger zur ›Lageraristokratie‹. Sie sind gut gekleidet, ihre gestreifte Kleidung ist tadellos, sauber und anscheinend maßgefertigt, man kann sie nicht mit den jüdischen Deportierten verwechseln ...

Seit Mitte 1942 und dem Eintreffen von Judentransporten ist es den nichtjüdischen Polen, aber auch einer Handvoll Juden gelungen, sich gemeinsam mit den nichtjüdischen deutschen Häftlingen die Funktionärsposten zu sichern, wie beispielsweise die des *Kapos*, Blockältesten oder Stubenältesten, und auch alle nicht so anstrengenden Arbeitsplätze. Sie können Nahrungsmittel der anderen für sich selbst einbehalten, »organisieren«, wie man hier sagt, und sich von anderen Deportierten bedienen lassen. Man erkennt sie sofort an ihrer sauberen Kleidung, ihren maßgefertigten Mützen, die denen der normalen Deportierten ähnlich sehen, aber nicht identisch sind. Außerdem dürfen sie als Nichtjuden Pakete erhalten.

Ich hingegen bin in Lumpen gekleidet und stinke auch ein wenig; ich gehöre in der Tat zu einer anderen Kategorie von Mensch. Die Atmosphäre, die sowieso kaum zuträglich für Gespräche ist, verkompliziert sich noch durch die Sprachbarriere. Dies macht sich auch sehr deutlich in meiner Arbeit bemerkbar. Der Ingenieur, der Französisch spricht, ist der ›aristokratischste‹ von allen und macht meine Eingliederung kein bisschen einfacher. Nach einer Woche werde ich gefeuert. Die Polen sind wieder unter sich.

Ich kehre in die Fabrik zurück. Ich möchte um jeden Preis in der Schlosserei bleiben. Ein weiteres Mal wende ich mich an Jacques. »Du solltest in der Nachtschicht arbeiten«, sagt er mir, »damit würdest du endgültig aus dem Visier deines SS-Irren geraten. Es ist gerade eine Stelle für einen Dreher frei.« Am nächsten Morgen wechsele ich mit dem neuen Kommando auch in einen anderen Block, vom Block 4 a in den Block 5 oder 6, ich kann mich nicht mehr genau entsinnen.

Ich weiß es zu diesem Zeitpunkt noch nicht, aber dieser Transfer ändert meine ›Lebensbedingungen‹ in Auschwitz grundlegend. In den *Union*-Werken und in der Schlosserei zu arbeiten war an sich schon ein Privileg in dieser mörderischen Welt; dort nachts zu arbeiten, verbessert meine Lage noch einmal. Ich werde mir dessen sehr bald bewusst. Wir sind insgesamt etwa 50 und stehen als »seltene Spezialisten« außerhalb der gewöhnlichen Abläufe. Aber mein Traum, Liliane zu begegnen, rückt damit in weite Ferne.

Das *Union*-Kommando ist meines Wissens das einzige, bei dem man das Lager nachts zum Arbeiten verlässt. Der Vorteil ist eine für diesen Ort ungewöhnliche Ruhe. Die regelmäßigen, endlosen Appelle morgens und abends beschränken sich auf 15 oder 30 Minuten. Unser Schlaf tagsüber ist einigermaßen geschützt, ich erinnere mich nicht an besondere Übergriffe seitens der *Kapos* oder der SS. Durch unseren Status als »Spezialisten« der *Union*-Werke sind wir eine Gruppe für sich. Die Essensausgabe ist unserem Zeitplan angepasst. Morgens, wenn wir um 6.30 Uhr von der Arbeit kommen, gibt es das Getränk und um 15.30 Uhr, wenn wir aufstehen, eine ›normale‹ Suppe mit Brot und einer Scheibe Wurst bzw. 20 Gramm Margarine. Das sind die Rationen, die jeder Häftling bekommt. Aber in der Fabrik steht uns als besonderes Privileg eine weitere Suppe zu, die um Mitternacht, während unserer halbstündigen Pause, ausgegeben wird. Die zusätzliche Suppe entspricht mehr als einem Drittel der gewöhnlichen Tagesration eines Häftlings. Das ist einiges!

Aber auch hier herrscht eine erbarmungslose Disziplin. Dass wir uns jedoch untereinander kennen, erleichtert die Beziehungen. Im Hinblick auf unsere Gruppe von Spezialisten tritt die Rolle des *Kapos*, der uns zur

Arbeit führen und bewachen soll, fast ein wenig in den Hintergrund. Hier teilt ein Vorarbeiter, selbst Deportierter, jeden Tag die Arbeit ein und überwacht sie. Anhand eines vom Konstruktionsbüro erstellten Plans müssen wir in der Regel jede Nacht eine bestimmte Art von Teilen herstellen, deren spätere Verwendung wir nicht kennen. Es handelt sich häufig um Teile, die für die Reparatur von Produktionsmaschinen benötigt werden.

Unser Vorarbeiter, Ernest Smilowski, ein Jude, war in Paris verhaftet worden und wurde im selben Transport wie ich verschleppt. Er ist ein Fachmann, Ende 30 und ein ausgezeichneter Mechaniker. Er ist von mittlerer Größe und auf seinem Kopf sind neben seinen kurzgeschorenen Haaren natürliche kahle Stellen zu sehen. Wie alle jüdischen und nichtjüdischen Vorarbeiter trägt er eine Armbinde, die seine Funktion angibt. Abends, beim Eintreffen in der Fabrik, erhält er aus den Händen eines zivilen deutschen Nazi-Vorarbeiters die Pläne der Teile, die wir während der Nacht fertigen und am Morgen abliefern müssen. Wir alle schätzen Ernest, der jederzeit bereit ist zu helfen und zu beraten. Bei technischen Problemen oder Fehlern unsererseits ist seine Antwort stets: »Dann schauen wir mal, wie wir das wieder hinkriegen.« – Und wir haben es jedes Mal wieder hingekriegt.

Ich bin zum vollwertigen Dreher an einer großartigen, dem neuesten Stand der Technik entsprechenden Maschine von *Škoda* geworden und komme sehr gut zurecht. Die Angst schwindet. In der Schlosserei sind meine Nachbarn rechts und links in meinem Alter. Es sind echte Fachleute; Marcel Léon aus meinem Transport ist Dreher von Beruf. Er stammt aus Bordeaux, ist sehr groß und schlank mit einer kleinen Stupsnase und zwei Jahre älter als ich. Milou (Samy) Saguez ist ein Jahr älter als ich und wurde mit dem 75. Zug vom 30. Mai 1944 hierhergebracht. Er ist sephardischer Jude, seine Großeltern waren in den 1910er Jahren aus Griechenland ausgewandert. Er ist Franzose, technischer Zeichner von Beruf und wurde in seinem Wohnort Paris verhaftet. Er ist von mittlerer Größe, eher untersetzt und extrem kurzsichtig. Ohne seine Brille ist er praktisch blind. Er durfte seine Brille behalten – was in Auschwitz eine seltene Ausnahme ist. Bei seiner Ankunft an der Rampe, als die *Selektion* stattfand, sagte ihm ein Angehöriger des Kommandos *Kanada*, er solle sie abnehmen, wenn er vor die SS tritt. Das könne vielleicht sein Leben retten. Während meiner Deportationszeit habe ich nie einen anderen jüdischen Kameraden gesehen, der eine Brille trägt. Ohne sie wäre Milou nicht in der Lage, in der Schlosserei zu arbeiten. Es stellt sich schnell heraus, dass er der Cleverste unseres Dreiergespanns ist, das sich sogleich bildet und uns zusammenschweißt. Zwischen uns herrscht absolute Solidarität.

Mein Übertritt in die Nachtschicht findet Anfang Juni statt. Trotz all meiner Bemühungen bekomme ich Liliane nicht zu Gesicht, weder beim Eintreffen noch beim Herausgehen der Belegschaften. Die mutige Fanny wurde selbst auch in die Nachtschicht bei den Frauen versetzt; ich setze alles daran, sie zu treffen.

So beklemmend die Fabrik tagsüber ist, so ruhig wird dieser Ameisenhaufen in der Nacht. Die meisten Produktionsmaschinen stehen still. Trotzdem ist es nicht erlaubt, sich von der Schlosserei zu entfernen und woanders hinzugehen. Mit einer Frau reden zu wollen, stellt eine Herausforderung dar.

Die Anstrengung der Nachtarbeit wird gegen 2 Uhr morgens spürbar, die Müdigkeit nagt an uns. Vermutlich geht es den SS-Männern und den *Kapos* genauso. Das ist der richtige Zeitpunkt, um zum *Radio Klo* zu gehen, um zu versuchen, eine Gefangene zu treffen, die Fanny vielleicht eine Nachricht überbringen kann. Eine flüchtige Begegnung ermöglicht es mir, auf gut Glück für den nächsten Tag um 2 Uhr ein Treffen zu vereinbaren.

In der folgenden Nacht treffe ich, oh Wunder, Fanny tatsächlich zur vereinbarten Zeit. Ich kritzele aufs Geratewohl ein paar Worte auf ein Stück fettiges Papier. Gar nicht so einfach, in Auschwitz etwas, worauf man schreiben kann, und ein Stück Bleistift aufzutreiben! Es kostet mich ziemlich viel Aufwand und eine halbe Brotration, die ich an einen nichtjüdischen Gefangenen abtrete, der die Genehmigung hat, seiner Familie einmal im Monat zu schreiben, aber schließlich habe ich einen zwei Zentimeter langen Bleistiftstummel. Hier muss man für alles bezahlen. Egal, wenn ich nur eine Verbindung zu Liliane herstellen kann.

Ich gebe Fanny den für Liliane bestimmten kleinen Zettel. Sie zögert keinen Augenblick. Das ist sehr mutig von ihr. Sich erwischen zu lassen, könnte sie teuer zu stehen kommen, denn ihre Rolle als Postbotin könnte als geheimer Akt des Widerstands verstanden werden. In diesem Augenblick denken wir aber beide nicht daran.

Einige Tage danach erhalte ich über denselben Kanal Antwort von Liliane. Sie schreibt mir, dass es ihr besser gehe und dass sie im Sitzen an einem Montageband arbeiten würde. Diese Nachricht freut mich zutiefst.

Über Monate hinweg übt Fanny unermüdlich ihren Dienst als Postbotin aus und trägt unsere Nachrichten hin und her – jeweils im Abstand von mehreren Wochen. Wie kann ich Fanny für die Zuversicht, die wir mit ihrer Hilfe schöpfen können, danken? Der clevere Milou hat einen Vorschlag: »Raphaël, wir bauen ihr ein kleines Hufeisen als Glücksbringer.« Wir treiben in der Fabrikhalle einen Chrom-Nickel-Draht mit der richtigen Dicke auf und stellen daraus ein winziges Hufeisen von 15 Millimeter Größe her. Fanny trägt es an ihrem Herzen. Sie hat es trotz Durchsuchungen, Todesmarsch und anderer Lager, die sie durchlaufen hat, behalten können. Es war ihr Glücksbringer.

Die Herstellung dieses winzigen Hufeisens war für unser Trio der Anfang einer kleinen Produktions- und Handelsfirma, im Rahmen derer wir Gegenstände für Gruppen, die in der ›Rassenhierarchie‹ über uns standen, Polen und Deutsche, herstellen: christliche Kreuze aus Chrom-Nickel, kleine Zigarettenhalter aus Aluminium, Ringe. Wir treiben nur mit den ›Reichen des Lagers‹ Handel. Diese ›Luxusgegenstände‹ sind hauptsächlich für die nichtjüdischen Polen gedacht, die unsere Hauptkunden sind.

Da wir jeden Tag andere Teile fertigen müssen, haben wir manchmal etwas Zeit übrig. Wir nutzen sie dafür, mit unserem Mikrohandel mit Mikrogegenständen »unserem Nebenerwerb nachzugehen«, wie wir es nennen.

Im Rahmen der ›offiziellen‹ Produktion sind wir aufgrund unseres technischen Fachwissens in der Lage, Teile in einwandfreier Qualität herzustellen. Wir stehen den Interessen der Nazis sicherlich alles andere als positiv gegenüber, aber damit vermeiden wir häufige Kontrollen des deutschen Vorarbeiters. Solche Kontrollen würden unsere illegalen Aktivitäten, die als Sabotage gelten und mit dem Tod bestraft werden würden, gefährden. Zwischen Hunger und Henker haben wir uns nach Art der Jugend für das Risiko entschieden.

Die Spindel einer Drehmaschine kann man mit dem Spannfutter einer riesigen, in horizontaler Richtung arbeitenden Bohrmaschine vergleichen. Wir sind Top-Experten geworden, die Herstellung eines

Zigarettenhalters aus einer Aluminiumstange mit acht Millimeter Durchmesser dauert insgesamt zwei Minuten. Zu unserer eigenen Sicherheit richten wir ein System ein, durch das wir so weit wie möglich fremde Blicke von unserem Nebenerwerb fernhalten können. Während einer von uns dreien normal arbeitet oder seine Maschine im Leerlauf rotieren lässt, beobachtet er die Umgebung. Wenn Gefahr im Verzug ist, gibt er ein unauffälliges Zeichen oder ruft den anderen zu: »Hast du den Schlüssel für das Spannfutter?« Innerhalb von höchstens zwei oder drei Sekunden ist der gerade in Arbeit befindliche Zigarettenhalter unter der Spindel verschwunden und durch ein normales Werkstück, an dem wir gerade arbeiten, ersetzt. Alles funktioniert, nichts fällt auf, außer vielleicht die kleinen Späne eines anderen Metalls, die wir eilig verschwinden lassen ...

Nichts wäre möglich ohne das heimliche Einverständnis des Lageristen, der uns ohne Auftragsschein mit Aluminiumverschnitt versorgt. Unser Freund Ernest schließt die Augen, außerdem gibt es die Männer oder Frauen, die die Produkte unseres Nebenerwerbs zu den uns unbekannten Abnehmern bringen. Was für ein Risiko für ein kleines Stückchen Brot! Aber Risiko ist für uns nie ein Thema, wir lassen sogar in unserer Aufmerksamkeit nach. In dieser Hinsicht habe ich Lyon weit hinter mir gelassen.

Milou spielt stets den Mittelsmann. Jeder Zigarettenhalter bringt eine halbe Brotration ein; ein Kreuz eine ganze. Seit dem Start unserer heimlichen Produktion frisst unser Magen nicht mehr jeglichen Gedanken auf ... Unsere leeren Bäuche sind nicht mehr auf Dauerentzug, wir fangen sogar an, Kameraden zu helfen.

DAS SCHWIMMBECKEN VON AUSCHWITZ – RAPHAËL

Anfang Juli 1944 sehe ich, wie Kameraden mit Schaufel und Hacke in der Hand am Rand des Weges, der hinter unserem Block verläuft, einen riesigen Graben ausheben. Es heißt, es handele sich um ein Schwimmbecken! Ich kann es nicht glauben. Wir sind doch nicht in einem Ferienlager! Oder ist es zum Vergnügen der SS bestimmt? Das kann ich mir aber auch schlecht vorstellen. Dieses Bauwerk steht in keiner logischen Verbindung zur Wirklichkeit des Lagers.

Es handelt sich aber tatsächlich um ein Schwimmbecken. Ein Gerücht macht die Runde: Es gehe darum, einer Delegation des Internationalen Roten Kreuzes, die dem Lager einen Besuch abstatten will, unsere hohe Lebensqualität zu zeigen. Und wieder völliger Unglaube: Kommen sie auch bei den Gaskammern vorbei? Werden Zivilisten, die mit dem Lager und dem Nationalsozialismus nichts zu tun haben, seine wahre Natur erkennen?

An einem Nachmittag zwischen dem Ende des Appells und unserem Abmarsch zur Fabrik, kann ich mich nicht zurückhalten und gehe an die Baustelle heran. Als ich in ihre Nähe komme, taucht von wo auch immer ein SS-Mann auf und erteilt mir den Befehl, mich denjenigen anzuschließen, die das Schwimmbecken ausheben. Mit meinem miserablen Deutsch versuche ich ihm verständlich zu machen, dass ich nachts in den *Union*-Werken arbeite und gehen müsse. Um mich zu bestrafen, weil ich mich aus dem mir erlaubten Bereich herausgewagt habe, befiehlt er mir, Leibesübungen zu machen. Ein SS-Spaß, der tödlich sein kann! Er lässt mich zwei riesige Steine aufnehmen, und ich muss in aufrechter Haltung tiefe und immer schneller werdende Kniebeugen machen. Sehr bald kann ich nicht mehr. Bei einer Kniebeuge versetzt er mir einen Tritt, so dass ich strauchele und zu Boden falle. Ich glaube, das wäre es jetzt und er würde mich gehen lassen. Weit gefehlt. Jetzt verlangt er Liegestütze, den Körper ausgestreckt mit Blick zu Boden muss ich die Arme anwinkeln, immer schneller, immer schneller ... Ich breche zusammen. Ich fange mir noch einen gewaltigen Fußtritt ein, der mich ins Wanken bringt, was ich als Einladung, schnell abzuhauen, übersetze. Während ich zu meinem Kommando zurückrenne, das soeben ausrücken will, ruft er mir etwas auf Deutsch hinterher, das ich nicht verstehe.

Leider ist für mich in Sachen Schwimmbecken noch nicht alles vorbei. Nach ungefähr vier Wochen, Anfang August, ist es fertiggestellt. Wir können es von den Fenstern unseres Blocks aus sehen. Es ist aus Beton mit einem Sprungbrett und einer Leiter zum Einsteigen und etwa 20 mal fünf Meter groß. Diesmal ist es nicht meine Neugierde, sondern die SS lässt unser Kommando kommen. Kameramänner sind in Drehposition und fordern diejenigen, die schwimmen können, auf vorzutreten. Es ist heiß, und ich bin ein guter Schwimmer. Wir sind knapp zehn, die völlig nackt in das Becken springen. Nach einigen Armstößen wird mir schwindelig und übel. Kurz darauf muss ich aus dem Wasser heraus. Ich habe keine Kraft mehr. Die Kameramänner der SS sagen nichts.

Wie ist so ein Ereignis zu interpretieren? Zu jener Zeit denke ich an einen Propagandafilm, mit dem durch das Zeigen von Wassersportaktivitäten nachgewiesen werden soll, wie human das Lager ist ... Das Internationale Komitee des Roten Kreuzes ist gekommen, aber ob sie das KZ Auschwitz besucht haben, ist nicht sicher. Hat ihnen jemand gesagt, dass man hier Juden ermordet?

Ich vermute, dass in der Folge einige ›Prominente‹, Häftlinge höherer Hierarchieebenen, dieses Schwimmbecken nutzen konnten. Als Propagandamittel diente es auch nach dem Krieg Holocaustleugnern als Argument für die humane Natur des Nationalsozialismus. Der Film ist bis heute nicht aufgetaucht.

MEINE AUGENVERLETZUNG – RAPHAËL

Der August 1944 zieht sich unter einer drückenden Hitze dahin. Es muss ungefähr der 10. August sein – mein Bad dient mir als Anhaltspunkt. In der Fabrik ist viel zu tun. Wie die anderen Kameraden arbeite ich ohne Spezialkleidung und ohne Schutzbrille. Es kommt zu einem Unfall: Ein durch die Hitze der Drehmaschine rotglühender Eisenspan fliegt mir ins rechte Auge. Die Schmerzen durch die Verbrennung sind unerträglich.

Ich werde zur winzigen Sanitätsstation der Fabrik geführt, wo ein französischer Arzt mich ohne Instrumente untersucht; er hat noch nicht einmal eine Lupe. »Ich glaube, dass du eine Verbrennung an der Hornhaut hast«, sagt er. »Ich kann nichts für dich tun, außer ein bisschen Salbe draufstreichen, das ist alles.« Meine Schmerzen sind so stark, dass ich mit dem rechten Auge gar nichts mehr und mit dem linken Auge kaum mehr sehen kann. Ich bin mir sehr bewusst darüber, dass ein Sehbehinderter oder Halbblinder in der Welt von Auschwitz keinen Platz mehr hat.

Ich kann nicht allein gehen. Auf dem Rückweg zum Lager stützen und führen mich Marcel auf der einen und Milou auf der anderen Seite. Ich muss leider ins Revier, Block 28, um zu fragen, was man machen kann.

Bei meiner Ankunft befiehlt man mir sogleich, mich auszuziehen. Alle, die ankommen, machen das gleiche. Wir müssen nackt vor einen SS-Arzt treten, was kein gutes Zeichen ist. Die Furcht vor einer *Selektion* überkommt mich sofort. Ein ›Sekretär‹ legt eine Krankenakte an, notiert unsere Häftlingsnummer, unser Kommando und den Grund für unser Kommen. Als ich an der Reihe bin und vor dem Orakel stehe, gebe ich »Verbrennung am Auge« an. Ohne mich zu untersuchen, empfiehlt er mir ein Aspirin und gewährt mir einen Tag Blockschonung, einen Tag ohne Arbeit.

Ich kehre mehr schlecht als recht in meinen Block zurück. Ich habe immer noch heftige Schmerzen, ich muss mich ausruhen. Dem Stubenältesten fällt nichts Besseres ein, als mir eine Aufgabe zu geben, ich soll einen leeren Suppenbehälter in die Zentralküche zurückbringen. Ich kann nicht Nein sagen.

Am folgenden Tag gehe ich nicht mit meinem Kommando mit. Im Block zu bleiben ist sehr beängstigend. Ein *Kapo* oder ein Blockältester kann jederzeit aufkreuzen und mir diese oder jene Aufgabe auferlegen. Ich denke vor allem auch an die spontanen *Selektionen*, die jederzeit erfolgen können. Da ich verletzt bin, kann man mich für *unnütz* erklären, und das für einen solchen Fall vorgesehene Schicksal ist bekannt. Mit großer Besorgnis beobachte ich mein Auge, das weder desinfiziert wurde noch durch einen Verband geschützt ist.

Nicht zu glauben, die Lagerleitung beschließt einen echten Ruhetag für alle Kommandos. Das Wetter ist sehr schön. Dieser einzigartige Moment wird jedoch durch die Qualität der Suppe, die an diesem Tag besonders schlecht und dünn ist, getrübt.

Ich frage mich: Was soll ich morgen machen, wenn der Schmerz, der mich immer noch fest im Griff hat, anhält? Noch einmal ins Revier zu gehen, erscheint mir unnötig und gefährlich. Ich kann aber auch nicht im Block bleiben ... Ich finde mich damit ab, in die Fabrik zu gehen, obwohl ich weiß, dass ich meine Arbeit nicht machen kann. Milou verhandelt mit dem Lageristen für Eisenwaren, der sich bereit erklärt, mich für einige Stunden pro Nacht hinter großen, schräg an die Wand gelehnten Eisenstangen zu verstecken.

An diesem sehr beengten Ort lege ich mich ein wenig hin. Drei Nächte lang. Marcel und Milou machen meine Arbeit mit. Ich habe Vertrauen in meine Freunde und ihre Hilfe und auch in Ernest, der als Vorarbeiter dafür geradestehen muss, dass die Arbeit geliefert wird. Nach und nach lassen meine Schmerzen nach und mein Augenlicht verbessert sich. Ich kann wieder an meinen Platz zurück. Da die Arbeit pünktlich abgeliefert wurde, hat niemand meine Abwesenheit in der Werkstatt bemerkt.

In dieser Zeit läuft Milou, der immer Ausschau nach allem Möglichen und Unmöglichen hält, einen Weg entlang und versucht, mit den Frauen zu reden. Möchte er über die Herstellung von Gegenständen für unseren Nebenerwerb verhandeln? Auf jeden Fall ruft ihn ein SS-Mann und deutet ihm an, er solle zu ihm kommen. Wir werden nun Zeuge einer Szene, die sich tagtäglich an diesem Ort abspielt. Milou ahnt die Bestrafung für sein Vergehen und nimmt, während er auf den SS-Soldaten zugeht, seine wertvolle Brille ab und steckt sie in aller Ruhe in seine Tasche. Der SS-Mann, bei dem solche willkürlichen Gewalttätigkeiten an der Tagesordnung sind, versetzt ihm einige Schläge mit der Hand, die ihn straucheln lassen. Ohne mit der Wimper zu zucken und ohne zu versuchen auszuweichen, bleibt Milou einfach stehen. Vielleicht beeindruckt den SS-Mann seine Kaltblütigkeit, auf jeden Fall hört er auf zu schlagen und lässt ihn laufen. Als er wieder bei mir ist, erklärt mir Milou: »Ich habe nur an meine Brille gedacht, ohne sie bin ich ein toter Mann.«

Und jetzt stehen wir hier und überlegen, was wir hätten machen können, um sie zu ersetzen. Nur eine einzige Lösung wäre denkbar gewesen, nämlich heimlich eine aus dem Lager in Birkenau kommen zu lassen, wo so viele Transporte, so viele Menschen ankommen und den ermordeten Juden so viele Brillen abgenommen werden ... Rund um den sogenannten *Kanada*-Sektor, wo alle Wertgegenstände gelagert und sortiert werden, floriert ein reger Handel. Wir wissen das. Der Vorrat an Brillen dort muss leider beträchtlich sein. Um jedoch eine geeignete zu ergattern, hätten wir erst einmal eine Kontaktperson unter den Häftlingen in der Fabrik finden müssen, die ihrerseits wiederum eine dem Sektor *Kanada* zugeordnete Person hätte suchen müssen. Die Wahrscheinlichkeit, zufällig eine brauchbare Brille zu finden, wäre gering gewesen und der zu zahlende Preis sehr hoch, mehrere Tagesrationen Brot. Glücklicherweise ist Milous Brille gerettet. Eine Brille ist auf jeden Fall ein paar Ohrfeigen wert.

Ein Nichts zu sein, aber nichtsdestotrotz *zu sein*, eine Zeitlang noch. In der ›Todesgesellschaft‹ von Auschwitz sind wir zum Tode Verurteilte, zu Tötende, Nicht-Seiende. Bei dieser Art des Daseins ohne Hoffnung, ohne Zukunft, mit dem Tod als einziger Perspektive trägt man sich mit Gedanken an Selbstmord. Doch Selbsttötungen kommen selten vor. In den elf Monaten im Lager höre ich ›nur‹ drei- oder viermal davon. Häftlinge haben sich in den Elektrozaun geworfen – eine der wenigen Möglichkeiten, die es überhaupt gibt. Die Hoffnung bleibt also und wird in hohem Maße von der Vernunft genährt.

Die Gedanken drehen sich im Kreis und tauschen sich aus: Diese Menschen sind Bestien und keine Götter; sie sind nicht unfehlbar; die Kräfte der Freiheit müssen stärker sein als sie, und sie sind bereits stärker. Wir kamen aus der ›normalen‹ Welt, und dort wussten wir bereits um ihre Schwierigkeiten an mehreren Fronten. Die meisten der Männer und Frauen im Lager sind jung. Wenn wir auf dem Weg zur Fabrik einem anderen Kommando begegnen, machen wir eine typische Armbewegung als Zeichen der Ermutigung. Wir werfen uns ein *Azoy* (Halte durch!) zu.

Die ›Gesellschaft‹ von Auschwitz ist straff organisiert, starr und hierarchisch. Sie beruht auf Terror, der ständigen Drohung, umgebracht zu werden. Die SS dominiert, sie haben unbegrenzte Macht über uns, bis hin zur Macht, uns zu töten. Ich habe es nicht gesehen, aber zu Anfang, 1942, war das gang und gäbe. Diejenigen, die schon länger dort waren, denen es gelungen war, bis jetzt zu überleben, haben es uns gesagt. Sie müssen wohl keine Rechenschaft ablegen, denn der wesentliche Zweck dieses Lagers ist das Töten von Juden, aller Juden, die dort ankommen. Die SS-Offiziere sind es auch, die die *Selektionen* vornehmen und die Vergasungen überwachen. Die Entmenschlichung gibt ihrem Denken und ihrem Handeln die Struktur. Die Begriffe, die sie verwenden, zeugen davon. Ein Kamerad übersetzt mir die Frage, die ein SS-Offizier nach einem Appell einem *Kapo* stellt: »Wieviel Stück?« Wir sind einfach nur Stücke. Ihre Sprache ist Reden, aber gleichzeitig auch Handeln.

In der Welt des Lagers durchdringen sich die Unterscheidungen nach rassischen und sozialen Kriterien. Erstere, die Differenzierung nach Rassen, grenzt die Deutschen von den übrigen Menschen ab. So gehört ein nichtjüdischer deutscher Häftling, der weit über einem jüdischen Gefangenen steht, zur obersten Gruppe, den *Ariern*. Danach kommen die Slawen und ganz zum Schluss, auf der letzten Stufe der Leiter, stehen die Juden. Verschärft wird diese Hierarchie noch durch die Unterschiede, die sich aus der sozialen Lagerordnung ergeben. Die SS überträgt nämlich einen Teil der Befehlsgewalt an sogenannte Funktionshäftlinge, vor allem in den Blocks (Blockältester, Stubendienst) und in den Zwangsarbeitskommandos (*Kapos*), die damit über eine nicht unbeträchtliche Macht über die anderen Gefangenen verfügen. Arier, Slawen und Juden können zu *Kapos* ernannt werden, wobei letztere in der Regel nur für untergeordnete Funktionen ausgewählt werden, außer wenn sie über eine außergewöhnliche Qualifikation verfügen. Auf diese Art entsteht unter den Gefangenen eine Gruppe von Privilegierten (»Prominente«, wie sie in der Lagersprache genannt werden).

Die politischen Gefangenen zeigen im Allgemeinen ein menschlicheres Verhalten als die Strafgefangenen. Insgesamt findet man unter den Funktionshäftlingen eine ganze Reihe perverser Gestalten. Waren sie vorher schon so oder hat ihre Funktion sie zu dem gemacht, was sie sind? Nach dem, was man mir gesagt hat, hatten die *Kapos* 1942 und 1943 noch das Recht zu töten. Zu meiner Zeit, 1944, haben sie dieses ›Privileg‹ nicht mehr, das steht nur noch der SS zu. Dennoch haben die Funktionshäftlinge immer noch eine ungeheure Macht, mit der sie indirekt töten können. Die Stellung der jüdischen *Kapos* ist vielschichtig, denn sie haben sich freiwillig für (kleinere) Aufgaben gemeldet oder sind dafür bestimmt worden und fühlen sich nun verpflichtet, besonderen Eifer an den Tag zu legen. In der Lagerhierarchie nehmen sie letztendlich eine sehr fragile Stellung ein, wie man an dem *Kapo* Schulz gesehen hat.

Der Faktor Rasse ist insbesondere im Bereich der Arbeit entscheidend. Die mühsamsten und gefährlichsten Arbeiten werden immer den Juden zugewiesen. Man spürt den Antisemitismus, speziell bei den nichtjüdischen Polen. Wir erleben ihn ständig. Ich bin ihm in den *Union*-Werken selbst zum Opfer gefallen, als der polnische Leiter des Konstruktionsbüros mich feuerte, obwohl die Werksleitung ihre Einwilligung zu meiner Arbeit dort gegeben hatte. Wir sind eben nicht alle Brüder im Leid.

Es gibt die Juden und die anderen. Zu den unablässigen Demütigungen der Nazis kommen die herablassenden Blicke und Feindseligkeit der Polen hinzu. Ich frage mich, was sie wohl über die Ermordung der

Juden in den Gaskammern, deren Zeuge sie tagtäglich werden, denken. Ich weiß es natürlich nicht, aber ich stelle mir vor, dass sie es mit Befriedigung zur Kenntnis nehmen. Die Nazis erfüllen ihr Versprechen, nämlich dass sie eines Tages in einem Polen ohne Juden leben werden. Der polnische Antisemitismus, der vielleicht im Zusammenhang mit dem christlichen Antijudaismus zu sehen ist, ist weit verbreitet. Ihr Hass dauert auch nach dem Ende des Krieges noch an. In der unmittelbaren Nachkriegszeit wurden in Polen bei Pogromen Hunderte polnischer Juden, darunter Holocaust-Überlebende, umgebracht. Das war 1946.

So ist die Rassenhierarchie im Alltag ein Fakt, der über unsere verschiedenfarbigen Dreiecke aus Stoff, auf denen Buchstaben unsere Nationalität angeben, hinausgeht. Die Juden haben übrigens nicht nur einen dieser sogenannten Winkel, sondern zwei – einen gelben und einen roten, die übereinandergelegt einen Davidstern bilden. Selbst wenn sie in ihrer jüngeren Vergangenheit *politisch* oder womöglich *kriminell* waren, werden sie niemals rote oder grüne Winkel tragen, sondern immer diese zwei, die einen Judenstern bilden.

Die Nationalität jedes Einzelnen mit ihrer gemeinsamen solidaritätsstiftenden Identität und Sprache macht die Hierarchie noch komplexer. Das ideologische Engagement spielt ebenfalls eine Rolle, insbesondere bei den Kommunisten. Bei den kommunistischen Deportierten ist das politische Engagement ausschlaggebend – unabhängig davon, ob sie Juden oder Nichtjuden, Funktions- oder einfache Häftlinge sind. Sie konnten sich ein in der Tat segensreiches Netz der Solidarität aufbauen.

Aber im Endeffekt spielt neben all diesen Hierarchien und Kategorien auch die individuelle, menschliche Komponente eine Rolle. Der Blockälteste des Blocks 4 a, ein Deutscher mit grünem Winkel, tat mir eines Tages einen großen Gefallen. Er ist klein, dünn, drahtig und anspruchsvoll und prügelt nie jemanden, was äußerst selten ist. Er respektiert uns und handelt so, dass jeder das bekommt, was ihm zusteht. Ich weiß nicht warum, aber eines Tages sagt er mir: »Komm, du bringst jetzt einen leeren Suppenkübel zurück in die Küche. Hol ihn aus der Stube der Blockältesten.« Ich frage mich, ob es sich um eine Schikane handelt oder ob er mir helfen will, aber warum? Die Sprachbarriere trennt uns. Aber ich merke sehr schnell, dass er mir helfen will. Und so trage ich mehrere Wochen lang täglich meinen kegelstumpfförmigen

Holzkübel in die Küche. Er wiegt schwer auf meinen Schultern. Macht nichts, ich habe einen Grund, die zentrale Lagerstraße entlang zu gehen, und Zeit, mit meinem Löffel die säuerlichen, an der Gefäßwand angetrockneten Suppenreste abzukratzen. Jedes kleine bisschen Essen ist ein wenig mehr Leben. Ich denke, dass ich, wenn ich eines Tages aus diesem Lager herauskomme, wahrscheinlich Magen- oder Darmprobleme haben werde.

An einem Sonntag im Mai 1944 haben wir unseren freien Tag, der dem *Union*-Kommando alle sieben Wochen gewährt wird. Als ich mich an diesem Tag im Block bewege, höre ich jemanden Französisch mit einem leichten Mittelmeerakzent reden. Auf der Jacke der beiden auf ihrem Bettgestell liegenden Männer sehe ich einen roten Winkel. Es handelt sich also um nichtjüdische politische Gefangene. Ich frage sie, woher sie kommen und was der Grund für ihre Deportation sei. »Ganz einfach«, erwidert einer der beiden, »wir sind Korsen und gehören beide zu einem bonapartistischen Club. Dieser wurde verboten und das war Grund genug, uns hierher zu schicken.« Sie sind sicherlich in einem sehr harten Lager, aber der große Unterschied zu den Juden ist, dass sie beim Eintreffen im Lager keiner *Selektion* unterzogen wurden und nicht von den Vergasungen ›betroffen‹ sind, weder bei der Ankunft noch später.

Ein Deportierter, der im Juli 1942 mit dem *Transport der 45.000*, der französische Widerstandskämpfer nach Auschwitz brachte, gekommen ist – so genannt, weil die Häftlingsnummern zur Nummernserie *45.000* gehören – arbeitet ebenfalls in der Fabrik. Sein Name ist Robert Jarry, er ist vier oder fünf Jahre älter als ich. Wir verstehen uns gut und schließen Freundschaft. An einem Abend im Juni erhalten wir mit unserer täglichen Brotration eine Schöpfkelle voll Milch. Eine Premiere, denkwürdig und ziemlich unverständlich, und im Übrigen einmalig während meiner gesamten Deportationszeit. Nicht zu fassen! Für uns alle ist diese Milch wie eine Arznei, ein Wunder. Mit einem Mal werden wir alle zu Ernährungsexperten. Man muss sie schlückchenweise und zeitlich verteilt trinken, und alle möglichen Vergleiche werden angestellt: Die Milch ist besser als ein Steak – stimmt, sie ist mindestens so wertvoll wie ein Ei. Auf jeden Fall müssen wir sie sofort austrinken, da wir keine Möglichkeit haben, sie aufzuheben.

Robert spricht mich an: »Raphaël, wenn du magst, nehmen wir deine und meine Milch und lassen sie stehen, bis sie geronnen ist; das ist vom Nährwert her noch besser.« Ich erinnere mich an meinen Unterricht in organischer Chemie, wo wir gelernt haben, dass das Kalzium aus Käse am besten vom Körper aufgenommen wird. Deshalb finde ich seinen Vorschlag interessant. Aber ich sehe nicht, wie er umzusetzen wäre. Er schlägt vor, die Milch in sein Schrankfach zu stellen. Bei dieser Gelegenheit erfahre ich, dass die nichtjüdischen Gefangenen, die *Arier*, allesamt Anrecht auf ein Schrankfach haben, das man sogar mit einem Vorhängeschloss zuschließen kann! Sie können darin nicht zuletzt den Inhalt der Pakete, die sie vom Roten Kreuz oder von befugten Personen bekommen, verstauen. Es versteht sich von selbst, dass die Juden und die Sowjets, die als *Nacht und Nebel* abgestempelten Deportierten weder ein Schrankfach noch Pakete erhalten.

Ich frage Robert: »Wie kann man Milch ohne Lab gerinnen lassen?«

»Ich weiß, dass diese Milch innerhalb von zwei Tagen gerinnt«, antwortet er. Er ist sich so sicher, dass ich keinerlei Zweifel hege. Warten wir es also ab.

Zwei Tage später freuen sich unsere Mägen und unser Geist über unser Käseimitat. Wir essen langsam, immer nur einen ganz kleinen Löffel voll und träumen dabei von der Vergangenheit und von der Zukunft. Es gilt durchzuhalten, um das Leben wiederzusehen.

Was soll man in dieser Welt, in der man den Himmel anfleht, noch einen Augenblick lang leben zu dürfen, vom Verhalten jedes einzelnen gegenüber den anderen Häftlingen halten? Was ist mit den Häftlingen, die zu einem Scheusal geworden sind, die auf Kosten ihrer Kameraden »organisieren« oder als Komplizen anderen dabei helfen? Kann man sie verurteilen? Hier existiert jeder Einzelne in seiner ungeschminkten Nacktheit, der Lack des Menschen ist abgebeizt. Die Unterschiede in der gesellschaftlichen Stellung aufgrund von Geld, Wissen, Bildung und Religion sind verschwunden. Hier bleibt angesichts des allgegenwärtigen Todes nur der angeborene Charakter eines Menschen übrig, der Mensch ist echt.

Wir hören meinem Freund Boris gern zu. Seine Analysen der lagerinternen Vorkommnisse und seine Kommentare zu Informationen von außen, ob sie nun richtig oder falsch sind, zeugen stets von Intelligenz.

Der Durchschnittshäftling ist nicht in der Lage, an diesem Ort zu philosophieren, aber er darf den Mut nicht verlieren, der ihm die Kraft zum Durchhalten verleiht. Boris findet immer Gründe, weswegen wir hoffen können – eine Hoffnung, die wir unbewusst suchen.

Meine eigene Welt beschränkt sich auf Milou, Marcel, Boris, Ernest, meine wenigen französischen Freunde. Wir bilden untereinander eine Solidargemeinschaft. Instinktiv ziehe ich mich wieder in meine Gedankenwelt zurück. Von Zeit zu Zeit erhalte ich gute Nachrichten von Liliane. Leicht zeitverzögert treffen auch Gerüchte von außen ein: Aus dem jüngsten Deportationstransport hören wir von der Landung der Alliierten in Frankreich und ihrem Vormarsch. Dies gibt unserer Hoffnung Auftrieb. Anfang August bekommen wir Wind vom missglückten Attentat auf Hitler, und wir erfahren, dass Paris befreit wurde. Alle dies arbeitet in unseren Köpfen und lässt uns zu dem Schluss kommen, dass der Zusammenbruch des Dritten Reiches kurz bevorsteht. Wir überzeugen uns gegenseitig davon, dass der Krieg in ein oder zwei Monaten vorbei sein wird. Wir müssen durchhalten. Die Zeit vergeht endlos langsam.

HUNGER

Im Lager ändert sich nichts. Der Hunger ist quälend, die Suppe schlecht. Bei ihrer Verteilung herrscht stets ängstliche Anspannung. Mensch und Magen sind eins und hoffen, dass in der Suppenkelle ein armseliges Stück Fleisch oder irgendetwas weniger Dünnflüssiges zum Vorschein kommt. Gerecht wäre es, wenn die Suppe ständig umgerührt würde, damit Gleichheit in der Not herrscht. Gewöhnlich machen die *Kapos* und die Blockältesten das jedoch nicht. Sie reservieren den Teil mit etwas mehr Gehalt für sich selbst.

Trotz des gewaltigen Risikos, das wir eingehen, einschließlich der Gefahr, gehenkt zu werden, stellen wir weiterhin Hufeisen, Kreuze und Zigarettenhalter her. Eine neue Mode kommt auf, nämlich Siegelringe aus Chrom-Nickel. Ohne zu zögern, stürzt sich Milou in das Abenteuer – und wir folgen ihm.

»Ein Pole, der in der Küche arbeitet, möchte einen Zigarettenhalter im Tausch gegen einige rohe Kartoffeln. Ich habe eingewilligt«, erzählt Milou mir eines Tages. Ich weiß nicht, wie er mit der Küche in Kontakt treten konnte, schließlich ist es verboten, im Lager umherzulaufen. Ich frage ihn: »Und wie sollen wir die Kartoffeln kochen?«, und spinne den Gedanken weiter: »Man müsste sie mit in die Fabrik nehmen und sich mit dem Schmied absprechen, damit wir sein Feuer nutzen können.«

Nach der Lieferung des Zigarettenhalters erhalten wir unsere Kartoffeln. Wir überlegen uns einen Trick, wie wir sie transportieren können: Wir befestigen sie mit Hilfe eines dünnen Stoffstreifens, den wir von unseren »russischen Strümpfen« abreißen, unten an unserer langen Unterhose. Das Wichtigste ist, dass man sie im Falle einer Durchsuchung am Eingang zur Fabrik nicht findet. Da solche Durchsuchungen auf dem Weg vom Lager Auschwitz zur Werkstatt im Vergleich zur umgekehrten Richtung eher selten vorkommen, beschließen wir, den Coup zu wagen.

Der Weg verläuft ohne Zwischenfall. Mit unseren Knollen in den Hosen erreichen wir die Fabrik und verstecken unser zukünftiges Festmahl unter einem Haufen Eisenschrott. Nun müssen wir mit dem Schmied, zu dem wir bis jetzt keinen Kontakt hatten, verhandeln. Er ist tschechischer Jude. Eine Diskussion über die Menge an Kartoffeln, die wir ihm im Gegenzug fürs Kochen abtreten, entspannt sich. Der Tscheche verlangt die Hälfte. Das ist viel zu viel! Er ist gierig, unser Kamerad. Langes Herumreden können wir uns nicht leisten. »Wir sind schon drei, die etwas abhaben wollen, du bist der vierte. Jeder bekommt das gleiche, einverstanden?« Der Handel ist perfekt. Wir lassen den Schmied machen und gehen eilig zu unseren Maschinen zurück. In der Pause gibt uns der Schmied Bescheid, dass die Kartoffeln gar sind.

Uns läuft das Wasser im Munde zusammen, während wir einen Platz suchen, an dem wir geschützt vor den Blicken der anderen, Freund wie Feind, unsere Mahlzeit genießen können. Dieses Festmahl, so beschließen wir, wollen wir einnehmen, ohne es in die Suppe zu mischen. Zu der Vorstellung, Kartoffeln essen zu können, kommt ein Gefühl von Freiheit hinzu. Wir verstecken uns hinter unseren Maschinen. Ein Augenblick seltenen Glücks: unsere Augen, unsere Körper, unsere Gedanken vergessen Auschwitz. »Ah, schmeckt das gut«, sagt Marcel. »Mit ein bisschen Salz wäre es allerdings perfekt«, ergänzt Milou. Und ich: »Und stellt euch vor, noch ein bisschen Margarine dazu, das wäre großartig.« Das Leben versucht immer, sich zu entfalten ...

Seit meiner Rückkehr aus Auschwitz ist dieser Moment für mich das beste Beispiel dafür, wie relativ Glück doch ist, und diese Relativität macht auch begreiflich, warum Menschen, denen es augenscheinlich an nichts fehlt, tief verzweifelt sein können.

Unsere kleinen Handelsgeschäfte dauern an, und unsere Brotrationen werden größer. Wir helfen unsererseits Kameraden, bei denen es ums Überleben geht. Aber ohne ein eigenes Schrankfach können wir das Brot nicht aufheben. Als Speisekammer dient uns einzig unser vier bis fünf Zentimeter dicker Strohsack, in den wir das so teuer erworbene Brot hineinstecken. In unregelmäßigen Abständen verschwindet es, gestohlen vom Stubendienst oder einem seiner Schergen, die auf den ›perfekten Zustand‹ des Blocks zu achten haben und die Strohsäcke durchsuchen, anheben, abklopfen und unsere Schätze an sich nehmen. Wie oft war ich bitter enttäuscht, nichts mehr vorgefunden zu haben. Man kann nichts sagen, denn das könnte sofort eine Denunziation wegen Sabotage zur Folge haben und eine sehr gefährliche Bestrafung nach sich ziehen.

UNSERE KÖRPER

Der freie Sonntag alle sieben Wochen wird trotz der Unwägbarkeiten unvorhergesehener Dienste sehnsüchtig erwartet. An diesem Sonntag folgt auf den unweigerlichen Morgenappell ein weiterer, der Läuseappell. Wir müssen die Läuse von unserem Körper und unserer armseligen Kleidung, samt Hemd und Unterhose, entfernen. Anschließend müssen wir antreten und dem Stubendienst unsere Kleidung zur Kontrolle vorzeigen. Wir alle haben Läuse in den Hemd- oder Unterhosennähten. Wir töten sie eine nach der anderen, indem wir sie zwischen den beiden Daumennägeln zerquetschen. Es ist schon ein einmaliges Bild, das diese Männer abgeben: Praktisch nackt, mit dem Hemd in der Hand stehen sie Schlange, um kontrollieren zu lassen, ob sie keine Läuse mehr haben. Der deutsche Sinn für Hygiene ist unglaublich!

In Auschwitz – wie in jedem anderen Lager auch – stehen den Gefangenen keinerlei Toilettenartikel und kein Toilettenpapier zur Verfügung. Man gibt uns nicht zu essen, warum sollte man uns etwas geben, womit wir uns waschen können? Keine Seife, kein Handtuch. Ich erinnere mich an zwei Duschen in elf Monaten: eine bei unserer Ankunft im Lager, die andere unerwartet zusammen mit einer Desinfektion unserer Kleidung.

An einem freien Sonntag nach dem Läuseappell geht der Blockälteste durch die Reihen der Bettgestelle, um zu prüfen, ob die Decken korrekt gefaltet sind. Als er bei mir ankommt, hält er meine für schlecht zusammengelegt. Warum? Ich weiß es nicht. Er ordnet zehn Stockschläge vor allen Häftlingen des Blocks an.

Der Mann, ein Deutscher mit grünem Winkel, versammelt alle Häftlinge, damit sie der Prügelstrafe beiwohnen. Ein Bock, auf den ich mich bäuchlings legen muss, wird vor der versammelten Mannschaft hingestellt, die wie beim Appell in Reih und Glied steht. Mit brutalen Schlägen verabreicht er mir die zehn Hiebe auf mein mageres Gesäß. Ich bleibe stumm an diesem Ort, wo niemand seinen Schmerz zum Ausdruck bringt und niemand weint. Das Blut läuft. Ich leide entsetzliche Schmerzen. Ich kann mich nicht aufrichten, und ich kann kaum laufen. Milou hilft mir sofort auf und stützt mich beim Gehen, zusammen steigen wir langsam die Treppen des Blocks hoch.

Ich habe trotz alledem Glück gehabt. Zunächst einmal stelle ich fest, dass die Wirbelsäule trotz des Schmerzes nicht verletzt ist. Außerdem ist es ein freier Sonntag und wir haben vor der Suppe noch eine Stunde Ruhe. Milou nutzt diese Zeit, um in seiner *Miska* Wasser zu holen und mit seinem Fußlappen mein schmerzendes Gesäß vorsichtig abzutupfen. Das kalte Wasser tut gut. Zur Mittagszeit nimmt Milou meine Suppe in Empfang, die ich später trinke. Eine gute Woche dauert es, bis ich mich wieder erholt habe, und erheblich länger, bis die Blutergüsse verschwunden sind.

Der Blockälteste ist ein mieser Kerl; kein Vergleich mit dem von Block 4 a, der ebenfalls ein Deutscher mit grünem Winkel war und der mir angeboten hatte, den Suppenbehälter auszukratzen.

In der grausamen Welt von Auschwitz lebt jeder nur für sein eigenes Überleben. Mit Ausnahme von Milou und Marcel gibt es für mich in diesem Martyrium nichts, das mir Trost bietet. Was für die Relativität des Glücks gilt, gilt genauso für die Relativität des Unglücks. Schläge sind hier üblich und allemal besser, als in die Gaskammer geschickt zu werden.

›SELEKTION‹ IM LAGER

Am Morgen des 1. Oktober gegen 6 Uhr verlassen wir wie üblich die Fabrik, um ins Lager zurückzukehren. Als wir überraschend unseren Kameraden der Tagesschicht begegnen, versuchen sie, unauffällig mit uns zu reden: »Letzte Nacht gab es eine Selektion aller Juden des Lagers«, hört man sie sagen. »Die der Union-Werke auch?«, fragt einer von uns. »Ja.« »Franzosen?« »Boris wurde mitgenommen!«

Schweigend und mit hängenden Köpfen laufen wir weiter. Ein Kamerad sagt: »Wenn selbst wir, die Spezialisten, die als nützlich für das Großdeutsche Reich gelten, von der Selektion betroffen sind, ist es schlimm!« Offen gestanden hatten wir uns bislang mit dieser Vorstellung selbst beruhigt. Auch wenn sie nicht stimmte, so machte sie uns doch Mut und gab uns Hoffnung. An diesem Tag holt uns die Wirklichkeit dieses Ortes und des Völkermordes ein.

Bei unserer Rückkehr in das Lager deutet nichts auf das Drama hin, das sich in der vergangenen Nacht abgespielt hat. Das Orchester spielt den üblichen Marsch und unser Morgenappell verläuft wie immer. Wenn die Kameraden uns nicht informiert hätten, wüssten wir nichts. Jetzt kann man die unausgesprochene Angst auf den besorgten Gesichtern ablesen. Jeder zieht sich in seine Gedanken zurück.

Auch während unseres morgendlichen Schlafs geschieht immer noch nichts Ungewöhnliches. Wird es während des Tages eine *Selektion* geben? Diese quälende Frage stellen wir uns natürlich alle. Unsere Gedanken wandern zu Boris. Ich schlafe äußerst unruhig. Ich denke an ihn, an das, was aus mir werden wird, an Liliane.

Unsere deutschsprachigen Kameraden betteln die zum Block gehörenden *Arier*, die Zeuge dieser gewaltigen *Selektion* waren, um Informationen an. Wir erfahren erst sehr viel später, dass die SS innerhalb weniger Stunden mehrere Hundert Gefangene aus beiden Lagern in die Gaskammern geschickt hat. Wir werden zur üblichen Zeit geweckt. Suppe und Brot werden ausgeteilt. Offensichtlich wird bei uns keine *Selektion* vorgenommen.

Am 1. Oktober setzt Jacques Stroumsa alles auf eine Karte, um Menschenleben zu retten. Er schildert dem Direktor der *Union*-Werke die Lage und betont dabei insbesondere die große Anzahl von erfahrenen Handwerkern, die ausgesondert wurden und im Betrieb fehlen. Auch

Albert Spiler, unser Graveur und ein guter Freund von Boris, spricht Leute an, für die er persönliche Gegenstände angefertigt hatte.

Die Werksleitung interveniert daraufhin tatsächlich bei der SS-Führung. Es hat sich gelohnt, denn etwa 15 Kameraden werden vorübergehend aus der Gruppe der zum Tode Verurteilten, die in einem Block zusammengefasst sind, herausgeholt.

Die SS akzeptiert jedoch lediglich die Rückkehr derjenigen Männer, die die Werksleitung als absolut unentbehrlich erachtet. Falls es der Wunsch des Direktors war, alle zurückzuholen, so wurde daraus nichts. Die SS-Männer fordern die Meister – allesamt Deutsche und Nazis – auf, diejenigen auszuwählen, die sie zurückhaben wollen. Lediglich die Kameraden aus der Schlosserei, das heißt die Spezialisten, werden gerettet; die aus der Produktion sind fast alle zum Tode verurteilt.

Am 3. oder 4. Oktober, als unsere Schicht gegen 17.30 Uhr zur Arbeit aufbricht, müssen wir eine schreckliche Szene mit ansehen: Bewaffnete Soldaten mit Hunden umzingeln den Block, in dem unsere Kameraden untergebracht sind. Diese werden gezwungen, in Lastwagen einzusteigen, die sie nach Birkenau zur Vergasung bringen.

Mir schnürt es den Hals zu. All diese Unglücklichen sehen uns zur Arbeit gehen. Wir laufen mit gesenktem Kopf und in völligem Schweigen weiter. Sie haben monatelang, manchmal jahrelang unfreiwillig für Deutschland gearbeitet; sie wissen, dass der Krieg bald zu Ende sein wird, und sie werden sterben, weil sie Juden sind. Da versagt der Verstand. In Auschwitz-Birkenau zeigt sich das nationalsozialistische Gedankengut in seiner ganzen Unmenschlichkeit. Die SS vollzieht den Völkermord. Es stand nie zur Debatte, dass die Lagerinsassen leben sollen. In den Augen der Verantwortlichen müssen auch diejenigen, die als ›nützlich‹ gelten, vernichtet werden. Dieser Vorfall zerstört die geringe Hoffnung, dass wir durch unsere Arbeit als Spezialisten eine Art ›Vertragsverhältnis‹ hätten.

Wir sind lediglich zum Tode Verurteilte in Wartestellung. Letztendlich hat der für die Nazis negative Verlauf des Krieges die Gefahr für uns, deren Todesurteil nur ausgesetzt ist, vergrößert. Die SS muss uns vor dem Eintreffen der sowjetischen Truppen liquidieren. Unter solchen Bedingungen ist es schwer, die Hoffnung nicht zu verlieren und zuversichtlich zu bleiben.

Mein Kamerad Boris hat einen Zeugenbericht von dieser *Selektion*, der er zum Opfer gefallen und wieder entkommen ist, hinterlassen:

»Es war der 30. September 1944. Beim Verlassen der *Union*-Werke, wo ich seit meiner Ankunft in Auschwitz gearbeitet hatte, deutete nichts auf das hin, was mich bei meiner Rückkehr ins Lager zur üblichen Zeit um 19 Uhr erwarten würde.

Denn kaum hatte ich das Tor mit der Aufschrift *Arbeit macht frei* durchschritten, wurde ich von dem Chaos, das im Lager herrschte, erfasst. Alle Lampen brannten, die Menschen liefen kreuz und quer, und es war uns allen strengstens untersagt, unsere jeweiligen Blocks zu betreten.

Sehr bald überstürzten sich die Ereignisse. Wir erhielten den Befehl, uns da, wo wir waren, im Freien auszuziehen und nackt, mit unserem Kleiderbündel unter dem Arm, zu warten. Weiter hinten sah ich eine Kolonne, die sich einer nach dem anderen langsam voran bewegte. Bald darauf waren wir an der Reihe und mussten an einer Gruppe von SS-Offizieren, teilweise mit Hunden, vorbeilaufen. In diesem Moment ging mir das Bild von der *Selektion* bei meiner Ankunft in Auschwitz, als wir aus den Eisenbahnwaggons stiegen, durch den Kopf.

Ich ging vorwärts, und mit einer kurzen Handbewegung wies mich der SS-Mann einer Gruppe zu, während er mit einem Wink in die andere Richtung die übrigen in ihre Blocks gehen ließ. Unsere Gruppe wurde danach zu einem Block geführt, in dem ich vorher noch nie war. In diesen Block wurden alle Deportierten geschickt, die ausgesondert worden waren. Wir erhielten unsere Suppe – und die ersten Gerüchte kamen auf, wonach die *Selektion* für einen Austausch von deutschen Kriegsgefangenen erfolgt sei. Selbstverständlich konnten wir, die wir schon eine achtmonatige Geschichte in Auschwitz hinter uns hatten, das nicht glauben. Für uns war die Sache klar. Mein Weg endete hier. Nachdem die Lichter gelöscht worden waren, legten wir uns auf unsere Strohsäcke. Ich brauche wohl nicht zu erwähnen, dass ich kein Auge zu machen konnte. Bilder meines kurzen Lebens ziehen wirr an meinem inneren Auge vorbei. Wenn ich das jetzt aufschreibe, fällt mir wieder ein Gedanke ein, der mir damals durch den Kopf ging: Ich bedauerte es zu sterben, ohne mich zu wehren, obwohl ich mir doch selbst versprochen hatte, im letzten Moment eine Möglichkeit zu finden, die SS für meine Ermordung bezahlen zu lassen. Ich hatte mich von allen, die mir am Herzen lagen, verabschiedet. Überwältigt von der Müdigkeit, schlief ich gegen Morgen für vielleicht eine Stunde ein.

Am Morgen wurde die übliche Brühe ausgeteilt – und wir warteten. Irgendwann am Vormittag tönte ein Befehl durch den Block: ›Alle vom Kommando *Union*, antreten.‹ In diesem Augenblick glaubte ich, ich wäre gerettet. Aber leider hatten wir die Rechnung ohne die zerstörerische Versessenheit der SS gemacht. Ich reihte mich in die Gruppe ein und kam in der Fabrik an. Dort musste jeder von uns in seinen Bereich gehen, und die Meister, die Sonderbeauftragte der SS waren, sollten diejenigen von uns auswählen, die für die Produktion der AZ-Zünder unentbehrlich waren. In diesem Augenblick wendete sich mein Schicksal und lächelte mir zu. In der Schlosserei, wo ich arbeitete, hatte ich einen Freund, der Graveur war. Durch seinen Beruf hatte er spezielle Beziehungen zu den Meistern in dieser Schlosserei, da diese ihm Schmuckstücke zum Gravieren brachten (Schmuck, der den Deportierten bei ihrer Ankunft entrissen worden war). So bat er sie darum, mich herauszuholen, und ich konnte meinen Arbeitsplatz wieder einnehmen. Ich möchte meine Geschichte nicht beenden, ohne zu berichten, wozu der Mensch fähig ist. Diejenigen, die nicht von den Meistern ausgesucht worden waren, wurden wieder zusammengerufen und gleich darauf ins Lager zurückgebracht. Ich gebe zu, dass ich erst dann an meine Rettung vor der Gaskammer glaubte, als das Fabriktor sich hinter ihnen geschlossen hatte.

Meine Kameraden von der Nachtschicht berichteten mir, dass die ›Selektierten‹ am Folgetag von bewaffneten SS-Angehörigen in einem Lastwagen zur Gaskammer gebracht wurden. Es war 5 Uhr nachmittags.«

Um diese Zeit herum erfahren wir auch, dass Frauen ins Lager von Auschwitz verlegt worden sind, – darunter alle, die bei den *Union*-Werken arbeiten. Sie sind in den Blocks 22 und 23 untergebracht, die mit einem Stacheldrahtverhau umgeben sind. Liliane ist also ganz in meiner Nähe. Ich hoffe, sie einmal zu sehen, selbst wenn wir versetzte Arbeitszeiten haben.

UNSERE VERLEGUNG IN DAS LAGER AUSCHWITZ – LILIANE

Irgendwann im September werde ich mit den anderen Frauen des Kommandos *Union* vom Lager Birkenau in das Lager Auschwitz verlegt. Trotzdem arbeiten wir weiterhin in den *Union*-Werken. Ich erinnere mich an unsere ›Entdeckung‹ des Lagers Auschwitz, das ganz anders ist. Die Bedingungen in den Gebäuden sind anders, sie sind aus Ziegelsteinen, die die Kälte besser abhalten; in den Räumen gibt es dreistöckige Bettgestelle aus Holz. Jede hat eine Etage für sich, das ist etwas anderes als unsere Kojen! Es sind immer noch Gemeinschaftstoiletten, aber nicht mehr solche langen Betonbänke mit Löchern, verdreckt und stinkend jenseits aller Vorstellungskraft, sondern einzelne Toilettenschüsseln.

Alle mir wichtigen Kameradinnen sind da. In dieser Zeit fassen wir in der Tat wieder ein wenig Mut. Es herrscht offenbar eine äußerst strenge Disziplin, und die SS ist überall.

Ich weiß, dass Raphaël in dem Lager ist. Fanny erinnert mich daran, wie glücklich ich mich schätzen kann, diesen Verehrer zu haben.

HERBST/WINTER 1944/45 – RAPHAËL

Liliane und ich schicken uns weiterhin kurze Nachrichten, allerdings in großen Abständen, denn ich muss Fanny dazu in der Nacht begegnen.

Es dringen immer weniger Gerüchte von außenhalb ins Lager. Wenn Transporte eintreffen, erhalten wir zwar hastige Informationen, aber es kommen kaum mehr welche an. Man kann sich nur darüber freuen. Es sei denn, die Nazis hätten es geschafft, alle Juden in Europa zu vernichten.

In dieser Zeit hören wir auch von der Revolte von Angehörigen des *Sonderkommandos* von Birkenau. Es heißt, sie hätten in einem Krematorium eine der Gaskammern in die Luft gesprengt. Dieser Aufstand war dank vier jüdischer Polinnen möglich, die bei den *Union*-Werken arbeiteten. Nach und nach war es ihnen gelungen, kleine Mengen an Schießpulver beiseite zu schaffen, das am Ende ausreichte, um eine Explosion in einer der Vernichtungsanlagen, der Gaskammer im Krematorium IV, herbeizuführen.

Den Stopp der Vergasungen gegen Ende Oktober, den wir mitbekommen haben, führen wir auf dieses Ereignis zurück. Diese Nachricht nährt unsere Hoffnung.

Bis uns eines Abends nach dem Wecken und zu dem Zeitpunkt, als die Suppe ausgeteilt wird, der Stubenälteste den Befehl gibt, uns mit nacktem Oberkörper vor ihm hinzustellen. Was ist los? Er hält eine sehr große Spritze mit einer farblosen Flüssigkeit in der Hand und verabreicht uns eine Injektion in die Brust. Die 50 Männer unserer Nachtschicht werden so mit derselben Nadel, ohne die geringsten Hygienevorkehrungen und ohne Desinfektion gespritzt. Danach wird die Suppe verteilt.

Wollen sie uns auf diese Weise umbringen? Ist das eine organisierte Vergiftungsaktion? Ich weiß zu diesem Zeitpunkt von Kameraden, dass in der Vergangenheit Gefangene mit Phenolinjektionen direkt in den Herzmuskel getötet wurden. Ich klammere mich an den Gedanken, dass sie Leute brauchen, um den Fabrikbetrieb aufrechtzuerhalten, und dass wir Spezialisten sind. Die *Selektion* von September/Oktober ist jedoch noch nicht vergessen. Unverzüglich marschieren wir zur Fabrik los, der Abendappell verläuft normal.

Auch in den Tagen danach findet sich keine Erklärung für diese Spritze, die anscheinend aber keinen Schaden angerichtet hat, zumindest nicht bei unserer Franzosengruppe. Meine Brust hat sich nicht entzündet. Sämtliche Häftlinge in den *Union*-Werken hatten von diesen Injektionen erfahren. Alle waren beunruhigt.

Im Laufe der folgenden Wochen, im Zeitraum November/Dezember vergehen wir fast vor Angst. Was werden sie mit uns machen? Werden die Alliierten rechtzeitig kommen, bevor sie uns umgebracht haben? Man scheint den Kanonendonner schon hören zu können. Kommt er nicht jeden Tag näher? Ich kann meine Ohren spitzen, soviel ich will. Ich höre nichts.

In dieser Zeit zum Jahresende hin denken wir viel an die Weihnachtsfeste, die wir im Kreis unserer Familien gefeiert haben. Trotz der Kälte reden wir auf dem Weg zur Fabrik miteinander über diese Augenblicke des Glücks. Wir zählen auf, was es am letzten Weihnachtsfest oder am letzten Tag in Freiheit zu essen gegeben hat. Ja, das nächste Weihnachten feiern wir zuhause! So hoffen wir mit Inbrunst, auch wenn wir im Grunde unseres Herzens daran zweifeln.

An diesem Abend des 23. Dezember 1944 ziehen wir wieder wie jeden Tag in die Fabrik. Auf dem Rückweg am Morgen des 24. thront ein riesiger, mit bunten Lichtern geschmückter Tannenbaum am Lagereingang. Ich weiß nicht mehr, ob die Kommandos an diesem Tag ganz normal gearbeitet haben. Unsere Nachtschicht bleibt jedenfalls im Lager. Am Abend gegen 19 oder 20 Uhr dürfen wir uns alle frei im Lager bewegen. Die *Kapos* und ihre Schergen sagen nichts. Eine solche Situation war bis dahin schlichtweg undenkbar.

Die wärmende Kraft von Weihnachten bringt ein wenig Menschlichkeit in unsere Welt. Uns wird eine deutlich bessere Mahlzeit serviert, eine Art ungarische Gulaschsuppe. Die Geiger des Musikkommandos marschieren von einem Block zum anderen und spielen bekannte Melodien. Ein paar Stunden lang empfinde ich ein flüchtiges Gefühl von Glück und innerer Ruhe. Was ist über unsere Peiniger und Mörder gekommen, dass sie uns eine solche Atempause gewähren? Hören auch sie den näherkommenden Kanonendonner?

Die Gedanken an Liliane sind immer da und umso intensiver, als ich schon seit mehreren Wochen nichts mehr von ihr gehört habe. Wo werde ich Weihnachten 1945 sein? Wo werden wir sein? Im Jahr zuvor war ich um die gleiche Zeit in Toussuire und bewunderte die grandiose Natur ... An diesem Weihnachtstag 1944 kritzele ich einige Worte an Liliane und gebe sie bei der ersten sich bietenden Gelegenheit Fanny mit. Zu diesem Zeitpunkt weiß ich nicht, dass Liliane an Mumps erkrankt ist und im Revier liegt.

Leider endet dieser weihnachtliche Burgfriede um Mitternacht. Auschwitz wird wieder Auschwitz.

Einige Tage später erfahren wir bei der Rückkehr ins Lager am frühen Morgen von der, durch die SS organisierten, *Zeremonie des Hängens* der vier jungen Frauen, die in den *Union*-Werken das Schießpulver für die Sprengung der Gaskammer gestohlen hatten. Seit dieser Zeit waren sie unter Arrest und werden nun im Rahmen einer öffentlichen Zeremonie gehängt. Ihre Hinrichtung findet vor den Frauen der *Union*-Werke statt. Zwei der vier Frauen werden in Anwesenheit der Tagschicht, die beiden anderen im Beisein der Nachtschicht gehängt.

Die Einzelheiten dieser Hinrichtungen erfahre ich erst nach dem Krieg. Alle weiblichen Gefangenen mussten anwesend sein und während dieser Zeit den Kopf geradeaus und die Augen offenhalten. Die ungeheure seelische Belastung dieser Zuschauerinnen wurde zu einem schrecklichen inneren Aufruhr, als der Lagerkommandant ihnen das gleiche Schicksal androhte, während er gleichzeitig versicherte, ihnen würde nichts geschehen, wenn sie arbeiten und sich an keinerlei Sabotageakten beteiligen würden.

In diesem Januarmonat ist es sehr kalt. Meine Ohren erfrieren. Sie fühlen sich insbesondere bei den morgendlichen und abendlichen Appellen an, als ob sie jeden Moment bersten würden. Zum Glück dauert der Fußmarsch vom Lager zur Fabrik nur eine Viertelstunde. Die Stunde, die wir bei minus 15 oder minus 20 Grad im Freien verbringen müssen, lässt uns das Glück, in einer beheizten Fabrikhalle anzukommen, umso mehr wertschätzen. Ich denke an meine bedauernswerten Kameraden in den Außenkommandos.

Auf dem Weg drehen sich unsere Gespräche jetzt um die mögliche Stellung der sowjetischen Armeen.

Etwa Mitte Januar zeigt uns Milou ein relativ großes Schmuckstück in Form einer Rosette. »Ein Pole hat mir dieses goldene Schmuckstück gegeben, er möchte es zu einem Ring umarbeiten lassen. Er bietet uns dafür zwei Brote. Ich habe eingewilligt!«, erklärt er uns. »Jetzt müssen wir schauen, wie wir das hinbekommen.«

»Raphaël, du bist doch Ingenieur! Bei wieviel Grad schmilzt Gold?«

»Bei etwas mehr als 1.000 Grad, glaube ich.« Wir überlegen, wie die Herstellung eines solchen Rings aus dem Schmuckstück technisch machbar wäre, – und vor allem auch so, dass es niemandem auffällt. Es handelt sich um Goldschmuck: Das Risiko ist enorm, sowohl im Hinblick auf die technische Durchführung als auch vom Sicherheitsstandpunkt aus. Zu viele Personen müssen mit ins Vertrauen gezogen werden. Aber Milou hat den Schmuck an sich genommen, er hat sich verpflichtet, es gibt kein Zurück. Und außerdem: zwei Brote!

Wir sind sicherlich gute Mechaniker und in der Lage, an den unterschiedlichsten Werkzeugmaschinen zu arbeiten, aber keiner von uns kennt sich mit der Arbeit eines Juweliers aus. Hinzu kommt, dass wir kein geeignetes Material haben. Zunächst einmal beschließen wir, einen Schmelztiegel für das Schmuckstück zu bauen. Das ist mit unseren normalen Arbeitsmitteln möglich. Danach müssen wir mit dem Schmied eine Vereinbarung treffen, dass er uns das Gold einschmilzt. Schön und gut, aber dann? Wie kann man eine Gießform für einen Ring herstellen? In diesem Fall für einen Siegelring? Nach einigem Überlegen beschließen wir, eine Flachform zu bauen.

Wir nehmen eine Hülse, trennen ein ringförmiges Stück davon ab, schneiden es auf und legen es hin, um mit einer Modelliermasse einen Abdruck zu nehmen. Die Gießform für das Gold muss aus Stahl sein. Um die herzustellen, braucht man eine sogenannte Fräsmaschine, weswegen wir unseren Kollegen Fräser einbeziehen müssen. Bedenkt man all die technischen Probleme und die Diskussionen über die Aufteilung des Brots, macht unser Trio mit diesem Goldring ein ziemlich schlechtes Geschäft. Wie dem auch sei, um das Risiko zu verringern, beschließen wir, alle für die technische Vorbereitung und das Gießen erforderlichen Arbeitsgänge in einer Nacht durchzuführen. Alles wird generalstabsmäßig vorbereitet, unser Leben hängt davon ab.

Es beginnt mit einem großen Problem. Das auf mehr als 1.000 Grad erhitzte Gold wird nicht flüssig. Aus dem Schmuckstück ist eine Metallkugel geworden. Wir schließen daraus, dass das Gold kein Gold ist, sondern Aluminiumbronze. Und nun? Wir müssen den Fräser und den Schmied bezahlen. Und was sagen wir dem Polen? Dass sein Goldschmuck unecht ist? Wer weiß, ob er uns glauben wird! Wir schweben in großer Gefahr, die Polen haben immer noch ziemlich viel Macht über uns.

Milou schlägt vor: »Wir lassen das Ganze und machen einen Ring aus Messing. Den polieren wir auf Hochglanz – und unser Pole wird total begeistert sein.« Und so entsteht am 17. Januar 1945 ein wunderschöner Siegelring, der mit viel Mühe poliert werden muss, damit er wie Gold aussieht. Er wird dem Empfänger am folgenden Tag übergeben, am Tag der überstürzten Evakuierung von Auschwitz, am 18. Januar 1945.

Wie immer kommen wir nach der Nachtschicht gegen 6.30 Uhr bei unserem Block an. Nach dem Appell erhalten wir unsere üblichen Essensrationen und gehen schlafen, ohne dass irgendetwas Außergewöhnliches geschieht. Beim Aufstehen gegen 15.30 Uhr herrscht im Lager ein ungewöhnlich reger Betrieb. Die Arbeitskommandos der Tagschicht kommen eines nach dem anderen vorzeitig zurück. Für uns Nachtschichtler hat sich nichts geändert, der Appell findet ganz normal gegen 17.30 Uhr vor unserem von SS-Aufsehern flankierten Abmarsch zur Fabrik statt.

Ein Gerücht geht um: »Das Lager soll evakuiert werden.« Der Einwand folgt auf dem Fuß: »Wenn das stimmt, warum gehen wir dann in die Fabrik?« »Ja, das ist wohl richtig, aber warum kehren die anderen Kommandos zurück?« Seit einigen Tagen schon machen Gerüchte die

Runde. Im *Radio Klo,* wo wir ohne besondere Überwachung Seite an Seite beieinandersitzen, diskutieren wir darüber. Stimmt es, dass die sowjetischen Truppen in Krakau sind? Das erscheint plausibel.

Wir fangen am Abend mit unserer Arbeit an. Gegen 20.30 Uhr wird uns befohlen aufzuhören und uns für die Rückkehr ins Lager aufzustellen. Auf dem Weg sind einige von uns überzeugt davon, diesmal wirklich Kanonen zu hören. Ich höre noch immer nichts, aber mit der nahenden Niederlage der Deutschen glauben wir immer stärker daran. Vielleicht werden wir Auschwitz am Ende doch anders als durch den Schornstein verlassen.

Im Lager herrscht ein heilloses Durcheinander. Hektik überall! Dennoch müssen wir in Reih und Glied zu unserem Block marschieren. Die *Kapos* sind jedoch unerbittlich und lassen uns nicht hinein. Die Tür ist geschlossen. Das ärgert uns umso mehr, als die anderen Häftlinge mit ihren Decken unter dem Arm kreuz und quer umherlaufen.

Mit einem Schlag ist die Welt des Konzentrationslagers nicht mehr wiederzuerkennen. Die Ordnung der Nazis zerbricht. Das Lager, dieser barbarische Ort, wird nun von den Erfordernissen der Evakuierung niedergetrampelt. Etwas nie Dagewesenes geschieht, die Befehle der SS oder der *Kapos* werden nicht mehr durchgesetzt, Kameraden schleichen sich sogar in die Küchen und Vorratskammern. Die Geschicktesten raffen Kleidung, Schuhe und Decken zusammen. Die von der Nachtschicht kommen zu spät. Das Lager schlägt wieder mit aller Härte zu, die *Kapos* brüllen und prügeln. Wir dürfen immer noch nicht in unseren Block, noch nicht einmal, um uns wie die meisten anderen eine Decke holen zu können.

Milou hat sich wie eine Katze von der Gruppe weggeschlichen, in seiner Tasche unseren ›goldenen‹ Ring, den er dem Polen geben will. Er kostet zwei Brote und muss bezahlt werden. Es ist nicht der geeignete Zeitpunkt zum Träumen oder Mutmaßen, wir müssen uns auf neue Gefahren einstellen, ohne zu erahnen, welche das sein werden. Sicher ist nur die ganz unmittelbare Gefahr, dass wir bei eisiger Kälte marschieren müssen. Es ist minus 20 Grad kalt. Milou und mir ist klar, dass wir mit unseren Schuhen unmöglich längere Zeit laufen können. Es muss eine Lösung gefunden werden. Milou gelingt es, in ein SS-Vorratslager einzudringen und zwei Paar nagelneue Reitstiefel zu »organisieren«. Welch ein Glück!

Wieder bei der Gruppe reicht mir Milou eines der Paare. »Ich hoffe, sie passen.« Ich probiere sie sofort an, sie sind zu klein, das Leder ist zu hart. Wir müssen den langen, steifen Schaft abschneiden und die Schuhe an den Knöcheln aufschneiden, damit ich laufen kann. Wir brauchen dringend ein Messer. Ein nichtjüdischer Pole kommt uns zur Hilfe. Es reicht immer noch nicht. Ohne zu zögern, beschließe ich, meine Fußlappen wegzulassen. Das ist auf jeden Fall immer noch besser als meine Holzschuhe.

Im Lager wechseln sich Befehle und Gegenbefehle ab. Wir bekommen jeder ein Brot, nichts weiter. Wir müssen Kolonnen zu je 500 Personen bilden. Wir laufen auf der Stelle, es ist kalt, und die meisten haben heute Abend, im Unterschied zu uns Nachtarbeitern, keine Suppe bekommen. Wir haben um 16 Uhr neben der üblichen Suppe zusätzlich ein Fünftel Brot und eine Scheibe Wurst erhalten, außerdem haben wir tagsüber geschlafen, während die anderen seit 5 Uhr auf den Beinen sind.

In diesem Chaos hält Milou Ausschau nach seinem Polen. Alles verläuft nach Plan. Er bekommt, wie vereinbart, die beiden Brote, der Pole ist begeistert, wir auch. Milou gibt mir ein Brot und behält das andere für sich, bevor er erneut irgendwohin verschwindet, während der Abmarsch der einzelnen Kolonnen langsam beginnt.

Es ist vermutlich schon fast Mitternacht, als wir das Eingangstor des Lagers durchschreiten. Ich habe Milou verloren. Wir verlassen diesen Ort des Todes mit neuem, unbekanntem Ziel. Ich denke an die Gaskammern, und ich denke an Liliane.

DIE EVAKUIERUNG – LILIANE

Zu diesem Zeitpunkt war ich wegen meiner Mumpserkrankung im Revier. In den Wochen zuvor war die Nachricht verbreitet worden, dass die Deutschen mit den Vergasungen aufgehört hätten. Das Revier war also zu einem weniger gefährlichen Ort geworden. Wegen der Evakuierung, die das Lager in Aufruhr versetzt hat, trifft das jedoch nicht mehr zu. Ich stehe vor der Wahl zu bleiben oder mich meinen Kameradinnen anzuschließen. Ich höre von einer kollektiven Ermordung aller Kranken. Ich fasse einen Entschluss. Ich muss um jeden Preis das Lager verlassen. Ich will nicht alleine hierbleiben. Ich bin noch nicht gesund, aber mit einem dicken Schal um den Kopf gewickelt, gehe ich zu den anderen Frauen zurück.

AUFBRUCH AUS AUSCHWITZ

Unsere Kolonne von 500 Gefangenen in Fünferreihen ähnelt derjenigen, die vor uns losmarschiert ist. Wir wussten es zu diesem Zeitpunkt noch nicht, aber innerhalb weniger Stunden sind aus den Lagern von Auschwitz und Birkenau und aus den verschiedenen Nebenlagern des KZ-Komplexes fast 60.000 Häftlinge evakuiert worden.

Wir werden von SS-Männern flankiert. Die bisher von den *Kapos* aufrecht erhaltene zwischengeschaltete Disziplin gilt nicht mehr. Wir nutzen dies aus und tun uns zu fünf oder sechs Franzosen zusammen, mit dem Vorsatz, uns gegenseitig zu unterstützen und alles zu teilen, was wir besitzen. Jeder trägt abwechselnd unseren Reichtum: das Brot, das in einem Strohsack steckt, den einer von uns mitgenommen hat.

Der Weg ist schmal und vereist. Im Glanz des Mondes sind die Umrisse der umliegenden Felder zu erkennen. Es ist entsetzlich kalt, sicherlich minus 20 Grad, vielleicht sogar noch kälter. Beim Laufen denke ich an Liliane. Auf die kurze Nachricht, die ich Fanny übergeben hatte, habe ich keine Antwort erhalten.

Unsere jämmerliche Sträflingskleidung ist völlig ungeeignet für diese beißende Kälte, die mir die Ohren abfriert und meinen ganzen Körper zu einem schmerzenden Klotz erstarren lässt, der vorwärtsbewegt werden muss.

Das Marschtempo wird mit den Stunden nicht langsamer. Die Kameraden mit Holzsohlen haben Mühe zu laufen, das Obermaterial aus Stoff löst sich von den Sohlen. Sie werden bald keine Schuhe mehr haben. Wir müssen weiter, weiterlaufen. Wer kann, trennt schmale Streifen von seiner Decke ab und bindet damit die Holzsohlen an den Füßen fest; andere wickeln ihre nackten Füße ein.

Der Frost und sein Verbündeter, der Tod, kommt zu so vielen Unglücklichen in dieser leidenden, sich wie Automaten apathisch vorwärtsbewegenden Masse, die noch von der Hoffnung auf Überleben angetrieben wird. Der Verstand arbeitet nicht mehr klar. Beim Ringen zwischen Lebenswillen und lauerndem Tod gibt es immer nur einen Gewinner. Kameraden sind gezwungen, barfuß auf dem Eis zu laufen, das den Füßen zusetzt und Besitz von ihnen ergreift, nach und nach werden auch die Beine steif, die Knie knicken ein, der Körper schwankt und fällt um wie ein Stein. Niemand kann etwas für diese bedauernswerten Geschöpfe tun, die an Ort und Stelle erstarren. Die SS-Aufseher, die den Abschluss der Kolonne bilden, töten sie mit einem Kopfschuss.

Die entsetzlichen Bilder haben sich mir unauslöschlich ins Gedächtnis eingebrandt: Vom Frost mumifizierte Männer und Frauen werden an den Straßenrand gestoßen, dort getötet, die Leichen einfach liegen gelassen, dazwischen Pferde mit in die Luft gestreckten Beinen neben umgestürzten Karren. Das Gedicht von Victor Hugo über den Rückzug aus Russland, das ich in der Schule gelernt habe, kommt mir in den Sinn.

»Il neigeait, il neigeait, il neigeait toujours. La froide bise sifflait dans ces lieux inconnus. On n'avait pas de pain et on allait pieds nus. Les blessés s'abritaient dans le ventre des chevaux morts. Au seuil des bivouacs désolés, on voyait des clairons à leur poste gelés, collant leur bouche en pierre à leurs trompettes de cuivre.«

[Es schneite, es schneite, es schneite immer noch. Der kalte Wind pfiff an diesen unbekannten Orten. Wir hatten kein Brot, liefen barfuß. Die Verwundeten suchten Schutz im Bauch der toten Pferde. An der Schwelle zu trostlosen Biwaks sah man, noch auf ihren Posten, die Männer, die das Signalhorn bliesen, erfroren, an ihren versteinerten Mündern klebten ihre kupfernen Trompeten.]

Wir machen diesen erzwungenen Rückzug nicht freiwillig, wir ertragen ihn unter Schmerzen; und nur die Hoffnung auf Rettung hält uns aufrecht. Unterwegs muss uns an einer Kreuzung eine Frauenkolonne, die aus einer anderen Richtung kommt, vorbeilassen und hält an. Es ist unfassbar! Im Mondlicht erkenne ich Liliane, den Kopf in ein Tuch gewickelt. Ich rufe, ich schreie. Sie antwortet und ruft ebenfalls meinen Namen. Wir können uns kurz zuwinken, dann ist es vorbei. Es geht unerbittlich weiter. Seit fast einem Jahr habe ich sie nicht mehr gesehen, genau genommen seit Drancy. Sich hier unter solch apokalyptischen Bedingungen wieder zu begegnen, ist ein Geschenk, das ich als Symbol der Hoffnung deute. Sollte das wirklich alles sein, was das Leben uns zu bieten hat? Ich schöpfe aus dieser flüchtigen Begegnung in den kommenden Wochen Zuversicht und Hoffnung.

So marschieren wir ungefähr 15 Stunden, ohne ein einziges Mal anzuhalten. Wir sind am Ende unserer Kräfte. Einige schlafen im Gehen.

Jedes Gewicht, das man tragen muss, und sei es noch so gering, ist anstrengend. Von Zeit zu Zeit isst ein Kamerad aus unserer Gruppe ein kleines Stückchen Brot. Wenn man nicht weiß, was noch auf einen zukommt, muss man sparsam sein.

Die Dörfer, durch die wir ziehen, scheinen verlassen zu sein. Fluchtgedanken keimen auf. Die Müdigkeit der SS-Bewacher wird offensichtlich, denn einer von ihnen, der auf einer Seite sein Gewehr und auf der anderen einen ziemlich großen Koffer trägt, zwingt mich, ihm den Koffer abzunehmen. Er ist schwer. Ich stelle mir den Inhalt vor: lauter Wertgegenstände, die ermordeten Juden gehört haben. Was kann ich machen? Der SS-Mann läuft neben mir. Ich bin erschöpft und spüre, dass ich nicht mehr lange durchhalten werde. Nachdem wir durch ein Dorf gekommen sind, muss er sich für einige Minuten entfernen. Ich nutze das aus und flüchte – ohne den Koffer – so schnell ich kann zum vorderen Teil der Kolonne. Auf der anderen Seite der Kolonne, die der SS-Mann nicht beaufsichtigt, tauche ich in den Strom der Unglücklichen ein. Hauptsache, er erkennt mich nicht. Ich denke sowieso, dass seine Hauptsorge sein wird, seinen Koffer, seinen Schatz, wiederzufinden. Aber durch diesen Vorfall bin ich nicht mehr bei meiner Franzosengruppe und meinem eigenen Schatz, unserem Brot. Ich finde meine Gruppe jedoch wieder und erfahre, dass unser Reichtum, der Sack mit dem Brot, verschwunden ist, gestohlen, während unser Träger im Laufen schlief. Keine Chance, ihn in dieser Kolonne, die chaotisch geworden ist und sich auseinandergezogen hat, wiederzufinden.

Es ist ein herber Schlag für unsere kleine Gruppe, unser Überleben steht auf dem Spiel. Von diesem Zeitpunkt an existiert die Gruppe nicht mehr; im unablässigen Kampf um das Leben kehren wir zum *jeder für sich* zurück.

Am 19. Januar, mitten am Tag, machen wir erschöpft und ausgehungert Halt an einem großen Bauernhof. Die Scheune, die uns beherbergt, ist schnell voll. Wir liegen nebeneinander und übereinander auf dem Boden. Riesige Ratten rennen die Balken entlang. Sie lassen sich durch nichts verscheuchen. Man könnte meinen, sie riechen den Tod. Es fällt schwer, sich auszuruhen. Wir haben Hunger. Es gibt nichts Heißes zu trinken, das uns wieder aufwärmen könnte. Unsere geschwollenen Füße sind übel zugerichtet, eiskalt, bei einigen erfroren.

Wer sich seine Schuhe ausgezogen hat, hat Mühe, sie wieder anzuziehen. Wer es nicht schafft, kann nicht weiterlaufen und wird erschossen. Kurz bevor es dunkel wird, brechen wir auf.

Eine weitere Marschnacht beginnt. Wer eine Decke mitgenommen hatte, trennt sich von ihr. Körper und Geist verbünden sich, um durchzuhalten und wie ein Roboter weiterzulaufen, solange unsere Antriebskraft noch reicht. Ich bin allein in dem Strom. Ich spüre, dass meine Fußknöchel bluten. Sie sind durch das harte Leder der zu kleinen Stiefel wundgescheuert. Doch ihnen habe ich es zu verdanken, dass meine nackten Füße nicht erfrieren. Danke, Milou.

Am Morgen führt man uns ohne jeglichen Halt zum Bahnsteig eines Güterbahnhofes. Zu diesem Zeitpunkt wissen wir nicht, wo wir uns befinden. Später erfuhr ich, dass wir in Gleiwitz waren.

Im Bahnhof steht ein Güterzug mit Kohlewaggons. Wir müssen uns in einen der eiskalten, schwarzen, offenen Metallwaggons hineinhieven. Einige Schneeflocken treiben durch die Luft und befeuchten den Boden des Waggons. Wir haben kein Brot, aber so können wir wenigstens unsere Lippen benetzen. Wir können uns nicht mehr auf den Beinen halten. Mit leerem Magen und durchgefroren bis ins Mark legen wir uns auf eine dünne Matratze aus feuchtem Kohlestaub. Dicht aneinander gekauert, kommt wieder so etwas wie gegenseitige Hilfe auf. Elie Nahmias, ein junger Pfadfinder aus Lyon, von dem ich bis dahin nicht wusste, dass er in Auschwitz war, sind die Füße erfroren. Ich versuche, sie wieder aufzutauen, reibe sie zunächst zwischen meinen Händen und lege sie dann unter meine Achselhöhlen. Kameraden sterben.

Mit Anbruch der Dunkelheit kommen wir an einem Bahnhof an. Wir sind in Groß-Rosen und müssen aus dem Waggon aussteigen. Über eine ansteigende Straße kommen wir am Konzentrationslager an. Immer noch ohne Essen und Trinken seit unserem Aufbruch aus Auschwitz übernachten wir auf dem nackten Fußboden einer Baracke. Wir setzen uns hin oder, besser gesagt, setzen uns jeweils zwischen die Beine eines anderen. Trotz unserer Erschöpfung ist es unmöglich, in einer solchen Position zu schlafen.

Am Morgen wird uns befohlen, vollkommen nackt aus der Baracke herauszutreten. Es ist entsetzlich kalt. Ich bin überzeugt davon, dass wir vergast oder direkt an Ort und Stelle getötet werden. Mit jeder

Minute, die es dauert, werden die Schmerzen größer. Wenn man uns zwingt, in eine Gaskammer zu gehen, was dann? Es ist nicht möglich, sich gemeinschaftlich zu organisieren. Wie soll man sich wehren, wenn Maschinengewehre auf einen gerichtet sind? Ich stelle mich darauf ein zu sterben und nehme mir vor, mich so nahe wie möglich beim einströmenden Gas hinzustellen. In dieser Endzeitstimmung, zur Stunde des Sonnenaufgangs überkommt mich ein unbändiger Drang: Ich will leben und ich will kämpfen! Einen Moment lang bin ich bei den Meinen, bei meiner Mutter und bei Liliane.

Plötzlich ändert sich alles. Eskortiert von SS-Männern bringen Deportierte des Lagers Groß-Rosen Zivilkleidung. An jeden wird, wie es gerade kommt, eine Hose und eine Jacke ausgeteilt. Sie ersetzen unsere gestreiften Sachen. Zufällig kann ich eine Jacke in Empfang nehmen, die mir einigermaßen passt, sowie einen stabilen Ledergürtel. Auf dem Rücken der Jacke ist ein weißes Andreaskreuz aufgemalt sowie die Buchstaben *KL* für Konzentrationslager. Ich bin verunsichert: Warum sollten wir die Kleidung wechseln? Ganz sicher nicht, weil man uns etwas Gutes tun will. Im Moment ist aber nichts wichtiger, als sich vor der eisigen Kälte zu schützen, die jede Faser des Körpers erstarren lässt. Nach drei Tagen ohne Essen und Trinken bekommen wir jetzt ein wenig heißes, leicht mit Kräutern versetztes Wasser, ähnlich wie das, was morgens immer in Auschwitz ausgeteilt wurde. Hoffnung keimt wieder auf, als an jeden ein etwa 1,2 Kilogramm schweres Brot ausgeteilt wird. Sobald ich meines in den Händen halte, breche ich ein Stück ab und stecke mir den Rest in die Tasche. Es ist immer das gleiche Dilemma: Ist es besser, alles sofort aufzuessen oder etwas für später aufzuheben? Und wann ist später – falls es ein später gibt?

Es ist der 21. Januar. Am Morgen laufen wir zum Bahnhof von Groß-Rosen zurück. Ich bin mit einer kleinen Gruppe von Franzosen zusammen, darunter auch Ernest, der mit mir bei den *Union*-Werken gearbeitet hat. Er ist unglaublich besonnen, seine Anwesenheit gibt mir Kraft. An einem Güterbahnsteig steht ein Zug mit sowohl offenen als auch geschlossenen Waggons. Geprägt von den Strapazen des Vortags im offenen Kohlewaggon, steuern wir in der Hoffnung auf weniger beißende Kälte auf die geschlossenen Waggons zu.

Die SS-Männer sind wütend und gereizt. Mit Gewehrkolbenschlägen pferchen sie uns in den Güterwaggon hinein. Zusammengedrängt wie die Sardinen in der Sardinenbüchse, treffen Häftlinge aller Nationalitäten aufeinander, Juden und Nichtjuden. In diesem Waggon herrscht ein geradezu babylonisches Sprachengewirr. Wir gruppieren uns nach Nationalität, nach Volkszugehörigkeit. Es gibt sehr viele nichtjüdische Polen. Genau wie im Lager sind die Beziehungen zwischen uns und ihnen alles andere als freundschaftlich. Sie sind kräftig.

Kaum haben die SS-Männer die Tür verschlossen, kommt es zu Streitigkeiten. Die Stärksten strecken sich auf dem Boden aus und verhindern damit, dass andere sich zumindest ein klein wenig ausruhen können. Das ist sehr hart. Die Stunden ziehen sich endlos dahin. Kein einziger Eimer Wasser und kein Behälter für unsere Notdurft.

Der Gruppe Franzosen ist es gelungen, einen Platz in der Nähe der Lüftungsöffnung gegenüber der Waggontür zu ergattern. Das hat den Vorteil, dass die Luft, die überall sonst im Wagen zum Ersticken ist, etwas besser ist. Mit Hilfe eines Kameraden kann ich meinen Arm durch die Öffnung stecken und etwas geschmolzenen, mit Flugasche von der Dampflokomotive vermischten Schnee aufsammeln. Ich lecke meine Hände ab, benetze meine Lippen. Die von den vielen Menschen im Waggon ausgehende Hitze verstärkt den Durst noch, und wir haben Hunger. Die Zeit vergeht. Wir wissen nicht, wohin wir fahren. Der Zug steht manchmal stundenlang und fährt dann wieder weiter. Es ist unmöglich, sich eine Vorstellung über den Zielort zu machen.

Zwei Tage später sind wir immer noch in diesem Waggon eingesperrt. Nicht ein einziges Mal öffnen die SS-Leute die Türen. Wir sind ausgehungert, am Verdursten, erschöpft. Wir kämpfen, Menschen sterben, erstickt von anderen. Es ist ein Kampf ums nackte Überleben. Die Zahl der Toten wächst. Man stapelt sie in der Mitte des Waggons übereinander. Der Durst ist so gewaltig, dass wir darüber irgendwann unseren Hunger vergessen. Was wirklich tötet, ist der Durst: Wir können nicht mehr klar denken, das Bewusstsein verändert sich; einige halluzinieren. Einer meiner ehemaligen Kameraden von der Fabrik erklärt plötzlich: »Raphaël, ich gehe jetzt zum *Bailleséraille*«, so nannten wir den Platz in der Fabrikhalle, an dem es Kübel und viel Wasser gab. Unsere Gedanken drehen sich einzig und allein um die elementarsten Dinge des Lebens.

Eines Nachts halte ich diese Enge nicht mehr aus und bekomme einen Wutanfall. Ich ergreife meinen Ledergürtel und schlage blindlings zu. Ich weiß, dass sie mich töten werden, wenn sie mich erwischen. Die Dunkelheit der Nacht schützt mich. Es ist wichtig, dass mir niemand den Gürtel entreißt. Das Ganze dauert nur ein paar Sekunden. Ernest hält meinen Arm fest, »Hör jetzt auf!«, flüstert er mir kaum hörbar zu. Das tue ich auch. Wir können uns endlich hinsetzen.

Nach fünf Tagen, am 25. Januar, hat die SS die Türen immer noch nicht geöffnet. Die in der Mitte des Waggons übereinander liegenden Toten verbreiten einen beißenden Gestank. Wir sind in einem fahrenden Grab. Das Ich zerbricht, weil es nichts gibt, woran es sich festhalten kann, und weil wir so ungeheuer schwach sind. Ohne einen einzigen Tropfen Wasser tritt der Tod unweigerlich dann ein, wenn der Körper dem Geist nicht mehr beistehen kann. Ein grauenvoller Tod. Ein nie dagewesener Zorn überkommt mich: In diesem Augenblick will ich mit aller Macht überleben, um der Welt sagen zu können, was Menschen anderen Menschen antun können. Pierre, ein französischer Kamerad, der etwa zehn Jahre älter ist als ich, bittet mich in einem Moment vollkommener Klarheit: »Raphaël, ich werde sterben. Ich möchte als Katholik sterben. Machst du mir das Kreuzzeichen und sprichst dazu: ›Pierre, ich mache dich zum Katholiken‹, so wie es die ersten Christen getan haben?« Ich nehme Pierre in meine Arme und erfülle ihm seinen Wunsch. Ich mache das Kreuzzeichen und spreche die Worte dazu. Schweigend halte ich ihn in meinen Armen, bis er kurze Zeit später friedlich entschläft. Seine Leiche kommt zu den anderen. Pierre gehörte zu den Franzosen, die ich mochte. Wir hatten uns in der Fabrik kennengelernt und uns gelegentlich unterhalten. Ich werde Pierre nicht vergessen.

Der folgende Tag ist der 26. Januar. Seit unserem Aufbruch von Auschwitz zähle ich die Tage. Ich möchte das Zeitgefühl nicht verlieren. Mir ist es gelungen, ein wenig zu schlafen. Ich habe von meiner Mutter geträumt: Sie erwartete mich vor dem Laden meines Vaters in der Montée de la Grande-Côte in Lyon. Ist das ein gutes Zeichen? Ich liebe sie so sehr, meine Mutter.

Am frühen Nachmittag hält der Zug. Wir sind in einem Bahnhof auf einem Bahnsteig für Passagiere. Durch die Öffnung hindurch können wir den Namen *Zwickau* erkennen. Ernest und ich drücken uns an die

Waggonwand. Auf dem Bahnsteig entdecken wir zwei junge Männer. Wir rufen sie heran. Es sind Franzosen, die zum Pflichtarbeitsdienst hier sind. Wir bitten sie um Wasser, Wasser! »Das geht nicht«, erwidern sie. Der Waggon ist zu nahe an der Lokomotive, und die SS-Bewacher machen jegliche Hilfe unmöglich.

Ernest und ich haben die gleiche Idee. Wir halten es in diesem Waggon nicht länger aus. Statt in dieser Hölle wie die Ratten zu sterben, wollen wir lieber versuchen, ihr zu entkommen. Wir wissen natürlich nicht, wo wir uns befinden. Zwickau kam in unserem Geographieunterricht nicht vor. Macht nichts. Wir sind uns sofort einig. Wir fragen die beiden Franzosen, ob sie uns verstecken könnten. Sie erklären uns rasch, dass wir kurz nach Abfahrt des Zuges abspringen müssten. Dort sei es leicht abschüssig und der Zug führe noch langsam. »Ihr springt dort ab. Ihr könnt euch bis zum Abend in einem Graben verstecken. Wir kommen euch abholen.«

Bevor der Zug wieder anfährt, müssen wir das Gitter komplett herausheben. Das ist nicht allzu schwierig, da es um die Lüftungsöffnung herum sowieso schon locker ist. Durch diese Öffnung hindurch wollen wir unsere abgemagerten Körper schieben. Der Kopf passt durch, der Rest folgt. Und wir haben kein Gepäck, nicht einmal einen Kanten Brot. Der Zug fährt in Fahrtrichtung gesehen auf dem linken Gleis. Außen am Waggon halte ich mich mit der rechten Hand fest und springe dann ohne zu zögern ab. Ich laufe auf dem Boden kriechend auf Ernest zu, der vor mir gesprungen ist. Uns beiden ist erstaunlicherweise nichts passiert. Wir sehen unseren Zug an uns vorbeiziehen. Die SS hat uns nicht gesehen.

Wir sind voller Hoffnung. Freiheit! Es ist nicht mit Worten zu beschreiben. Als allererstes essen wir Schnee. »Wenn wir eines Tages nach Hause kommen, essen wir Schnee mit Zucker«, sage ich zu Ernest.

In dem mit Schnee angefüllten Graben sind wir völlig ungedeckt. Nach nur wenigen Minuten in der Freiheit wird uns sehr schnell bewusst, wie heikel unsere Lage ist. Wir sind in unmittelbarer Nähe einer Baustelle der nationalsozialistischen *Organisation Todt* abgesprungen, die von bewaffneten Männern bewacht wird. Einer von ihnen kommt auf uns zu, sein Gewehr auf uns gerichtet. Er ist etwa 50 Jahre alt. Er stellt sich hinter uns und gibt uns zu verstehen, dass wir auf das Schrankenwärterhäuschen ganz in der Nähe zugehen sollen. Er lässt keine Feindseligkeit erkennen.

In dem Haus sollen wir uns in die Mitte des Zimmers setzen, während der Mann mit einem an der Wand befestigten Telefon telefoniert. Nach einer guten Stunde Wartezeit kommen zwei Schupos in Uniform. Sie befragen uns kurz. Ernest versteht Deutsch. »Welche Staatsangehörigkeit habt ihr?« »Die französische«, antwortet er. »Juden?«, fragt ihn einer der Deutschen. Ernest bejaht, während ich erwidere: »Ich wurde in der Türkei geboren.« »Türkisch?«, will der Deutsche wissen. Als ob ich neben mir stehen würde, höre ich mich sagen: »Ich bin kein Jude.« Ich glaube zu verstehen, dass er mich fragt, ob ich »Muselmann« sei, und ich antworte mit Ja.

Die beiden Schupos sprechen kurz miteinander und führen dann Ernest durch eine Tür im hinteren Teil des Hauses hinaus in einen kleinen Garten. Ich höre den Knall einer Pistole. Durch das Fenster sehe ich, wie Ernest zusammensackt. Sie haben ihn erschossen. Mich erfüllt eine große innere Ruhe. Die Schupos kommen wieder ins Haus zurück. Sie reden mit dem Schrankenwärter. Es ist, als würde die Zeit stillstehen. Ich stehe wieder den Schupos gegenüber. Wir reden kein Wort miteinander. Warten. Ich bin mir nicht sicher, worauf wir warten. Auf einen Befehl, der über das schwarze Wandtelefon kommen soll? Auf die Ankunft einer Person?

Die Soldaten reden miteinander. Ein SS-Offizier trifft ein. Er befiehlt mir sofort, meinen Gürtel zu öffnen und meine Hose herunterzulassen. Wir gehen aus dem Haus und einen kleinen Weg entlang. Beim Gehen muss ich meine Hose mit beiden Händen festhalten. Der SS-Mann läuft hinter mir, das Maschinengewehr im Anschlag. Der Weg ist menschenleer, um uns herum schneebedeckte Felder. Wie schön die Natur ist. Meine Gedanken wenden sich meiner Mutter zu. »Auf Wiedersehen, Mutter. Ich werde sterben, ich bin noch keine 20 Jahre alt, ich weiß nichts vom Leben in Freiheit und Glück«, sage ich ihr ganz leise.

Das sind recht pathetische Worte, aber genau so habe ich es in meinem Geiste formuliert. Wir setzen unseren Weg fort. Ich warte auf den Moment, in dem er mich töten wird. Als wir an einer Teerstraße ankommen, merke ich, dass er nicht mehr in Schießstellung ist. Er hält dort einen kleinen, offenen Lieferwagen an, der Milchkannen geladen hat. Wir steigen hinten auf und sitzen nun beide Seite an Seite auf diesen Kannen, während die Straße dahinzieht. Sein Gesicht drückt keinen Groll aus. Ich bedauere es ungemein, nicht mit ihm reden zu können.

In meinem Kopf brodelt es. Ich kenne die Regel: Jeder, der versucht zu fliehen, wird im Beisein seiner Kameraden erhängt. Nach Ernests Hinrichtung gebe ich mich keinen Illusionen hin. Ich glaube, dass mein Ende zwar aufgeschoben ist, aber dennoch unmittelbar bevorsteht. Der SS-Mann zeigt mir gegenüber weiterhin keinerlei Aggressivität. Ich beschließe, ihm den Chrom-Nickel-Ring zu geben, den ich seit meinem Aufbruch von Auschwitz trage. Er will ihn nicht annehmen. Ich werfe ihn auf die Straße, so wie man eine Flaschenpost ins Meer wirft. Wo bringt er mich hin? Wir kehren in die Stadt zurück. Ich bin wieder in Zwickau. Der Lieferwagen hält vor einem Lokal in der Nähe des Bahnhofs. Es ist eisig kalt, aber ich fühle nichts mehr.

Mein SS-Mann führt mich zum Bahnhof Zwickau, der nicht weit weg ist. Der Deportationszug ist anscheinend umgedreht, denn er steht wieder vor mir am Bahnsteig. Der Transportleiter, ein schmaler, hochgewachsener SS-Offizier empfängt uns wutentbrannt. Er schreit seinen Untergebenen an und brüllt mehrere Male: »Warum hast du ihn nicht umgelegt?«

Trotz meiner mangelnden Deutschkenntnisse bleibt mir dieser wütend ausgestoßene Satz für immer im Gedächtnis haften. Er dreht sich zu mir und versetzt mir einen gewaltigen Schlag mit dem Unterarm, so dass ich zu Boden gehe. Als ich wieder auf den Füßen bin, schaut er auf meine auf den linken Unterarm tätowierte Häftlingsnummer *173.295* und befiehlt dann dem SS-Mann, mich zu dem Waggon zurückzubringen, aus dem ich gesprungen bin. Dieser ist mir gegenüber immer noch ruhig und scheint sich zu wundern, wie wir aus dem geschlossenen Wagen entkommen konnten. Ich zeige ihm die Öffnung. Er befiehlt mir, durch das Loch wieder in den Waggon zurück zu klettern. Lediglich mein Selbsterhaltungstrieb gibt mir die Kraft, mich bis zur Lüftungsöffnung hochzuziehen.

Der Empfang im Inneren ist äußerst unfreundlich. Niemand unterstützt mich. Niemand fragt nach Ernest. Ich verharre in Gedanken an meinen nur um wenige Tage oder Stunden hinausgezögerten Tod und ziehe mich in mich selbst zurück. Einen Tag später, um die Mittagszeit herum halten wir an einem Güterbahnsteig. Wir sind in Dachau.

Wir lassen die Toten in den Waggons liegen. Bestimmt die Hälfte von uns ist seit der Abreise in Groß-Rosen umgekommen. Um mich herum kein bekanntes Gesicht. Man führt uns direkt zum großen Platz des Lagers Dachau. Sechs Stunden später stehen wir bei entsetzlicher Kälte immer noch dort.

An diesem Tag fühle ich, wie ich von innen heraus erfriere, an Kälte sterbe. Nie zuvor war mir so kalt gewesen. Entkräftung, Hunger und die Dehydration tragen wohl auch das Ihre dazu bei.

Es ist dunkel geworden und wir stehen immer noch unbeweglich auf dem Platz – unfähig, auch nur die kleinste Bewegung zu machen. Eine Zigarette geht von Mund zu Mund. Jeder darf einmal ziehen. Der Rauch, der meine Lungen füllt, ruft bei mir ein unbeschreibliches Gefühl von heilsamer Wärme hervor. Diese Zigarette ist mir ein völliges Rätsel: Wir haben doch wirklich gar nichts mehr, woher kommt sie bloß?

Es ist inzwischen völlig dunkel. Der Frost nagt an unseren entkräfteten Körpern. Endlich ergeht der Befehl zum Duschen. Die kurze Zeit in dieser feuchtwarmen Luft ist einfach nur herrlich, frei von Schikanen. Das Wasser wärmt meinen Körper sanft und belebt mich, während es über meine Haut rieselt.

Gleich darauf beeilt sich die deutsche Organisation, unsere Daten zu erfassen und teilt uns eine Lagernummer für Dachau zu. Ich bin jetzt die Nummer *140.166*. Im Unterschied zum Lager Auschwitz wird sie jedoch nicht eintätowiert. Anschließend werden wir zu Holzbaracken geführt; die Bettgestelle sehen ähnlich aus wie die in Auschwitz.

Ich schwimme. Ich fühle mich gleichzeitig leer und übervoll. Milou, Ernest, meine Mutter, Liliane. Ich fühle mich schrecklich allein. Dennoch lässt sich so etwas wie Leben spüren: Wir dürfen, soviel wir wollen, von einem warmen Kräutersud trinken, den sie *Tee* nennen. In diesem Gewirr aus zusammengepferchten, erschöpften und ausgehungerten Männern spricht mich ein mir unbekannter französischer Kamerad an, der trotz Verbots aus einer anderen Baracke herübergekommen ist: »Ich war gerade bei Marcel, deinem Freund von den *Union*-Werken. Ihm geht es sehr schlecht, er würde dich gerne sehen, er kann sich nicht mehr bewegen.« Mein Selbsterhaltungstrieb sagt mir, ich dürfe nicht hingehen, ich würde ihn gerne sehen, aber mir fehlt der Mut. Ich kenne mich im Lager nicht aus, und vor allem denke ich daran, dass die geringste nicht genehmigte Abweichung von den Regeln ernste Konsequenzen nach sich ziehen kann. Die Vorstellung, gehängt zu werden, ist noch immer in meinem Kopf.

Am folgenden Tag, als ich wieder ich selbst bin, beschließe ich, Marcel aufzusuchen. Als ich dort ankomme, erfahre ich, dass er nicht mehr am Leben ist. Seine Leiche wurde bereits mit dem Karren, mit dem die Toten eingesammelt werden, weggeschafft. Seit diesem Zeitpunkt begleiten mich Schuldgefühle, weil ich nicht den Mut hatte, ihn an diesem letzten Abend zu besuchen.

Er ist wahrscheinlich an Erschöpfung oder an Typhus gestorben. Wir erfahren, dass sich eine Seuche im Lager ausbreitet. Die Gefahr einer großflächigen Ansteckung ist so groß, dass die SS beschlossen hat, uns zu isolieren. Sie schränken die Bewegungsfreiheit ein, so dass die großen Menschenansammlungen für die Appelle oder für Hinrichtungen durch Erhängen wegfallen – vorläufig jedenfalls. Wir sind mehrere Tage an unsere Baracken gebunden. Die Tage vergehen, ohne dass sich ein SS-Mann blicken lässt. Ein Karren kommt morgens und abends vorbei, um die Leichen aufzuladen, die wir vor die Baracken legen.

Wir arbeiten nicht. Das Essen, das wir zugeteilt bekommen, ist entsprechend. Die Brotration ist geschrumpft. Während es in Auschwitz noch ein Brot für fünf Leute gab, gibt es jetzt nur noch eines für acht – und nach einer Weile sogar nur eines für 16, das heißt ungefähr 75 Gramm pro Tag. Die Suppe ist den Namen nicht wert. Wir hungern. Unsere Gespräche drehen sich ums Essen und auch um die Zukunft. Meine bewegt sich zwischen der Wahrscheinlichkeit, gehängt zu werden, und Liliane.

In dieser menschlichen Wüste fällt es mir schwer, mich der kleinen Gruppe von Franzosen anzuschließen, die ich kaum kenne. Die Zeit ist stehengeblieben.

Zwei Wochen später werde ich mit etwa 30 anderen für einen Transport bestimmt. Ich stelle mir einen Moment lang vor, dass man uns als ehemalige Facharbeiter der *Union*-Werke vielleicht in eine andere Fabrik schickt. Es gibt Hoffnung. Wir verlassen Dachau.

Nach einer etwa dreistündigen Fahrt kommen wir am *Waldlager* an. Später erfahre ich, dass es sich um das Kommando *Mühldorf-Ampfing* des Konzentrationslagers Dachau handelt.

Schon nach sehr kurzer Zeit wissen wir, was für ein Ort das ist. Eine neue Hölle tut sich vor uns auf. Das Lager im Wald ist halb in die Erde hineingebaut. Die Blocks mit ihren Strohdächern ragen kaum über die Erdoberfläche hinaus und fügen sich so in die Landschaft ein. Sie sind etwa 15 Meter lang und fünf bis sechs Meter breit. Und man erreicht sie, indem man eine kleine Treppe hinabsteigt, die zu einer etwa einen Meter tief in die Erde eingegrabenen Mulde führt. Auf beiden Seiten befinden sich die Schlafplätze, das sind auf dem Erdboden liegende Bretter, darauf etwa fünf Zentimeter dicke, grobe, mit Stroh und Gras gefüllte Säcke.

30 Deportierte schlafen dort Seite an Seite, es gibt nur eine Decke für sieben Personen. Wir sind etwa 60 pro Baracke. Ein Ofen am äußeren Ende der zentralen Bodenvertiefung funktioniert nach einem nicht erkennbaren Zufallsprinzip. Es ist kalt. Wir haben keinen Zugang zu Wasser. Der einzige Wasserhahn, den sich mehrere Hundert Gefangene teilen müssen, befindet sich außerhalb und darf nur morgens benutzt werden. Wir können uns nicht waschen, höchstens ab und zu mal das Gesicht mit ein wenig Wasser.

Diese Bedingungen erinnern mich an die Zustände im Lager Birkenau 1942, die uns die wenigen Kameraden, die diese Zeit überlebt haben, beschrieben hatten. Löcher, eine Art Sickergrube unter freiem Himmel, dienen als Latrinen, die permanent durch unsere von Durchfall geplagten, sich entleerenden Körper verseucht werden. Alles ist ständig verschmutzt, es herrscht ein entsetzlicher Gestank.

Die tägliche Nahrung ist ähnlich wie im Lager. Wir bekommen gewöhnlich eine dünne Suppe aus Kohlrabi und einigen Kartoffeln mit einer Scheibe Brot. Wir sterben vor Hunger.

Gleich nach unserem Eintreffen bilden die SS-Leute Arbeitsgruppen. Eine kleine Gruppe, der auch ich zugeordnet werde, wird als *Mechaniker* bezeichnet; die anderen sind Außenkommandos und müssen Bauarbeiten verrichten. Das Glück scheint mir also doch hold zu sein. Unser neuer Arbeitsplatz ist ein kleines, zu einer Fabrik umgebautes Schloss. Im Kellergeschoss befindet sich eine relativ große Schlosserwerkstatt mit Werkzeugmaschinen und -bänken eingerichtet. Ich freue mich, dass ich wieder an einer Maschine arbeiten werde, vielleicht sogar an einer Drehmaschine; eine Aufgabe, bei der ich meine Kräfte schonen könnte.

Doch nein, Katastrophe! Statt an eine Maschine setzt man mich an eine Werkbank. Man händigt mir eine Zeichnung und ein Werkstück aus, das ich bearbeiten soll, und zwar komplett per Hand mit Hilfe von Schlosserwerkzeugen, das heißt im Wesentlichen mit Feilen. Eigentlich kann ich das, aber ich habe nicht mehr die Kraft, zehn Stunden am Tag zu arbeiten, ohne zu essen. Ich tue, was ich kann, das heißt sehr wenig. Nach drei Tagen ist mein Leben auf dem Schloss zu Ende.

Am nächsten Tag werde ich zum Zementtransport geschickt. Der Zement wird auf einer sogenannten Trage, einer Art Schubkarre ohne Räder, geschleppt. Wir tragen sie zu zweit zu einem Betonwerk. Ich habe keine Ahnung, was dort gemacht wird – und es ist mir im Übrigen auch völlig egal. Ich bin hungrig und erschöpft. Ich weiß, dass ich nicht mehr lange durchhalten werde.

Alles läuft falsch. Ich habe Durchfall. Ich kann es nicht zurückhalten und kann an keinen ruhigen, blickgeschützten Ort gehen. Ich beschmutze mich, ich rieche schlecht. Zurück im Lager gehe ich zur Latrine und entleere ich mich im wahrsten Sinne des Wortes. Ohne Wasser, ohne Papier, stinkend kann ich mich selbst nicht ausstehen und die anderen können es noch weniger. Ich suche am Ofen verkohlte Holzstückchen, die ich kaue. Ich muss so viele wie möglich davon aufnehmen, nur so habe ich eine Chance zu überleben. Zwei Tage lang lasse ich auch unsere miserable Suppe weg. In einem solchen Zustand zur Arbeit zu gehen, kommt einem Martyrium gleich. Doch ich komme noch einmal davon. Meine Gedärme beruhigen sich.

Einige Tage nach diesem schrecklichen Durchfall werde ich in ein anderes Kommando versetzt, wo wir Steine für einen Bahndamm verlegen müssen. Ich kann mich nur vage an diesen Wechsel erinnern. Glück habe ich auf jeden Fall insofern, als der *Kapo* und der SS-Aufseher nicht aggressiv sind. Ich arbeite ein wenig, wenn einer der beiden in meine Nähe kommt. Außerdem erlauben sie, dass man seine Notdurft in einem Feld weiter unten in der Nähe einer Miete für Mohrrüben verrichtet. In einer solchen Miete, die vielleicht eine typisch deutsche Methode in der Landwirtschaft ist, werden Vorräte halb in der Erde, mit Stroh und Erde abgedeckt und so frostgeschützt gelagert. Ich organisiere mir einige Mohrrüben und verschlinge sie auf der Stelle, nachdem ich sie, so gut es geht, von Erde befreit habe. Ich esse nicht, ich schlinge.

Es ist schwierig, Vorräte anzulegen, trotzdem stecke mir so viele wie möglich in die Unterhose und vergesse dabei sogar die Konsequenzen für den Fall, dass ich erwischt werde.

Irgendwann kommt der Moment, an dem das Existentielle eine solch elementare Bedeutung erlangt, dass nichts anderes mehr zählt. Seit mehr als einem Jahr, seit ich im Gefängnis und in den verschiedenen Lagern war, ist der Hunger mein ständiger Begleiter, aber jetzt, da der Körper nichts mehr zu geben hat, knickt der Überlebenswille vor dem herannahenden Tod ein.

Als wir mit dieser Arbeit fertig sind, arbeiten wir an anderen, noch weiter vom Lager entfernten Gleisen weiter. Unterwegs kommen wir an einer öffentlichen Müllhalde vorbei, auf die jemand einen toten Hund geworfen hat. Ich schaue gierig auf das Tier. Ich denke einen Moment an seinen Schenkel, der meinem leeren Magen guttun würde.

Der Hunger ist allgegenwärtig und drängend, er beansprucht alles Denken und den ganzen Körper. Nach der Rückkehr von der Arbeit bricht unser ungarischer Kamerad, ein großer, breitschultriger Mann, ein wahrer Riese und eine Naturgewalt, in unserem Erdloch zusammen. Gestorben an Erschöpfung und Hunger. Wir alle hatten ihn wegen seines freundlichen Wesens gemocht. Sein Tod ist ein Vorbote des unsrigen.

Unser Lager grenzt an ein anderes mit sowjetischen Gefangenen. Unser Leid ist entsetzlich, ihres ist schlimmer. Die Deutschen lassen sie absichtlich verhungern. An den arbeitsfreien Sonntagen sehen wir sie. Nur der Stacheldrahtzaun trennt uns von unseren Brüdern im Elend. Sie sind so ausgehungert, dass sie uns, die wir selbst Bettler sind, anbetteln.

Meine Kräfte schwinden so stark, dass ich nur mehr mit größter Anstrengung die Schaufel oder die Forke halten kann, die wir für das Ablegen der Steine zwischen den Gleisen verwenden. Ich bin so weit, dass ich Auschwitz vermisse.

Gegen Ende März 1945 kann ich meine Arme kaum mehr heben, ich werde immer mehr zu einem *Muselmann*, ein bis auf die Knochen abgemagerter Schatten meiner selbst. Anfang April bekommen die französischen Juden zum ersten und einzigen Mal ein Paket vom Roten Kreuz. Als Nichtfranzose bekomme ich nichts. Wenn ich etwas bekomme, dann ist es die sehr dürftige Solidaritätsbekundung der anderen!

Die Schule des Lebens, die das Lager ist, wenn der Mensch an seine Grenzen stößt, wird mir immer im Gedächtnis bleiben und mich stets zur Nachsicht ermahnen.

Es ist Ende April. Uns erreichen keine neuen Nachrichten mehr von außen. Nichts deutet auf eine kurz bevorstehende Evakuierung hin. Ich bin am Ende meiner Kräfte und schleppe mich wie ein Greis dahin. Ich fühle mich einsam.

Am 25. April kommt die Ankündigung, wir würden das Lager verlassen. Jeder erhält vier oder fünf rohe Kartoffeln, sonst nichts, absolut nichts. Meine Jackentasche dient mir als Vorratskammer. Wir gehen zu Fuß zum Bahnhof, wo bereits ein Güterzug wartet. Es sind genügend Waggons da, so dass wir nicht so eng eingepfercht sind. Es gibt kein Wasser und keinen Behälter, auf dem wir unsere Notdurft verrichten können, aber jeder kann sich setzen. Welch ein Luxus!

Der Zug fährt langsam und hält häufig; wir wissen nicht, wohin wir fahren. Unseren Hunger können wir kurzfristig mit den wenigen rohen Kartoffeln stillen, so schlecht sie auch schmecken und so schwierig sie zu essen sind. Zwei Tage vergehen. Das Wetter ist schön, es ist warm. Licht dringt durch die Lüftungsöffnung und lässt den Frühling erahnen. Unsere Mägen schreien. Trotz der schwierigen Bedingungen gibt es keine Toten.

Am 27. April hält der Zug in einem kleinen Bahnhof. Ein Soldat der Wehrmacht öffnet die Waggontür und setzt sich an den Rand, seine Beine baumeln nach draußen. Was soll man davon halten? Dürfen wir auf eine baldige Befreiung aus unserer Lage hoffen? Ich ziehe meine Galoschen aus. Die Wunden an meinen Füßen durch den Todesmarsch von Auschwitz sind immer noch nicht vernarbt, noch lange nicht. Es geht weiter.

Am selben Tag verlässt der Zug den Bahnhof und hält erneut auf offener Strecke. Dieses Mal verlässt der Soldat den Waggon und lässt die Tür offen. Misstrauisch schauen wir nach draußen. Wir sind irgendwo auf freiem Feld, weit und breit ist nichts zu sehen. Ich steige barfuß und mit langsamen Schritten aus. Gemeinsam stellen wir inmitten von Feldern fest, dass wir frei sind. Wir zerstreuen uns jeder für sich in alle Richtungen. Schon sind Kameraden auf einem Weg und suchen nach etwas zu essen; andere ziehen in die entgegengesetzte Richtung los. Unsere Befreiung ruft keinerlei Euphorie hervor, kein Zeichen individueller oder gemeinschaftlicher Freude.

Etwa 20 Minuten nachdem wir die Waggons verlassen haben, spucken zwei von Soldaten der Luftwaffe gelenkte Panzerfahrzeuge ihre tödlichen Kugeln aus. Es ist ihre Art, uns zum Zug zurückzutreiben.

Es gibt Tote und Verletzte. Der Kugelhagel, unter dem wir zu den Waggons zurückhetzen, macht jede Hilfe für verwundete Kameraden unmöglich. Wütende Militärs übernehmen uns und fordern uns auf, wieder in die Waggons zu steigen. Wild tobend prügeln sie mit Stöcken auf uns ein. Wir sind noch 200 oder 300 Meter vom Zug entfernt. Ich bin gezwungen, barfuß auf dem Schotter zu rennen. Meine kaputten Füße tun wahnsinnig weh. Da ich nicht schnell genug laufe, treibt man mich mit Stockschlägen auf den Rücken an. Ein starker Schmerz in der Rippengegend fährt durch mich hindurch. Ich bekomme keine Luft mehr. Zum Glück werden die Schläge durch den gefütterten Anorak, den ich mir beim Verlassen des Waggons gegriffen hatte, gedämpft.

Wieder im Waggon hinterlässt der so flüchtige Moment der Freiheit bei mir einen bitteren Nachgeschmack. Unsere Zukunft bleibt weiterhin eine große Unbekannte. Ich liege regungslos gegen eine Wand gelehnt, so lässt der Schmerz nach. Ich kenne niemanden mehr in diesem Raum, die Seele zerbricht.

Am 28. April, dem dritten Tag des Transports, sind wir wieder in der gleichen Lage wie bei unserer Abfahrt. Wir haben nichts. Hunger und Durst sind quälend. Wir wissen, dass bald alles zu Ende sein wird, dass Deutschland im Chaos versinkt. Angesichts der bevorstehenden Katastrophe wüten die Nazis umso ärger. In meiner Einsamkeit richte ich meine Gedanken auf die Frauen, die mir etwas bedeuten. Meine Mutter. Wo ist sie? Wurde sie verhaftet? Ich frage mich, was aus Liliane geworden ist. Werde ich das Glück erfahren, sie wiederzusehen? Solche Fragen lassen mich der unmittelbaren Gegenwart entfliehen und zwingen mich zu hoffen.

Der Zug hält erneut auf freiem Feld. Die Waggontür wird geöffnet, es gibt keinen augenscheinlichen Grund für den Halt. Die Landschaft, die sich unseren Augen darbietet, ist traumhaft schön. Ich schaffe es, aus meiner Ecke hervorzukommen: Da draußen erscheint mir alles wie eine Hymne auf das Leben, die gebirgige Landschaft, die Tannen, die wohltuende Luft, die Sonne. Die Schönheit der Natur erfüllt mich mit einem unbändigen Lebenswillen.

Auch dort sehe ich keine SS mehr. Es scheint, dass die Wehrmacht den Transport führt. Der Zug fährt weiter. Motorengeräusche kommen näher. Ich kann Flugzeuge erkennen und gleich darauf Schüsse hören. Die alliierte Luftwaffe greift unseren Zug an! Dieser hält. Es gibt Tote und Verwundete. Mein Waggon wurde nicht getroffen.

Am 29. April werden wir erneut beschossen. Dieses Mal sind Kameraden in meinem Waggon verwundet, einige tödlich getroffen. Nach dem Alarm bittet mich ein Kamerad: »Raphaël, überlasse deinen Platz einem Verletzten, damit er sich ausstrecken kann.« Ich komme der Bitte nach, meine schmerzenden Rippen stehen in keinem Vergleich zu der Schwere einer Schussverletzung.

Die Militärs gehen während des Beschusses so gut es geht in Deckung, während wir aus dem Zug heraus Zeichen geben, damit die Piloten erkennen, dass wir Gefangene sind. Aber während des Beschusses geht alles sehr schnell, und wir liegen bäuchlings auf dem Boden.

Am 30. April werden wir erneut von den Alliierten beschossen. Wir verlassen den Waggon nicht, sondern bleiben bei den Verletzten vom Vortag. Die Kugeln dringen durch das Eisen des Waggons hindurch, das ist beeindruckend. Ich stelle in diesem Augenblick fest, dass der verwundete Kamerad, dem ich am Tag zuvor meinen Platz abgetreten hatte, von einer Kugel in die Brust getroffen wurde. Er ist tot.

In der Nacht vom 30. April auf den 1. Mai hält der Zug im Bahnhof von Tutzing. Am Morgen des 1. Mai 1945 öffnet ein Angestellter der Reichsbahn die Waggontüren. Der Bahnhof ist leer. Wir sind frei. Wir stürzen allesamt eilig aus den Waggons. Auf der Suche nach etwas Essbarem zerstreuen wir uns in alle Richtungen. Meine Rippen schmerzen. Ich bleibe zurück, allein im Bahnhof. Allein laufe ich langsam durch die menschenleeren Straßen. Die Stadt scheint alle ihre Bewohner verloren zu haben. Ich habe Hunger, wahnsinnigen Hunger. In der Hoffnung, etwas zu finden, betrete ich ein Haus. Ich sehe niemanden. Im Erdgeschoss steht das Gitterfenster einer Küche offen. Es gelingt mir, meinen Arm hindurchzustecken, und ich erwische einen Behälter, der herunterfällt. Mehl breitet sich aus.

Mir ist noch nicht einmal bewusst, dass ich mich in einem *no man's land* des Krieges befinde, in dem alles passieren kann. Wo sind die Deportierten? Ich sehe niemanden mehr. Ich laufe weiter und treffe einen

Bauern, der mit seinem von zwei Ochsen gezogenen Karren aufs Feld zieht. Ohne etwas Bestimmtes zu wollen, laufe ich neben ihm her; keiner von uns versucht, ein Gespräch anzufangen. Es scheint für ihn alles normal zu sein ... Er geht auf sein Feld. Ich setze mich hin und schaue ihm zu. Der Anblick dieses Bauern, der seinen Boden beackert, erfüllt mich mit tiefem innerem Frieden. Ich bleibe lange so sitzen, ohne mich zu bewegen, der Zeit entrückt. Dann ruft sich der Hunger wieder in Erinnerung, ich muss gehen.

Ziellos ziehe ich langsam weiter. Ich bin auf einem Weg. Als ich an einen Waldrand komme, bin ich mir nicht sicher, in welche Richtung ich weitergehen soll. Plötzlich taucht ein Jeep auf. Zwei Militärs sind an Bord. Das Fahrzeug hält vor mir an. Es sind Amerikaner, die anscheinend wissen, dass es in dieser Gegend herumirrende Deportierte gibt, und versuchen, diese aufzulesen. Das erste, was sie mir anbieten, ist eine prachtvolle Zigarre. Ohne größere Probleme gebe ich ihnen zu verstehen, dass ich dringend etwas essen und mich ausruhen muss. Mit dem Jeep fahren sie mich zu einem Haus der *Hitlerjugend*.

In diesem schönen, geräumigen Gebäude befinden sich bereits einige Deportierte. Der amerikanische Kommandant hatte seiner Truppe den Befehl gegeben, uns alle hier in diesem Gebäude zu sammeln. Solche klugen Befehle schützen uns. Er lässt eine begrenzte Menge an Spezialnahrung für unterernährte Menschen verteilen. Unsere Lumpen werden verbrannt. Nach einer richtigen Dusche werden wir mit DDT desinfiziert. Die meisten von uns erhalten Kleidungsstücke der *Hitlerjugend*, von denen sie die Naziinsignien abgetrennt haben. Auf meinem Gürtel lese ich *Gott mit uns*. Heute ist der Gürtel mit seiner kaputten Schnalle Teil meiner Erinnerungsstücke.

Wir sind immer noch ausgehungert. Die amerikanischen Soldaten verteilen die Nahrung auf Anweisung sehr sparsam. Unser Körper und unser Geist verlangen nach mehr. Ich erinnere mich an einen Kameraden, der, nachdem er ein Stück Schweinefleisch gefunden hat, dieses im Schlafzimmer zum Aufwärmen auf den Heizkörper der Zentralheizung legt, die in diesem eiskalten Frühling immer noch angeschaltet ist, und es schließlich roh verschlingt. Ihm wird schlecht davon.

Meistens bringen die Kameraden Mohrrüben und Kartoffeln mit und kochen daraus außerhalb der Küche eine Suppe. Alles wird als

Brennholz verwendet, selbst Rechenschieber der Marke *Faber*. Ich versuche, ihnen klar zu machen, wie dumm es ist, solche teuren, für Ingenieure und Techniker so wertvollen Gegenstände zu verbrennen, ein echter Wahnsinn. Nichts zu machen, die Rechenschieber werden ins Feuer geworfen und erhitzen den Topf. Ich komme rechtzeitig hinzu, um einen von ihnen zu retten. Er wird zu meiner Trophäe und einem zukünftigen Arbeitsgerät, ein weiteres Erinnerungsstück, das nun seit mehr als 70 Jahren auf meinem Schreibtisch steht.

Zwei Verszeilen aus dem Gedicht *Milly ou la Terre natale* [Milly oder das Geburtsland] von Alphonse de Lamartine, die ich in der Schule gelernt habe, kommen mir wieder in den Sinn: »Objets inanimés, avez-vous donc une âme / Qui s'attache à notre âme et la force d'aimer?« [Unbelebte Dinge, habt ihr denn eine Seele / Die sich mit unserer Seele verbindet und der Kraft zu lieben?]

Am 6. oder 7. Mai treffen wir eine Einheit der 2. französischen Panzerdivision. Die Männer lagern auf einem großen Platz; nach ein paar Tagen mit Kälte und Schnee scheint die Sonne wieder. Die Soldaten sitzen neben ihren Kampfpanzern und reinigen ihre Waffen. Der berühmte Schauspieler Jean Gabin ist einer von ihnen. Sie sind glücklich, die ersten zu sein, die Hitlers Hauptquartier *Adlerhorst* erreicht haben, während für uns das Glück darin besteht, über die Armee, die das nationalsozialistische Ungeheuer besiegt hat, Frankreich wiederzusehen.

Im Gebäude der *Hitlerjugend* feiere ich auch am 10. Mai 1945 – virtuell – meinen 20. Geburtstag. In unserem Mikrokosmos unterscheidet sich dieser Tag in nichts von allen anderen. Aber der Wunsch, ihn in Freiheit zu begehen, ist tatsächlich wahr geworden.

Diese erste Zeit in Freiheit, nach der wir uns so gesehnt hatten, vergeht in einer Art Nebel. Ich bin unfähig, meinen Platz zu finden. Es ist, als stünde ich unter Drogen. Der ganze Druck, der mich wie ein Korsett zusammengehalten hat, ist nun von mir gewichen. Ich erlebe diese außergewöhnlichen Momente in einem Wachtraum mit gedämpften Glücksgefühlen. Wen werde ich wiedersehen? Werde ich mein Studium wieder aufnehmen können? Mir ist bewusst, dass ich mich vorher körperlich und seelisch erst wieder aufrichten muss. Nach ein paar Tagen kehren meine Kräfte zurück. Recht bald schon sehe ich nicht mehr wie vom Tod gezeichnet aus, nur meine Beine sind noch immer angeschwollen. Der Abdruck, der in meinem Fleisch zurückbleibt, wenn ich einen Daumen hineindrücke, zeugt von einem starken Vitaminmangel.

Die 20 Tage in Bayern ändern an meinem Gefühl von Einsamkeit nichts. Einige Kameraden kommen und gehen. Trotz der Empfehlung der Amerikaner, sich zu mäßigen, tragen sie weiter wie besessen Nahrungsmittel heran. Ich bewege mich wenig. Meine schmerzenden, vermutlich gebrochenen Rippen schränken mich in meiner Bewegungsfähigkeit ein. Nach und nach lassen die Schmerzen nach. In dieser Zeit erfahren wir, dass die Franzosen nach Hause zurückkehren können.

Der Rückweg erfolgt in Militärlastwagen. Nach den wunderschönen Landschaften Bayerns kommen wir jetzt durch Städte, die mehr oder weniger vom Krieg geprägt sind. Heidelberg, die Studentenstadt, ist nicht zerstört. Orte, die vollständig oder fast vollständig in Schutt und Asche liegen, rufen bei mir kein Mitleid hervor.

In der Stadt Saargemünd betreten wir französischen Boden. Hier findet auch die erste Verwaltungs- und Gesundheitsüberprüfung statt. Die Militärbehörden kümmern sich um uns und händigen uns das erste Dokument aus, dass uns unsere von den Nazis gestohlene Identität zurückgibt. Beim Arztbesuch wird bei mir ein nicht behandelter, ausgeheilter Rippenfellerguss festgestellt. Wunder der Natur.

In Paris angekommen, führt man uns zum Hotel *Lutetia*. Die Stadt macht einen friedlichen Eindruck. Kaum sind wir durch die Tür des Hotels getreten, werden wir auch schon von Familienangehörigen Deportierter umringt, die sich nach den Ihrigen erkundigen wollen. Eine traurige und bewegende Begegnung. Wie kann man den Tod aller Kinder erklären? Wie kann man Auschwitz erklären?

Es ist der 24. Mai, es sind immer noch Deportierte in Deutschland, für die Familien besteht Hoffnung. Die Heimkehrer werden erneut einer medizinischen Untersuchung unterzogen, und anschließend eingehend vom militärischen Geheimdienst befragt. Diese Befragung ist für mich unangenehm, ja sogar schrecklich. Ein junger Mann, der in der Türkei geboren ist, türkische Eltern hat und erzählt, dass er wegen Aktivitäten in der Résistance verhaftet worden war! Für den Geheimdienst passt das nicht zusammen. Sie schreiben mit einem blauen Stift in großen Buchstaben quer über meinen Rückführungsschein *Hausarrest*. Ich brauche wohl nicht zu betonen, dass ich vor Wut tobe. Aber ich habe erneut großes

Glück, denn ich treffe vor Ort zufällig André (seinen Nachnamen weiß ich nicht mehr), Leutnant in Uniform und ehemaliger Pfadfinder bei den *Éclaireurs Israélites de France*, der wie ich zur *Sixième* gehörte, bevor er sich den Partisanen und später der Armee anschloss.

Nach einer herzlichen Begrüßung verlassen wir, begleitet von einem französischen Militärangehörigen, gemeinsam das *Lutetia*, ich immer noch in der Uniform der *Hitlerjugend*. Wir bilden ein seltsames und skurriles Duo. Auf der Straße drehen sich die Leute nach uns um. Wir machen Eindruck, insbesondere beim Fahrscheinkontrolleur in der Métro, als André ihm sagt: »Geheimdienst!« Zum Glück befinden sich keine Insignien mehr auf meiner Feinduniform.

Ich suche meinen Cousin Léon auf, um über ihn meinen Bruder Béno zu finden, von dem ich annehme, dass er nach Paris zurückgekehrt ist. Zu meiner großen Erleichterung erfahre ich, dass die Familie noch vollständig ist. Béno hatte schon während des Krieges sein Teppichgeschäft und auch seine Wohnung aufgegeben; er wohnt vorübergehend in einem Hotel in der Rue Lafayette. Ich werde meine Mutter wiedersehen, die man jetzt über meine Rückkehr benachrichtigen muss. Dies geschieht über ein Telegramm an Louise Blanchon, Lily, die Frau meines Bruders Léon. Sie wird meine Mutter mit ihrer diplomatischen Art am besten darauf vorbereiten können.

Bevor ich Paris verlasse, verbringe ich einen Abend bei meinem Cousin Léon Sidi, von dem ich erfahre, dass sein Bruder Victor im Konzentrationslager Mauthausen umgekommen ist. Victor hatte sich während des Krieges nach Lyon zurückgezogen, nachdem er sich als Freiwilliger gemeldet hatte. Ich hatte ihn 1942 und 1943 oft bei uns zuhause angetroffen, er mochte die familiäre Atmosphäre bei uns und auch die traditionellen sephardischen Gerichte. Wir haben nie über unsere jeweiligen Aktivitäten in der Résistance gesprochen, die sich recht stark voneinander unterschieden. Da er nicht als Jude galt, wurde Victor direkt nach Mauthausen deportiert, wo er am Tag der Befreiung des Lagers starb.

Nach den beiden Tagen in Paris kehre ich am 26. Mai 1945 nach Lyon zurück. Mein äußeres Erscheinungsbild ist wieder einigermaßen akzeptabel. Auf dem Bahnsteig sehe ich Lily, die mit ihrem kleinen Jean-Marc, meinem dreijährigen Neffen, auf mich wartet. Was für ein Glücksgefühl!

RÜCKKEHR

Vor 16 Monaten hatte ich Lyon in Handschellen verlassen. Mit unbeschreiblicher Freude umarme ich nun meine geliebte Mutter. Sie hat Tränen in den Augen; mein Vater verhält sich eher zurückhaltend und wortkarg. Er macht sich um meinen Gesundheitszustand Sorgen und um den Fortgang meines Studiums. Für ihn beziehen sich alle meine Probleme lediglich auf die Zukunft. Es ist auffällig, dass er mir keine Fragen stellt. Wahrscheinlich möchte er zu einem späteren Zeitpunkt auf meine Zeit als Gefangener und Deportierter zu sprechen kommen. Dazu kam es aber nie.

Mutter hingegen stellt mir unablässig Fragen, erwähnt aber vor allem auch ihre vielen Gebete und ihre Besuche bei Wahrsagerinnen, die aus dem Kaffeesatz gelesen haben. Die letzte hatte bestätigt, dass ich noch am Leben und in der Nähe eines Sees sei. Zu dem Zeitpunkt, als Mutter sie aufsuchte, stimmte das haargenau, denn da war ich in der Nähe des Starnberger Sees ...

SOMMER 1945 – MEINE ELTERN, MEINE FREUNDE

Ich erfahre von meiner Mutter, dass die Faschisten der *Parti populaire français* damals gleich nach meiner Verhaftung gekommen sind und die Wohnung durchsucht haben. Sie erzählt, wie diese Hausdurchsuchung durch die Schergen von *Gueule Tordue* ablief. Da sie nichts finden konnten und, wie ich vermute, auch angesichts der bescheidenen Verhältnisse, in denen wir lebten, zog der Trupp wieder ab, ohne etwas mitzunehmen.

Ich war zu dieser Zeit im Gefängnis Montluc, und mich quälte damals der Gedanke an eine solche Wohnungsdurchsuchung, dass meine Eltern möglicherweise unter meinem Engagement in der Résistance leiden müssten. In unserem Haus waren nämlich einige Dokumente in Büchern versteckt (Arbeitsbescheinigungen, Lebensmittelkarten usw.), die sie mit Sicherheit in Schwierigkeiten gebracht hätten. Ich finde die Waffe wieder, die ich damals versteckt hatte, und auch ein Päckchen mit Zyankali, das ich einige Zeit vor meiner Verhaftung – übrigens problemlos – bei einem Lieferanten für Laborbedarf gekauft hatte. Ich kannte die giftige Wirkung, hatte aber, ehrlich gesagt, keine konkrete Vorstellung, wozu ich es verwenden sollte. Ich denke, ich hatte es zunächst wegen der wiederholten Bemerkungen meines Vaters besorgt, dass es im Laden ständig Ratten gebe. Ich finde dieses schreckliche Päckchen an genau derselben Stelle, an der ich es anderthalb Jahre zuvor hingelegt hatte. Zum Glück hat niemand diesen hochgefährlichen Stoff angerührt.

Die Männer der *Parti populaire français* zogen schließlich wieder ab, ohne meine Eltern weiter zu behelligen. Diese verließen ihre Wohnung jedoch gleich darauf, um sich zu verstecken. Sie kamen einige Tage bei Lily unter, anschließend – dank ihrer Verbindungen zu Lyoner Medizinerkreisen – in der *Villa des Roses*, einem psychiatrischen Krankenhaus im 5. Arrondissement Lyons, wo sie bis zum Sommer 1944 blieben.

Von meiner Mutter erfahre ich auch von der Plünderung ihres Geschäfts, während sie sich versteckt hielten. Da sie ihre Arbeit als Kaufleute aufgegeben hatten, war der Laden eine leichte Beute. Sie wussten nicht, wer dafür verantwortlich war. Ich habe dabei meine schöne österreichische Violine verloren. Zu meinem größten Bedauern habe ich dieses Instrument nie wieder spielen können.

Schon sehr bald hält es mich nicht mehr zu Hause. Ich muss wissen, was aus meinen Freunden der Résistance geworden ist, den Pfadfindern der *Tisons*-Gruppe und denen, die deportiert worden waren.

Ich finde sehr schnell heraus, dass Milou und Boris heimgekehrt sind. Aber meine Kameraden der *Sixième* haben einen hohen Preis gezahlt: Roger Appel und Raymond Dreyfus kehren nicht zurück. Claude Gutman, der ehemalige Leiter der *Éclaireurs Israélites de France* in Lyon und spätere Verantwortliche für die Region Nizza, wurde bei seiner Verhaftung schwer gefoltert und anschließend nach Auschwitz deportiert, wo er umgekommen ist. Der ehemalige Seelsorger der Pfadfinder, der junge Rabbiner Samy Wolf, wurde erschossen. Mein Freund Fernand Allouche ist beim Kampf um die Befreiung von Grenoble gefallen. Fernand hatte sich der bewaffneten Widerstandsgruppe *France combattante* angeschlossen.

Ich freue mich über die Rückkehr von Robert Dreyfus (den wir wegen seines Pfadfindertotems *Pekari* nannten). Er war Kriegsgefangener in einem *Oflag* (Offizierslager). Ihm geht es gut. Er hatte bei der Firma *Rhodia* als Ingenieur gearbeitet und kann nach seiner Rückkehr im Oktober an seinen alten Arbeitsplatz zurückkehren.

Ich beschließe, mein Studium wieder aufzunehmen. Nach 18-monatiger Abwesenheit werde ich zum Beginn des nächsten Studienjahrs im Oktober wieder an die Universität zurückgehen.

Bis dahin habe ich noch einige Wochen, um neue Energie zu tanken und mich zu erholen. Ein Krankenhausaufenthalt erweist sich als notwendig, um Mangelerscheinungen, eine Hautkrankheit und meine Lungen behandeln zu lassen. Nach zehn Tagen im Krankenhaus *L'Antiquaille* verbessert sich mein Gesundheitszustand. Für mich ist es schwer erträglich, irgendwo eingesperrt zu sein, deshalb bitte ich um sofortige Entlassung, was die Ärzte jedoch angesichts meiner schwachen Verfassung ablehnen. Aber ich setze mich darüber hinweg. Pekari und ich erinnern uns an unsere Pfadfinderwurzeln und setzen unsere Idee, im Diois zelten zu gehen, dort – wo unser letztes Pfadfinderlager mit den *Éclaireurs de France* im August 1939 stattgefunden hatte – auch gleich in die Tat um.

Es ist herrlich, einige Tage mit diesem sehr lieben Freund zu verbringen. Er ist ein großartiger Mensch mit vielseitigen Interessen, der sich für die Arbeiten von Einstein begeistern kann und mit großer Freude antike Kalender studiert. Aber während dieser wenigen Tage, die wir zusammen verbringen, drehen sich unsere Gespräche wenig um wissenschaftliche Themen. Wir erzählen uns gegenseitig unsere Erlebnisse während der Gefangenschaft, er als Offizier, Kriegsgefangener, als Jude identifiziert, und ich, Widerstandskämpfer, als Jude in ein Konzentrations- und Vernichtungslager deportiert. Wir sprechen über unsere Zukunftsvisionen.

Mit dem Fahrrad losgefahren zu sein, erweist sich als Irrsinn. Obwohl wir in Etappen fahren und auf meine Kräfte Rücksicht nehmen, bin ich andauernd erschöpft. Ich versuche, meine gewaltige Müdigkeit so gut es geht zu verbergen, aber am *Rousset*-Tunnel stoße ich tatsächlich an meine Grenzen. Infolge des Krieges ist der Tunnel nicht passierbar, und so müssen wir die Fahrräder auf die Schulter nehmen und zu Fuß über den Berg hinüber. Mein Hochgefühl wird zu einer süßen Qual.

Am Fuße des 2.000 Meter hohen Glandasse wird unser Ausflug zu so etwas wie einer Pilgerreise. Fünf Jahre sind vergangen, seit ich bei einem Lagerfeuer, begleitet von Gesang und Lachen bei den Pfadfindern aufgenommen wurde und mein Totem erhalten habe. Ich war damals *fidele Spitzmaus*, ein Jugendlicher unter vielen.

Unter dem nächtlichen Sternenhimmel, eingehüllt in Schweigen, läuft diese ganze Zeit noch einmal wie ein Film vor meinem inneren Auge ab. Der Krieg, die Flucht junger Juden aus den von den Nazis besetzten Ländern nach Frankreich, mein wachsendes Bewusstsein für die Abscheulichkeit des Nationalsozialismus, der Sitzkrieg, die Niederlage und anschließende Besetzung Frankreichs, die unterdrückten Freiheiten, die antijüdischen Gesetze, mein Studium, die Résistance, die Verhaftung, meine Deportation und schließlich Liliane, von der ich immer noch nicht weiß, ob sie zurückgekehrt ist.

All das schwirrt in meinem Kopf herum. Ich weiß mein Glück, an diesem Ort zu sein, an dem man sich so wunderbar zurückziehen kann, zu schätzen. Warum gibt es mich noch auf dieser Welt, wo doch alles darauf ausgerichtet war, mich zu vernichten? Warum bin ich da, wo doch so viele Tausend Menschen, Juden und Nichtjuden, umgekommen sind?

Eindringlich und nachhaltig wird mir bewusst, wieviel Glück ich während der gesamten Zeit meiner Deportation hatte, wo doch eigentlich alles ein Überleben unmöglich machen sollte. Unter dem milden Weiß der Milchstraße kommt mir der Gedanke an Gott in den Sinn. Ich weiß jedoch, dass Gott nicht in Auschwitz war. Dieser innere Dialog vollzieht sich in einer Atmosphäre absoluter Ruhe. Ich werde mein ganzes Leben lang Agnostiker bleiben.

Die Deportation hat mich von Grund auf verändert. Meine Empfindsamkeit ist dahin. Mein Mitgefühl ist noch ungebrochen, insbesondere denjenigen gegenüber, die hungern, frieren und Entbehrungen ausgesetzt sind. Die Zustände, die tagtäglich im Lager geherrscht haben, zerstören ein Wesen, das wie ein Gegenstand behandelt wird, von Grund auf. Der Antisemitismus der Nazis und einiger anderer hat Verwüstungen angerichtet. Wie soll man es schaffen, nicht in der Angst vor Vergasung und Tod, der überall lauert, zu leben? Wie kann es da gelingen, nicht zu hassen?

Ich stelle fest, dass ich keine Liebe mehr empfinden kann, gegenüber niemandem. Mein Verstand kämpft gegen diese Tatsache, und das bringt mich aus dem Gleichgewicht. Ich müsste eigentlich glücklich sein, aber ich bin es nicht. Ich bin wieder bei meiner Familie, aber mein Herz ist verhärtet. Mir gelingt es nicht, wieder ein normales Leben zu führen.

Natur und Kunst berühren mich innerlich. Ich achte die Menschen, aber mit einer gewissen Gleichgültigkeit. Gefängnis und Lager haben bewirkt, dass ich Würde an sich wertschätze, Menschen, die in der Lage sind, sich ihren Mut und ihre moralische Aufrichtigkeit in einem feindlichen Umfeld, in Hunger und Elend zu bewahren.

Das wird über mehrere Jahre so bleiben. Ich werde die Menschen nach den Maßstäben des Lagers beurteilen. Ich kann nicht anders, es ist in meinen Augen ein völlig selbstverständliches Maß. In meinem Alltag als Student kommt das noch recht wenig zum Tragen, aber in den Jobs, die ich parallel zum Studium annehmen muss, um mir meinen Lebensunterhalt zu verdienen, als Träger und Auslieferer von Luxusteppichen, als Handelsvertreter. Ich störe mich an Leuten, die – wie man sagt – sozial höhergestellt sind, die selbstzufrieden bis hin zur Arroganz sind und die sich für etwas Besseres halten. Ich frage mich jedes Mal: Wie hätten sich solche Menschen im Lager verhalten? Was für Menschen wären sie gewesen in dieser Welt, in der alles nur Tod, Hierarchie, Macht und Unterdrückung war.

Man weiß, dass sich die wahre Natur eines jeden in Extremsituationen zeigt. Im normalen Leben eher unscheinbare Menschen können in Ausnahmesituationen geistige und moralische Größe an den Tag legen. Wenn es ums nackte Überleben geht, zeigt sich der wahre Mensch.

In dieser sternklaren Nacht versetzt mich der Anblick des vom Mond beschienen Glandasse in einen Glücksrausch. Ich bin wieder frei! Ich gehe zu Pekari ins Zelt zurück und nehme vom Zauber dieser Nacht die Hoffnung mit, bald zu wissen, ob ich Liliane wiedersehen darf.

Vor unserer Fahrt in das Diois hatte ich mich an die *Fédération nationale des déportés et internés, résistants et patriotes* [FNDIRP, Nationale Föderation der Deportierten und Internierten, Widerstandskämpfer und Patrioten] gewandt. Dieser Verband, der unmittelbar nach der Rückkehr der ersten Deportierten gegründet wurde, ist zu dieser Zeit der einzige seiner Art. Ich hatte dem Vorsitzenden der Sektion Biarritz geschrieben und angefragt, ob Liliane Badour, ehemalige Gefangene im KZ Auschwitz-Birkenau, zurückgekehrt sei.

Wieder zu Hause finde ich einen Brief von Liliane vor. Ich bin glücklich. Sie beschreibt ihre Rückkehr aus Auschwitz und lädt mich ein, zu ihr nach Biarritz zu kommen, sobald es mir möglich ist.

Ich werde Liliane also wiedersehen.

Erst jetzt werde ich mir bewusst, dass ich Liliane seit 18 Monaten nur in meiner virtuellen Welt am Leben erhalten habe. Während der einen Woche in Drancy bin ich ihr gelegentlich begegnet, wir haben ein wenig miteinander geredet, mehr nicht. Ich war ein vollkommen unschuldiger Jugendlicher, als ich mich Hals über Kopf in sie verliebte. Trotz der Nachrichten, die wir uns in Auschwitz gegenseitig geschrieben haben, weiß ich überhaupt nicht, was ich ihr bedeute. Ihr Brief ist sicherlich sehr herzlich, aber wie wird die Wirklichkeit aussehen? Wie dem auch sei, meine Ungeduld, zu ihr zu fahren, ist stärker als alle meine Befürchtungen.

Ich finde mich allmählich wieder in meiner Welt ein. Ich habe neue Kontakte, die aus der Résistance und der Deportation hervorgegangen sind. Der Großteil der Bevölkerung von Lyon scheint sechs Monate nach ihrer Befreiung den Krieg bereits wieder weit hinter sich gelassen und mit diesem Kapitel der Geschichte abgeschlossen zu haben. Es wimmelt nur so von »Widerständlern der letzten Stunde«, das erstaunt mich doch sehr.

In den Medien und auf offizieller Seite tritt die Deportation der Juden in den Hintergrund. Man redet von den Konzentrationslagern Buchenwald, Dachau, Mauthausen, Bergen-Belsen, Ravensbrück und Neuengamme, von den deportierten Helden des Widerstands. Die Opfer der im offiziellen Sprachgebrauch »aus rassischen Gründen« erfolgten Judendeportationen – eine Bezeichnung, die für mich schwer erträglich ist, – werden hingegen stiefmütterlich behandelt.

Um meine eigene Situation gegenüber den Behörden zu klären, setze ich mich mit der FNDIRP und anschließend dem Ministerium für Kriegsveteranen in Verbindung. Ich wende mich selbstverständlich als erstes an die FNDIRP. Sie fragen mich nach dem Grund meiner Deportation. Ich erkläre es ihnen und lege ein Papier der *Sixième* vor. Die Antwort ist eindeutig: Man bedauere sehr, aber jüdische Frauen, Kinder und Familien gerettet zu haben, sei kein Akt des Widerstandes im Sinne der geltenden Bestimmungen.

Ich bin außer mir.

Ich muss meine Situation offenbar mit der Verbandsleitung klären. Die Antwort dort ist ähnlich: »Ihr *Sixième* ist nicht auf unserer Liste der anerkannten Netzwerke aufgeführt.« Mit anderen Worten, sein Leben dafür aufs Spiel zu setzen, Menschenleben vor der Verurteilung zum Tode zu bewahren, die von den deutschen Besatzern unter Mitwirkung des Vichy-Regimes ausgesprochen und vollstreckt wurde, verdient keinerlei besondere Anerkennung. Alle, die sich erhoben und teilweise ihr Leben dafür geopfert haben, Menschenleben, jüdisches Leben, zu retten und sich gegen die Politik von Vichy zu stemmen, indem sie vor allem junge Leute in den Untergrund geschickt haben, haben keinerlei Anspruch auf Wertschätzung, weil ihr Netzwerk nicht »anerkannt« ist. Der Grund ist offensichtlich: Es handelt sich um ein jüdisches Netzwerk.

Als Widerstandskämpfer habe ich auch mit anderen Organisationen zusammengearbeitet. Marcel Gherson war Leutnant der vereinigten bewaffneten Widerstandsgruppen *Forces Françaises de l'Intérieur*, er war mein Chef. Ich hatte außerdem mit Mitgliedern der jüdischen Kampforganisation zu tun. Meine geleisteten Dienste in diesen anderen Organisationen musste ich ebenfalls nachweisen.

All das braucht Zeit, viel Zeit. Genau zehn Jahre hat es gedauert, bis ich die offizielle Anerkennung als »deportierter Widerstandskämpfer« hatte.

Im Juli, zwei Wochen nach unserer Pilgerfahrt ins Diois, beschließt mein Vater, dass wir drei, er, meine Mutter und ich, nach Évian fahren würden, um uns von all den Anstrengungen zu erholen. Es ist das erste Mal, dass ich mit ihnen in den Urlaub fahre. Er hat ein komfortables Hotel ausgesucht, unsere Zimmer gehen auf den See hinaus, auf der gegenüberliegenden Seite des Sees liegt Lausanne.

Der Krieg in Europa ist zu Ende, aber im Fernen Osten dauert er noch an. Zahlreiche amerikanische Soldaten sind in Évian, sie erholen sich dort vor ihrem nächsten Einsatz. Ich komme sehr bald in Kontakt mit einer kleinen Gruppe, die gelegentlich in unser Hotel kommt, um etwas zu trinken. Einer von ihnen, der ursprünglich aus Griechenland kommt, freut sich, mit meiner Mutter in seiner Muttersprache reden zu können, und ihr selbst gefällt es, sich in einer Fremdsprache auszudrücken, die sie so gut beherrscht, dass es ihren Gesprächspartner erstaunt.

Die Amerikaner laden mich ein, abends mit ihnen auszugehen. Ich lehne jedes Mal ab, ich muss mich ausruhen und wieder zu Kräften kommen. Allerdings willige ich gerne ein, mit ihnen schwimmen zu gehen. Wir sprechen vom Krieg. Wir alle hoffen, dass er bald vorbei sein wird, zumal bekannt ist, dass die Versetzung in den Fernen Osten unmittelbar bevorsteht. Für die Soldaten ist es ein guter Grund, sich zu amüsieren.

Ich genieße es, mit meinen Eltern dort zu sein, und gehe mit meinem Vater spazieren, was in 20 Jahren nie vorgekommen ist. Noch heute klingt der Moment in mir nach, als er zu mir sagt: »Ich freue mich, dass wir zusammen hier sind, denn ich habe vermutlich nicht mehr lange zu leben.« Seine Worte verwundern mich, er ist erst 68 Jahre alt und scheint mir bei guter Gesundheit zu sein. Zweieinhalb Jahre später erleidet er eine schwere halbseitige Lähmung und stirbt 1951.

Seit meiner Ankunft in Évian denke ich immerzu an Biarritz. Da ich nichts Richtiges zum Anziehen besitze, beschließe ich, in Sportsachen und mit Rucksack zu fahren. Der Rucksack ist dennoch ziemlich schwer, da ich Campingsachen eingepackt habe – und einen Anzug. Mir liegt sowieso nicht viel an gesellschaftlichem Leben und ich werde vor Ort schauen. Da ich kein Geld habe, gibt mir mein Vater so viel, wie ihm seine eigene schwierige Lage erlaubt.

Mein Pfadfinderkamerad und guter Freund Joseph Gotheil hilft mir spontan, wie auch ich ihm früher geholfen habe, als ich für seine ganze Familie falsche Personalausweise besorgt habe. Joseph kennt und versteht meine Lage sehr gut, er gibt mir 100 Franc und leiht mir einen Fotoapparat mit den Worten: »Schreibe mir, wenn du noch etwas brauchst!«

BIARRITZ

Die Reise nach Biarritz ist eine 20-stündige Expedition. Der Zug fährt über Saint-Germain-des-Fossé, nördlich von Vichy, und dann über Limoges und Bordeaux. Der Aufenthalt in Bordeaux ist eine Qual, denn ich muss die ganze Zeit an Marcel Léon denken, der aus Pessac kam. Ich weiß, dass seine Schwester hier in der Gegend lebte. Soll ich versuchen, sie zu finden? Und wenn es mir gelingt, was soll ich ihr sagen? Ihr mitteilen, dass ihr Bruder in Dachau gestorben ist und ihr von meinen Schuldgefühlen berichten, dass ich ihn nicht besucht habe, als er im Sterben lag? Noch heute, 70 Jahre nach Marcels Tod, belastet mich der Gedanke daran. Endlich, nach einem Aufenthalt von vier Stunden, kann ich meine Reise fortsetzen.

Um 18 Uhr fährt der Zug in den wunderschönen Bahnhof von Biarritz ein. Er ist weiß gestrichen, überall hängen Blumenkörbe. Die lange Fahrt während der Nacht, die ich im Sitzen auf den Holzbänken der dritten Klasse verbracht habe, hat mich ermüdet – aber ich habe schon anderes erlebt ... Zu Fuß gehe ich den letzten Kilometer zu Lilianes Wohnung in der Avenue de la Marne. Unterwegs laufe ich eine endlos lange Reihe von Mauern entlang, die schöne Grundstücke abgrenzen. Endlich ist das kleine *Hôtel de la Marne* zu sehen, dann die Hausnummer 24/II mit dem Holztor und der so charakteristischen Klingel, mit der sich Besucher ankündigen können.

Dann erblicke ich ein kleines, unscheinbares Haus und beim Weitergehen rechts eine Wohnung etwas unterhalb des Hotels und mit diesem verbunden.

»Raphaël!« ruft Liliane, als sie mich sieht. Ich freue mich sehr, sie in den Arm nehmen zu können, ihr Gesicht und ihr sanftes und ausdrucksstarkes Lächeln zu sehen. In diesem Augenblick eint uns alles und nichts. Unsere jüngste Vergangenheit, an der wir den anderen schweigend teilhaben lassen, überwältigt uns. Die Erinnerung an Henri und René und die starken Schuldgefühle, die Liliane mit sich herumträgt, werden nie überwunden werden.

Wie Zucker, der sich in warmem Wasser auflöst, verschmelze ich mit dieser Familie, die es nicht mehr gibt, die nur noch aus zwei Frauen besteht. Mein Wachtraum, diese Selbstmedikation, die mich am Leben gehalten hat, wird Wirklichkeit.

Ich lerne Anna Jaffé, Lilianes Großmutter kennen, eine schöne Frau mit weißen Haaren, die jetzt sehbehindert ist. Sie empfängt mich herzlich. Die beiden Frauen berichten mir vom Tod des Großvaters Herman, der *Henri* gerufen wurde. Er war am 25. August 1944, dem Tag der Befreiung von Biarritz und Paris, gestorben. Liliane hat ihn nach ihrer Verhaftung nicht mehr gesehen. Anna hatte ihr erzählt, wie unglücklich er war. Wenn er aus dem Haus ging, wiederholte er ständig: »Sie haben mir meine Kinder genommen!« und weinte. Anna möchte nicht über ihre beiden Enkelsöhne reden und stellt mir keine Fragen über das Lager. Ich fühle mich wie zu Hause.

Sie zeigen mir die Wohnung und berichten von den Enteignungen, denen die Familie zum Opfer gefallen ist. Ihr Haus ist halb in den Hang gebaut und wurde bei der Zwangsübertragung des Hotels im Rahmen der antijüdischen Gesetze umgebaut. Zum Haus gehören zwei Garagen im Erdgeschoss und zwei Schlafzimmer im oberen Stockwerk, in dem früher das Hotelpersonal wohnte. In einem dieser Zimmer wohnt jetzt Liliane, ich werde im anderen untergebracht.

Nach dem Abendessen reden Liliane und ich noch lange miteinander. Sie erzählt mir von ihrem schrecklichen Marsch von Auschwitz nach Gleiwitz. Ich hatte also doch nicht geträumt, sie war es tatsächlich, die ich mit dem Tuch um den Kopf gewickelt gesehen hatte. Sie litt immer noch an Mumps und musste dieses Chaos mit der Krankheit ertragen.

In Gleiwitz mussten die Frauen in einen Reisezug (einen richtigen Zug!) einsteigen, der sie zum Lager Ravensbrück brachte. Die Zustände dort waren katastrophal und wurden durch die Ankunft der Frauen aus Auschwitz-Birkenau und anderer Lager noch verschärft. Liliane erzählt mir von der tödlichen Atmosphäre, die in dem großen Zelt, das im Lager aufgestellt war, herrschte, und von der Feindseligkeit, die die nichtjüdischen französischen Frauen den hierher verlegten Jüdinnen gegenüber an den Tag legten.

Nach zwei oder drei Wochen im Lager wurde Liliane zu einem Kommando nach Neustadt-Glewe, einem Außenlager von Ravensbrück, geschickt, mit ihr die junge Ida (Grinspan), die seit dem Todesmarsch schwere Erfrierungen an den Füßen hatte und sehr litt. Liliane half ihr so gut es ging und erreichte, dass Ida im Krankenrevier des Kommandos aufgenommen wurde. Wanda, eine hervorragende polnische Krankenschwester, kümmerte sich um sie, so dass Ida gerettet wurde. Später schrieb Ida einen kleinen Text über diese Zeit.

»Am 14. Februar 1945 verließen wir das Lager Ravensbrück mit der Eisenbahn. Wir fuhren den ganzen Tag und kamen am späten Abend in einem anderen Lager in Neustadt an. Wir wurden in eine Art Scheune geführt. Der Fußboden bestand aus gestampfter Erde, auf der ein wenig Stroh lag. Dort mussten wir schlafen. Ich hielt alle vom Schlafen ab, ich phantasierte die ganze Nacht, ich war an Typhus erkrankt.

Am nächsten Morgen kam Liliane und sagte: ›Du kannst hier nicht bleiben, du musst ins Revier. Du solltest sofort hin, ich helfe dir beim Laufen.‹ Seit dem Todesmarsch hatte ich Erfrierungen an beiden Füßen, und das Gehen tat mir sehr weh. Ich konnte mich auf Lilianes

Arm aufstützen und mit kleinen Schritten kamen wir am Revier an, wo ich aufgrund meines schlechten Gesundheitszustandes aufgenommen wurde. Wenn ich nicht durch das hohe Fieber so geschwächt gewesen wäre, hätte ich niemals eingewilligt, ins Revier zu gehen, denn in Auschwitz war es das Vorzimmer zur Gaskammer, aber in diesem Moment hörte ich auf Liliane und vertraute ihr.

Während der gesamten langen Zeit, die wir in Birkenau und Auschwitz zusammen waren, hat sie mir wirklich viel Zuneigung entgegengebracht. Sie war für mich wie eine große Schwester, so wie sie es für ihre jüngeren Brüder gewesen war.

Wann immer sie konnte, hat sie mich hinter der Glasscheibe des Blocks besucht. Später wurde der Block jedoch wegen der Seuche, die sich ausgebreitet hatte, isoliert, und sie konnte nicht mehr kommen.

Nach der Befreiung des Lagers wurde ich in ein Krankenhaus gebracht und von den Russen versorgt. Sie ist einen anderen Weg gegangen. Zu unserer großen Freude konnten wir uns viele Jahre später über die Organisation *Amicale d'Auschwitz* wiederfinden.«

Am 2. Mai 1945 befreit die Rote Armee das Lager Neustadt-Glewe, während die amerikanischen Truppen ebenfalls in diese Gegend vorrücken. Die beiden Armeen treffen einige Kilometer vor dem Lager aufeinander.

Die französischen Kriegsgefangenen, die als Zwangsarbeiter bei den Bauern der Region eingesetzt sind, beeilen sich, zu den französischen Deportierten zu kommen, um sie zu versorgen und vor eventuellen neuen Übergriffen zu schützen. Liliane erzählt mir, dass diese Gefangenen einen Pferdewagen an sich genommen hätten und die Handvoll französischer Frauen abholten. Sie sagt, sie hätte gesehen, wie deutsche Eltern die Gefangenen angefleht hätten, sich ihrer Töchter anzunehmen, um sie vor den Vergewaltigungen der sowjetischen Soldaten zu schützen.

Erst in Biarritz erfährt Liliane von den verzweifelten Versuchen ihres Großvaters, seine Enkelkinder aus dem Lager Drancy frei zu bekommen. Er hatte einen seiner Freunde, Herrn B., beauftragt, die erforderlichen Unterlagen, den *Ariernachweis* des Vaters und die Taufbescheinigungen der drei Kinder, nach Paris zu bringen. Am Eingang zum Lager riet ein französischer Gendarm diesem eindringlich davon ab, den Kommandanten aufzusuchen, da das Hineingehen für ihn als Juden sehr gefährlich wäre.

Er fuhr wieder zurück, ohne zumindest versucht zu haben, die Dokumente abzugeben oder mit der Post zu verschicken.

Gleichzeitig hatte der Großvater sich wegen der Verhaftung seiner Enkelkinder an die Präfektur des Départements Gironde gewandt. Dabei unterstützte ihn eine Sozialarbeiterin, Frau Jean-Pierre, die am 21. Januar 1944 die zuständigen Dienststellen der Präfektur benachrichtigte, die ihr am 4. Februar 1944 antworteten:

»Sehr geehrte Frau Jean-Pierre,

ihr Einschreiben vom 21. Januar 1944 bezüglich der Kinder Liliane, Henri und René BADOUR, die am 10. Januar in Biarritz wegen Zugehörigkeit zur jüdischen Rasse verhaftet wurden, haben wir erhalten. Aus Ihren Angaben ergibt sich, dass diese Kinder als Nichtjuden zu betrachten sind. Um jedoch wirksam einschreiten zu können, benötigen wir zum Nachweis ihrer arischen Abstammung die folgenden Unterlagen:
– Taufbescheinigung ihrer Großmutter väterlicherseits,
– Taufbescheinigung ihres Vaters,
– Taufbescheinigung aller drei Kinder.
Diese Papiere müssen vom zuständigen Bischof beglaubigt sein und der Behörde für Judenfragen in Bordeaux zugesandt werden.«

Am 4. Februar waren Liliane, Henri und René bereits seit 24 Stunden im Transport nach Auschwitz.

Auch ich schildere meinen Weg, die viereinhalb Monate in der Hölle, die ich von Mitte Januar bis zu meiner Befreiung Anfang Mai 1945 erlebt habe. Wir teilen unseren bedrückenden Leidensweg miteinander, und wir verstehen uns.

Die folgenden Tage verbringen wir mit langen Spaziergängen und Fahrradtouren im Baskenland. Wir reden über die Geschichte unserer Familie und unsere Zukunftspläne. Liliane möchte gerne am 15. August nach Lourdes pilgern. Als gläubige Katholikin steckt die Erziehung, die sie insbesondere im Mädchenpensionat von Oloron-Sainte-Marie erhalten hat, in ihr drin. Vor allem aber möchte sie René, Henri, ihrem Großvater und ihren Eltern nah sein. Sie schlägt mir vor, sie zu begleiten.

Am 14. August kommen wir mit dem Zug in Lourdes an. Wir wollen irgendwo in der Umgebung zelten. Ein Bauer erlaubt uns bereitwillig, unser Zelt auf einem Feld auf einem Hügel gegenüber der Grotte aufzuschlagen. Heute befinden sich dort Sakralbauten. Die Abendprozession an diesem 15. August, die zum ersten Mal seit dem Ende des Krieges stattfindet, ist einzigartig: Zahlreiche Männer in Militäruniform, Verwundete, unzählige Vereine und Verbände und eine sehr große Gemeinschaft an Gläubigen stimmen gemeinsam das *Ave Maria* an.

In dieser Nacht, die von den Tausenden mit Inbrunst getragenen Kerzen funkelt, lassen wir uns in enger Vertrautheit von den Gesängen einhüllen und forttragen, die starke und innige Wünsche und metaphysische Gedanken in uns wecken.

Am nächsten Morgen gehen wir vor unserer Weiterfahrt nach Cauterets noch einmal zur Kathedrale. Liliane betet. Ich rede mit ihr über die Verantwortung, die sie in Bezug auf die Deportation ihrer Brüder empfindet. Ich versuche, sie davon zu überzeugen, dass man weiß, wer die Schuldigen sind, und dass sie die einzigen sind, die die Verantwortung dafür tragen – es wird mir leider nie gelingen.

Als wir im oberen Teil der Kathedrale sind, denke ich an unsere aufkeimende Liebe, an unsere mögliche Zukunft. Ich weiß nicht, wie ihr Leben vor der Deportation gewesen sein mag. Die mit Bleistift auf den Betonpfosten am Eingang geschriebenen Graffiti inspirieren mich zu einer eigenen Inschrift frei nach einem Gedicht von Paul Valéry: »Der Tag erhebt sich! Leben: Ich versuch es!«

Wir müssen uns neu erschaffen, wir müssen Abstand von unseren Erinnerungen gewinnen. Dieser Kampf ist bei denjenigen, die bei ihrer Heimkehr eine intakte Familie vorgefunden haben, anders als bei den Rückkehrern, die jetzt allein sind, verwaist – und unter ihnen sind Männer und Frauen, die sich auf die eine oder andere Art zu Unrecht schuldig an der Ermordung ihrer Angehörigen fühlen.

Als wir wieder in Biarritz sind, erzählen Liliane und ihre Großmutter mir vom Raub ihres Vermögens aufgrund der antijüdischen Gesetze des Vichy-Regimes. Bis zur Befreiung wurde das Hotel von einem vom Generalkommissariat für Judenfragen ernannten Treuhänder verwaltet. Die beiden Frauen befinden sich in einer finanziell schwierigen Situation.

Sie leben von den geringen Einnahmen aus der Verpachtung des Hotels und der Garage, die Lilianes Vater gehörte. Sie waren bereits gezwungen, den Familienschmuck zu verkaufen, von dem nun nichts mehr übrig ist. Ich wundere mich, dass Liliane und ihre Großmutter den Hotelbetrieb nicht zurückbekommen haben, so wie es die Verordnung vom 21. April 1945 vorsieht. Der gegenwärtige Betreiber des Hotels ist kein anderer als derjenige, der es mithilfe der Vichy-Gesetze gepachtet hat und der zudem noch den gleichen Pachtpreis an sie zahlt wie vor der Befreiung.

Ich rate ihnen, das Hotel nicht, wie sie es vorhatten, zu einem Schleuderpreis an ihn zu verkaufen, da es mir völlig undenkbar erscheint, jemandem ein Eigentum zu übertragen, der von den antijüdischen Gesetzen der Vichy-Regierung profitiert hat.

Sie bitten mich, ihnen zu helfen. Wir fahren nach Biarritz zu Notar Ramond. Sein Mitarbeiter kennt die Umstände sehr genau und weist auf die Dringlichkeit ihrer Stellungnahme hin, insbesondere da ihre Ansprüche auf Rückgabe des geraubten Eigentums im September dieses Jahres verjähren. »Außerdem«, so sagt er, »möchte der derzeitige Pächter, Herr C. R., das Hotel erwerben. Er behauptet, darüber habe es auch schon Gespräche gegeben.« Ein ehemaliger Deportierter, mit dem ich in Bayonne Bekanntschaft geschlossen hatte, empfiehlt mir dringend, Marcel Ribeton zu konsultieren, einen Rechtsanwalt und hervorragenden Juristen. Dieser möchte versuchen, eine einstweilige Anordnung zu erwirken. Anne und Liliane sind einverstanden, sie werden die Rückgabe des Hotels beantragen.

Das Zivilgericht von Bayonne fällt eine vorläufige Entscheidung mit der Begründung, es habe Gespräche zwischen den Parteien gegeben. Im Anschluss daran lässt die gegnerische Partei den beiden Frauen eine Aufforderung zur Abgabe einer Erklärung zukommen: Sie sollen unterschreiben. Liliane unterschreibt, Anne weigert sich.

Als Liliane unterschreibt, bin ich in Lyon. Das war ganz offensichtlich ein schwerer Fehler von ihr. Und nun, wie kommt man da wieder heraus? Ich nutze die Gelegenheit, dass ich in Lyon bin, und wende mich an einen ausgesprochen kompetenten Rechtsbeistand, Marc Levy, der mir seine Dienste unentgeltlich anbietet.

Wir sind im Jahr 1945, und der Rechtsstreit sollte sich noch bis 1951 hinziehen. Drei Entscheidungen des Appellationsgerichts und zwei des

Kassationsgerichts sind letztendlich notwendig, bis die Angelegenheit abgeschlossen ist.

Der Rechtsstreit kostet uns viel Kraft, insbesondere mich. Die Rahmenbedingungen sind schwierig, und eigentlich hätten wir Ruhe gebraucht. Und in jener Zeit, Ende August 1945, vergiftet dieser belastende Fall mein Leben. Jedes Mal, wenn ein *blauer Brief*, wie man die Schreiben vom Gericht damals nennt, eintrifft, bekomme ich Angst. Ich bin in einer prekären finanziellen Lage.

Der lange Kampf hat zumindest etwas Gutes gebracht: Ich begeistere mich für das Zivilrecht, vermutlich mehr als für mein wissenschaftliches Studium. Ich wollte die juristischen Fachbegriffe, die verschiedenen Verfahren, den Aufbau der Urteile, die wichtigsten Gesetzestexte unbedingt verstehen. So wurde meine Bibliothek im Laufe der Zeit um einige juristische Dokumente reicher. Mein autodidaktisch erworbenes Wissen hat meine Beziehungen zu Juristen grundlegend verbessert und war mir später, in meinem Berufsleben, in vielen Situationen eine große Hilfe.

UND DANN DAS LEBEN ...

Bevor demnächst das neue Studienjahr beginnt, möchte ich unbedingt Milou sehen. Auch er drängt mich, für einige Tage nach Paris zu kommen. Die Zugfahrt von Lyon nach Paris dauert acht Stunden, eine ganze Nacht lang. Jedes Mal, wenn ich mit der Dampfeisenbahn verreise, kommen die Erinnerungen an die Transporte wieder hoch. Milou begrüßt mich in der kleinen Wohnung der Familie Saguez in der Rue Saint-Maur. Aufgrund der Enge der Wohnung schlafe ich mit Milou in einem Bett. Auch hier ist das Lager nicht weit.

Er genießt unser Wiedersehen und erzählt mir, wie es ihm ab dem 18. Januar 1945 ergangen ist. Ich war bei unserer Kolonne geblieben, während er, stets findig, mit einem Unbekannten aus einer anderen Kolonne verhandelte: einen Chrom-Nickel-Ring gegen ein halbes Brot. Und so fand er sich zum Zeitpunkt des Abmarsches in einer anderen Kolonne wieder, die ebenfalls zum Todesmarsch aufbrach – er wusste nicht, ob nach Gleiwitz oder Loslau – und anschließend in die Konzentrationslager Mauthausen und Gusen geschickt wurde.

Ich verbringe einige Zeit bei seiner Familie. Sein Vater und seine Mutter stammen beide aus Griechenland, sind aber vom Aussehen und Charakter her völlig gegensätzlich. Sein Vater ist reserviert, schlank und hochgewachsen, seine Mutter hingegen rundlich und überschwänglich. Milous Vater ist Schuhmacher und stellt in seiner Werkstatt, die sich in der Wohnung der Familie befindet, hochwertige Schuhe her. Er ist sehr gefragt und arbeitet auch für bekannte Künstler. Von ihm stammen die ersten Schuhe mit Pfennigabsätzen. Ich lerne auch Milous bezaubernde Schwester kennen. Alle drei sind wie durch ein Wunder von der Deportation verschont geblieben.

Milou ist immer noch der Alte, lebhaft und von sonnigem Gemüt, er kann nicht stillsitzen. Wir haben uns unglaublich viel zu erzählen. Ich genieße die Warmherzigkeit und die heimelige Atmosphäre, die in dieser Familie herrschen, und die brüderliche Freundschaft zwischen Milou und mir, die durch das gemeinsam Erlebte noch vertieft wird. Sein Heim ist mein Heim. Milou hat ernsthafte Herzprobleme, aber er möchte sie nicht wahrhaben. Sein Gesundheitszustand bereitet mir Sorge. Er ist von überbordender Aktivität, er hat seinen Beruf als technischer Zeichner aufgegeben und arbeitet nun, trotz der Warenknappheit, als Händler. Egal. Er glaubt daran.

»Raph«, sagt er, »ich habe eine Toreinfahrt in der Rue de la Chaussée-d'Antin gemietet, direkt neben den *Galeries Lafayette*, ich verkaufe Vorhänge und verdiene mein Geld damit.« Ich wundere mich, dass solche Läden in Toreinfahrten entstehen. Er erklärt mir daraufhin, dass der Mangel an Geschäftsräumen in manchen Stadtvierteln in Kombination mit dem Mangel an Waren, den Händlern, die sich eingedeckt haben, einige Vorteile bietet. Toreinfahrten in guter Lage werden von den Immobilienagenturen, die die Knappheit maximal ausnutzen, zu Höchstpreisen vermietet. Mit anderen Worten, der Ladeninhaber ist in einer ähnlichen Situation wie die Straßenhändler am Ufer der Seine, er breitet seine Ware in Kisten aus.

Am nächsten Tag gehen wir gemeinsam zu seinem Geschäft. Im Nullkommanichts hat Milou sich das Vokabular und das Gebaren eines versierten Kaufmanns angeeignet. Er erzählt mir von seinem Plan, ein großes Sportgeschäft aufzumachen. »Wie du weißt«, erzählt er mir, »habe ich Kontakt zu vielen Skifahrern und Sportprofis. Ich bin überzeugt davon, dass dieser Markt Zukunft hat, willst du mit mir einsteigen?« Es ist richtig, dass ich mein Studium wieder aufnehmen will und mich der Gedanke daran kein bisschen begeistert. Ich bin nicht mit dem Herzen dabei. Ich habe das Gefühl, alles vergessen zu haben, und vom psychologischen Standpunkt her regt mich die Vorstellung, wieder wie ein kleiner Junge zu lernen und Noten zu bekommen, ziemlich auf. Ich weiß nicht, wie ich mich wieder daran gewöhnen soll. »Wir können noch einmal darüber reden«, antworte ich ihm.

Unsere brüderliche Verbundenheit hielt an, wir sahen uns häufig und es war immer schön ... bis zu seinem plötzlichen Tod 1951. Zu dieser Zeit hatten wir die Eröffnung eines Sportgeschäfts ernsthaft ins Auge gefasst. Stattdessen erlitt Milou eines Tages, als er sein Motorrad startete, einen Kollaps. Ich verlor auf tragische Weise einen Bruder. Ich war unendlich traurig, sein Tod schmerzte mich sehr.

Im Oktober 1945 beginnt das neue Studienjahr an der *École Centrale*. Es gibt nur wenige »Spezialfälle« – Studenten, die im Krieg waren. Wir müssen zu zweit zusammenarbeiten. Ich sitze neben Jean Sapin, einem

Studenten, der aus Indochina zurückgekommen ist, wo sein Vater gearbeitet hatte. Nach bestandenem Auswahlverfahren für die Elitehochschule für Bauingenieure *Ponts et Chaussées* ist er an der *École Centrale* zugelassen worden. Jean ist hochintelligent, wir verstehen uns ausgezeichnet. Außerdem lerne ich Roger Gendre kennen. Durch ihre Unterstützung und mit ihrer Anwesenheit tragen die beiden dazu bei, dass ich mich wohler fühle. Auch meinen guten Freund Henri Siméon, den ich am ersten Tag meines Studiums im Oktober 1943 kennengelernt hatte, treffe ich wieder. Er ist jetzt im dritten Studienjahr, während ich das erste wiederholen muss. Henri war immer und überall für mich da, er hat mich während meines Studiums, aber auch auf persönlicher Ebene unterstützt.

In dieser Zeit, im Herbst 1945, wühlt mich eine weitere Geschichte auf. Eines Tages erhalte ich über ich weiß nicht mehr welchen Kanal die Nachricht, dass die Familie von Benjamin G. mich sehen möchte. Ich kannte diesen jungen Mann von der Pfadfinderbewegung her; er war etwa fünf Jahre älter als ich. Ich war damals 14 oder 15 und er um die 20. Wir kannten uns nicht sehr gut, er gehörte nicht zu meinem Netzwerk und ich wusste nichts über seine Aktivitäten. Es heißt, er sei wegen seiner Zugehörigkeit zur Résistance erschossen worden. Für mich ist es selbstverständlich, dass ich der Einladung der trauernden Familie, die ich nicht kenne, Folge leiste.

Ich betrete ein altes, heruntergekommenes, sehr bescheidenes Wohngebäude im 6. Arrondissement von Lyon. Dort treffe ich auf zwei Frauen, Benjamins Mutter und seine Schwester. Ich bin sehr verwundert, mit welcher Kälte sie mich empfangen. Eine Flut schrecklicher Worte ergießt sich über mich: »Benjamin ist erschossen worden, weil du ihn bei deiner Verhaftung verraten hast.« Sie erzählen mir seine Geschichte. Er wurde etwa einen Monat nach mir in der Nähe von Vaugneray (20 Kilometer von Lyon entfernt) verhaftet und kurze Zeit später erschossen.

Es nützt nichts, dass ich ihnen wieder und wieder versichere, dass Benjamin nicht in meiner Widerstandsgruppe war und dass wir uns nur wenige Male begegnet sind, und das meist auch nur zufällig. Ich schwöre ihnen, dass ich bei meinem Verhör keine Namen preisgegeben habe.

Sie glauben mir nicht. Auf beiden Seiten ist der Schmerz unermesslich.

Ich frage zurück: »Wie kommen Sie darauf? Wer hat Ihnen gesagt oder warum glauben Sie, dass ich Benjamin denunziert hätte?«

Sie erwidern einfach nur: »Weil ihr, du und er, so kurz nacheinander verhaftet wurdet.« Diese Argumentation stützt sich auf nicht mehr als auf einen Schmerz, der stärker ist als die Vernunft.

Aus den Augen der beiden Frauen spricht blanker Hass. Mein Gewissen ist rein, ich habe das nicht verdient. Hätte ich im Lager umkommen müssen, um den Schmerz dieser und so vieler anderer Familien, die ihre Angehörigen nie haben zurückkommen sehen, zu lindern? Diese Frage hat mich noch lange verfolgt.

Ich führe kein glückliches Studentenleben, ich muss mich um zu viele Dinge gleichzeitig kümmern. Und ich bin gerade einmal 20 Jahre alt. Mein Vater war schon immer sehr pessimistisch in Bezug auf seine Gesundheit, und Anfang 1948 wird er tatsächlich schwer krank. Er ist auf der rechten Seite gelähmt und fast komplett bettlägerig. Ich selbst befinde mich in einer verfahrenen Lage. Meine finanziellen Mittel sind unzureichend. Ich kann meiner Mutter so gut wie gar nicht helfen, ich kann dem Ganzen aber auch nicht einfach nur zusehen. Ich muss unbedingt an Geld kommen, bitte aber meine Brüder nicht darum, und die bieten mir auch keines an. Eine kurze Zeit arbeite ich bei meiner Schwester Berthe in ihrer Firma für Damenoberbekleidung. Ich spiele den Handelsvertreter und verdiene mir damit ein paar Franc.

Um neben dem Studium zu arbeiten, muss ich den Vorlesungen fernbleiben. Die Konsequenzen sind hart, denn für jeden Tag, den man ohne medizinischen Grund fehlt, gibt es einen Zehntelpunkt Abzug vom Notendurchschnitt des Jahres. All das führt dazu, dass ich nicht ernsthaft arbeiten kann, Zeitmangel und die äußeren Lebensumstände lassen es nicht zu.

Ich sehe Liliane nur in den Ferien. Die lange Fahrtzeit nach Biarritz macht mein Leben komplizierter. Sie zu sehen und bei ihr zu sein, ist das einzige, was mich glücklich macht. Andere Gründe zur Zufriedenheit gibt es nur wenige, und mich um mehrere Projekte gleichzeitig kümmern zu müssen, ermüdet mich. Mein Studienabschlussprojekt, ein Rhône-Staudamm, nimmt mich enorm in Anspruch.

Liliane ist schwanger. Wir beschließen, im Januar 1948 zu heiraten. Lily, die Frau meines Bruders Léon, nimmt die Dinge in die Hand. Sie ist unglaublich hilfsbereit und organisiert ein Familienessen im Restaurant. Am 9. Juni, Lilianes Geburtstag, kommt unsere Tochter Évelyne auf die Welt, ein großartiges Geburtstagsgeschenk. Évelyne ist ein wunderschönes kleines Mädchen mit schwarzen Haaren und blauen Augen.

Es ist noch nichts für die Ankunft des Babys vorhanden, in den ersten Wochen dient ihr ein Karton als Wiege. Zum Glück schenkt uns Lily (immer sie!) einen prächtigen weißen Kinderwagen, den wir eine Zeitlang als Bettchen nutzen.

In diese Zeit fallen auch meine Prüfungen. Die Verteidigung meiner Projektarbeit verläuft gut. Ich bin ungeheuer hart mir selbst gegenüber, das hilft mir, Schwierigkeiten zu überwinden. Liliane nimmt alles klaglos hin, aber ich weiß, dass es schwer für sie ist.

Meinen Hochschulabschluss in der Tasche, ohne Geld und frisch verheiratet, bin ich auf der Suche nach meiner ersten Stelle und einer Wohnung. Es ist Sommer, und in den Ferien fährt Liliane heim nach Biarritz, während ich einen Zeitvertrag im Tiefbauamt bekomme. Ich arbeite am Wiederaufbau der Brücken in Lyon, die während der Befreiung der Stadt zerstört worden waren.

In Lyon – wie in anderen Städten Frankreichs auch – herrscht eklatanter Wohnungsmangel. Im Laufe des Jahres 1950 finde ich endlich eine Wohnung in Villeurbanne im Hochhausviertel *Gratte-Ciel*, das sich in städtischem Besitz befindet. Ein älterer Mann, ein Bekannter meines Vaters, ist bereit, uns den Mietvertrag für seine Wohnung für 100.000 Franc abzutreten. Mir gelingt es, das nötige Geld bei meiner Familie und meinem Freund Joseph Gotheil zu beschaffen.

Wir haben natürlich nicht einmal einen Topf. Wir holen den Hausrat also – mit dem Zug – aus Biarritz, einschließlich des Bettzeugs, das wir vorab als Gepäck aufgeben! Liliane fährt häufig zwischen Lyon und Biarritz hin und her. Wir bauen uns nach und nach unser Nest. Eines Tages klingelt es morgens um 6 Uhr an der Haustür. Ein Zustellbeamter des Gerichts übergibt mir ein Schreiben *Verwirkung des Mietrechts wegen Verbringen von Koffern und Kisten.* Zufällig sind wir an diesem Tag anwesend und können dem Friedensrichter alles erklären. Dieser war nach einer Anzeige wegen leerstehender Wohnung mit der Angelegenheit befasst worden.

Die Ruhe lässt auf sich warten, aber wir sind voller Vertrauen auf die Zukunft.

Die Krankheit meines Vaters zwingt uns, eine Lösung für sein Geschäft zu finden. Niemand aus unserer Familie möchte den Laden übernehmen. Ich überlege kurz, mich eventuell auch mit Milou zusammenzuschließen, gebe den Gedanken aber rasch auf, da mir klar ist, dass sich die Montée de la Grande-Côte niemals zu einer Einkaufsstraße entwickeln wird.

Ich verkaufe den kleinen Warenbestand und suche einen Käufer für den Laden. Parallel dazu suche ich eine Festanstellung als Ingenieur. Ein Freund meines Bruders Léon schlägt mir vor, mich bei den staatlichen Gasbetrieben *Gaz de France* zu bewerben. Und so kommt es, dass ich am 1. September 1949, auf den Tag genau zehn Jahre nach dem deutschen Überfall auf Polen, mit dem der Zweite Weltkrieg begann, als Praktikant im öffentlichen Dienst zugelassen werde. Ich weiß es zu dem Zeitpunkt noch nicht, aber dies ist der Beginn eines interessanten Berufsweges, der mich bereichern wird.

Trotz einiger Lichtblicke sind die ersten fünf Jahre nach dem Krieg schwierig. Schatten legen sich über uns, die sich nicht wieder verziehen, und wir müssen lernen, damit umzugehen. Die Erinnerung an das Lager begleitet uns überall hin. Sie hat sich unserer Gegenwart bemächtigt. Die Geschichte setzt sich gewissermaßen fort.

LEBEN ALS ÜBERLEBENDER

Wir hätten gerne vergessen wollen. Die Toten. Lilianes Brüder. Alle Kameraden. All die Männer und Frauen, die wir nicht gekannt, deren Geschichte wir aber geteilt haben. Wegwischen, was wir vom Menschen gesehen haben.

Von 1945 bis heute hat sich unsere Erinnerung an das Geschehen verändert. Liliane und ich haben beide die Deportation erlebt und die gleichen Erfahrungen gemacht. Aber wir reden nie darüber. Sie sagt: »Ich weiß, was Raphaël durchgemacht hat. Ich weiß, was ich durchgemacht habe.« Die erdrückende Gegenwart der Vergangenheit und der Wille, Abstand zu gewinnen, stehen in einem dauerhaften Spannungsverhältnis. Denn neben der Person, die wir gewesen sind, läuft immer eine andere, traumatisierte Persönlichkeit mit. Beide sind sie miteinander verschweißt, untrennbar und im Konflikt miteinander. Eine innere Stärke trägt uns und lässt uns in den Augen der Welt intakt erscheinen. Es ist aber nicht so. Der Begriff Überleben bleibt im täglichen Leben für alle Zeiten existent. Er durchzieht das ganze Leben; man versucht sich davon zu befreien, aber es gelingt nicht.

Es ist wichtig, sich der Erinnerung zu stellen, dieses schwere Erbe zu ertragen. Die größte Bürde der Vergangenheit ist die Erinnerung an die geliebten Menschen und das Gefühl, ihnen gegenüber verpflichtet zu sein. Der Begriff der *Verpflichtung* gehört untrennbar zu uns – uns, den Überlebenden. Er breitet sich gleichsam aus und macht einer erweiterten Verpflichtung gegenüber den Mitmenschen, der ganzen Menschheit Platz: der Pflicht zu reden, zu warnen, zu informieren ...

Heute ist die Erinnerung an den Völkermord an den europäischen Juden, den man *Shoah* oder *Holocaust* nennt – wenn man diesem Grauen denn überhaupt einen Namen geben kann – zumindest im Westen im kollektiven Gedächtnis verankert, hat ihren Platz im historischen Narrativ unseres Europas und der Menschheit.

Als ich unmittelbar nach Kriegsende, in jeder Hinsicht entkräftet, zu kämpfen hatte, als wir Deportierten versuchten, wieder Fuß zu fassen, waren wir weit entfernt von Erinnerung und Gedenken. Als meinen Kameraden, die überlebt haben, nur mehr ein zerbrechliches Bild ihrer Angehörigen blieb, dieser geliebten Menschen, die gefangen genommen, misshandelt, gedemütigt und getötet worden waren, lag eine solche Erinnerung an den Völkermord in weiter Ferne.

Diese Tatsache und das allgemeine Wissen um die Geschehnisse in all ihrer Tragweite und Komplexität spielen mit Sicherheit eine Rolle bei dem inneren Frieden, den die heute 90-jährigen Überlebenden empfinden. »Diese Ereignisse« nennt man heute »Erinnerung an die Shoah«.

Die Vergegenwärtigung über das Erinnern überwiegt in der heutigen Zeit. In meinen Augen hat die Erinnerung durch die von ihr ausgehende Kraft dieses Thema in das Licht der Öffentlichkeit gerückt. Wenn sich die Berichte über das Überleben an einer Zeitachse orientieren und chronologisch erfolgen, muss man auch den Schrei, der dahintersteht, hören.

Die individuellen Berichte sind so zu »einer einzigen Erzählung« geworden. Sie maßen sich nicht an, alles zu erklären, so wie es auch der historische Ansatz nicht vermag und auch nicht das Warum des Völkermords ergründen kann. Seit etwa 40 Jahren sind die Ursachen und Mechanismen allgemein bekannt, und dennoch ist kein Erklärungsmodell vollkommen zufriedenstellend, etwas entzieht sich uns immer noch. Vielleicht die Kraft des Hasses? Die Entschlossenheit zur Zerstörung? Die ungeheuerliche und grauenvolle Funktionsweise einer Vernichtungsmaschinerie? Erinnerung kann die Leere, die das Fragen nach dem Warum hinterlässt, mit den Worten der Männer und Frauen – der Überlebenden – ausfüllen.

ERINNERUNGSBROCKEN

In den ersten Jahren nach unserer Rückkehr müssen wir uns mit den Angelegenheiten in Biarritz befassen. Dieser langwierige Prozess ist eine Qual und lässt die Ungerechtigkeiten der Besatzungszeit und der antisemitischen Gesetzgebung fortdauern. Er ruft uns den Tod von Lilianes Brüdern unablässig wieder ins Gedächtnis.

In dieser Zeit, 1953, beschließen wir auch, unsere auf dem Unterarm eintätowierten Häftlingsnummern entfernen zu lassen, die uns ständig an das Lager erinnern. Wir werden auch regelmäßig darauf angesprochen, oder Menschen schauen peinlich berührt hin, wenn wir unsere Ärmel ein wenig hochschieben. Ein guter Freund, Dr. Lazare Gaillard, vertraut Liliane einer Chirurgin an, die eine Hauttransplantation vorschlägt. Mich behandelt Dr. Fischer, ein ehemaliger Auschwitz-Häftling, der mir meine Tätowierung mit einer glühenden Nadel entfernt. Heute ist nur noch eine ganz leichte Spur zu erkennen. Liliane ließ damals ein Erinnerungsfoto ihrer Tätowierung machen, ich hatte nicht daran gedacht. Seit dieser Zeit gibt es unsere Häftlingsnummern nicht mehr.

Die meisten unserer Kameraden haben ihre Nummer behalten. Sie ist ein Beweis, eine Identität bis zum Tode – wenn ein Deportierter stirbt, wird er in der Regel mit seiner Nummer bezeichnet. Sie gilt seit einigen Jahren auch als das Kennzeichen eines gewissen Heroismus – des Heroismus der Opfer, die überlebt und ihr Haupt erhoben haben, die dieses so besondere Lager Auschwitz-Birkenau, Inbegriff des Völkermordes, kannten. Liliane und ich haben es nie bereut, dass wir sie haben entfernen lassen.

Zu den Dingen, die die Vergangenheit gegenwärtig erhalten, gehört zweifelsohne auch das Essen, insbesondere das Brot. Die Bilder des *Brots zum Überleben* und des *Brots als Zahlungsmittel* für alles haben sich unauslöschlich in mir eingebrannt. Bei uns zu Hause wird kein Stück Brot weggeworfen, wir sammeln Brotreste in einer eigenen Tüte. Eine Zeitlang fütterte ich damit die Tiere auf dem Land oder brachte es im Winter den Tieren im Wald. Es tut mir insbesondere weh, wenn ich Lebensmittel mit hohem Nährstoffgehalt wergwerfen muss. Ich habe dann das Bild von Jasek, meinem Polen, vor Augen, der sein Brot mit Schmalz oder Margarine bestreichen konnte. Jedes Mal sage ich mir: »Das bisschen Fett, das du wegwirfst, hätte das Überleben gesichert.« Heute ist das Elend der Welt vor aller Augen. Ich schaue durch den Filter des Lagers darauf. Ich kann das Elend, das andere erdulden müssen, nicht ertragen, am allerwenigsten die Vorstellung, dass Menschen hungern könnten.

Schon beim Frühstück kommt die Erinnerung an das Lager. Ich esse normalerweise Brot und Honig zum Frühstück. Und jeden Tag ermesse ich von neuem das Glück, die Lebensmittel, die ich liebe, essen zu können. Es hat Jahrzehnte gedauert, bis ich im Restaurant oder zu Hause Lebensmittel auf dem Teller liegenlassen konnte. Inzwischen zwingt mich meine Diät dazu.

Innerhalb von Sekundenbruchteilen können tausend kleine Dinge, ein Geräusch, ein Schrei, ein Bild, das Lager wiederaufleben lassen. So war es an einem frühen Morgen in Paris im Jahr 1966. Ich gehe in eine Bäckerei und laufe mit auf den Boden gesenktem Blick. Ich hebe den Kopf hoch und sehe den langen, grünen Mantel eines SS-Mannes vor mir! Mit klopfendem Herzen erblicke ich eine hochgewachsene und modisch gekleidete junge Frau ...

Ungefähr 30 Jahre lang führe ich jeden Abend vor dem Einschlafen meine kleine Bewusstseinsprüfung für den Tag durch. Sie hat immer etwas mit den Bildern unserer täglichen Rückkehr von der Arbeit ins Lager zu tun. Diese Bilanz steht unweigerlich im Zusammenhang mit dem Durchschreiten des Lagereingangstors, über dem die Inschrift hing: *ARBEIT MACHT FREI*. Wenn der Tag schwierig war, wäge ich die Gegenwart und das Lager gegeneinander ab – und die Scherereien erscheinen belanglos. Wie in der Schwerelosigkeit. Und wenn ich einen guten Tag hatte, ist das Lager auch da. Dann finde ich es herrlich zu leben, dass das Leben unbeschreiblich schön ist, dass es stets auf wunderbare Weise die Oberhand behält.

Angesichts des Schmerzes meiner Kameraden, deren Angehörige ermordet wurden, habe ich meine eigenen Probleme immer relativiert. Im Zusammenleben mit Liliane bleibt die Dimension der Vernichtung natürlich in unserem Alltag greifbar. Mehr als 70 Jahre später leidet Liliane immer noch unter der Ermordung ihrer Brüder und ihren eigenen Schuldgefühlen wegen deren Deportation. Sie kann diese Seelenqual nicht überwinden.

In meiner Familie sprachen wir nicht über meine Deportation. Sie stellten mir keine Fragen. Das Schweigen, das sich eingenistet hat, setzen wir auf beinahe selbstverständliche Weise fort, insbesondere unserer Tochter gegenüber. Die Kinder der Überlebenden werden in ein Familienumfeld hineingeboren, in dem ein Elternteil oder auch beide Überlebende sind. Wie sollte man sich da nicht verpflichtet fühlen, sein Kind vor der Barbarei dieser Welt zu schützen? Wie sollte man ihm diese Bürde nicht ersparen wollen? Im Laufe der Jahre, wenn die Kinder zu Jugendlichen herangewachsen sind, später zu jungen Erwachsenen, hat sich das Schweigen verfestigt. Es ist zu spät, um auf den Weg des Redens zurückzukehren. Ohne dass wir uns dessen bewusst waren, haben unsere Geschichten, die zu belastend und gleichzeitig auch zu kompliziert waren, unsere Tochter geprägt. Unser Schweigen stellt ein Scheitern dar, und es hat eine nachhaltige, negative Auswirkung auf unsere Beziehung.

Ich habe diese Einstellung auch in anderen Familien von Deportierten beobachten können. Vielleicht wird das Gespräch mit der Generation der Enkelkinder einfacher. Diese trauen sich, ihre Großeltern zu fragen, sind freier und offener. Meine 33-jährige Enkelin Aurélie bittet mich schon seit vielen Jahren, meinen Augenzeugenbericht aufzuschreiben. Ihr drei Jahre älterer Bruder Damien hat Auschwitz-Birkenau in der 9. Klasse mit seiner Schule besucht. Wir reden nie darüber.

MEINE BERUFSTÄTIGKEIT

Während meines gesamten Arbeitslebens herrscht in meinem beruflichen Umfeld Schweigen vor. Anfangs wussten einige Kollegen sicherlich Bescheid, aber sie stellten mir nie Fragen. Dann verging immer mehr Zeit seit dem Krieg, und ich habe nie darüber geredet, noch nicht einmal mit den Kollegen, mit denen ich befreundet war. Erst seit den 1980er Jahren, seit ich im Ruhestand bin, spreche ich gelegentlich darüber, insbesondere mit meinem Kollegen und Freund Henri Veisseire.

Aber auch schweigend ist mein beruflicher Werdegang stark von der Deportation beeinflusst. Das zeigt sich an der Art meiner Arbeitsstellen, an meinen Interessengebieten und auch meinen sozialen Kontakten, wobei alles miteinander zusammenhängt.

Seit meiner ersten Arbeitsstelle 1949 weiß ich, wie schwer ich jegliche Art von Hierarchie ertrage. Liegt das am Lager oder an meiner Persönlichkeit? Mein Verstand ist *verzerrt*, ich beurteile Menschen mit den Maßstäben des Lagers.

In dem Gasunternehmen freunde ich mich sehr bald mit zwei Ingenieuren, Henri Veisseire, ein Absolvent der *École Polytechnique*, und André Chomette, der von der *École des Mines* in Saint-Étienne kommt, an. Wir bilden ein echtes Dreiergespann. Vielleicht habe ich unbewusst wieder eine kleine menschliche Gemeinschaft gefunden wie bei den *Union*-Werken? Ich brauche Freunde bei der Arbeit, und die beiden können mir Freundschaft geben. Leider verstirbt André 1966 viel zu früh.

1953 nimmt meine berufliche Laufbahn eine weitere Wende. Bis dahin hatte ich ohne große Begeisterung als Konstrukteur in dem Gasunternehmen gearbeitet, das seinen Sitz im Lyoner Stadtviertel *La Mouche* hatte. Ich verdiente gerade genug zum Leben, die Anfangsgehälter sind gering. Dann schlägt man mir vor, die Leitung einer der Berufsschulen von *Gaz de France* zu übernehmen. Ich nehme gern an, da mir diese neue Tätigkeit ein gewisses Maß an Freiheit bieten wird. Die zehn Jahre an der Spitze dieser Berufsschule bedeuten für mich eine persönliche Entfaltung. Wir haben dort eine zweifache Aufgabe zu erfüllen, Arbeitskräfte – Handwerker, mittlere und höhere Führungskräfte – für die Betriebszentralen auszubilden und Arbeiter der Gasbetriebe, die infolge der Umstellung von Stadtgas (aus Kohle) auf Erdgas geschlossen werden, umzuschulen.

Das Thema Ausbildung begeistert mich. Ich kann in einer Zeit, in der die staatlichen Schulen den Bedarf an ausgebildeten Fachkräften für die Industrie nicht decken können – im Übrigen der Grund für das Entstehen solcher innerbetrieblichen Schulen – auf einer unmittelbar operativen Ebene handeln. Ich leite mehrere Projekte gleichzeitig. Für die erwachsenen Umschüler experimentiere ich erfolgreich mit der dualen Ausbildung, bei der sie abwechselnd in der Schule und im Betrieb sind. Ich interessiere mich auch in besonderem Maße für Modelle, die es dem Einzelnen erlauben, sich zu entfalten, beispielsweise errichten wir ein Internat für junge Menschen, die ihren Berufsabschluss vorbereiten. Ich initiiere ein System der Selbstdisziplin, das wunderbar funktioniert und die Bedingungen für ein gutes Miteinander schafft. Außerdem beinhaltet die Arbeit auch den Umgang mit einer Gruppe von etwa Hundert Jugendlichen zwischen 15 und 18 Jahren, Minderjährige also, und das in einem städtischen Umfeld, das reich an Versuchungen ist. Der Lehrkörper in Lyon billigt das Projekt einer Schule ohne Aufsichtspersonal. Abends und an den arbeitsfreien Tagen ist nur noch eine einzige Aufsichtsperson für alle Jugendlichen notwendig. Diese nehmen es selbst in die Hand und ernennen ihren Verantwortlichen. Ich fördere auch sportliche Aktivitäten und organisiere außerschulische Freizeitaktivitäten. Dieses Jahrzehnt mit den jungen Menschen hilft mit, wieder bei mir anzukommen.

1964 nehme ich einen Verwaltungsposten in Paris an, und zwar wiederum im Bereich der beruflichen Bildung. Ich leite die allgemeinen Dienste für alle Berufsschulen der beiden staatlichen Versorgungsunternehmen *Électricité de France* und *Gaz de France*. Anschließend wechsele ich in die technische Leitung, wo ich für die Bereiche Gasproduktion und -transport zuständig bin. Dort lerne ich meinen Freund Henri kennen. Ich trete in die Abteilung Energieversorgung ein und werde sein Mitarbeiter. Danach übernehme ich die Leitung zweier weiterer Abteilungen, bevor ich wieder in den Bereich Berufsbildung zurückkehre, allerdings an anderer Stelle: Ich werde Leiter des kaufmännischen Weiterbildungszentrums von *Électricité de France* und *Gaz de France*. Es ist die Zeit, in der die elektrische Heizung, die Wärmepumpe und zahlreiche andere Innovationen auf den Markt kommen. In Rekordzeit müssen wir in der Lage sein, die Mitarbeiter mit Kundenkontakt für die neuen Technologien auszubilden, den Unternehmensgeist weiterzuentwickeln und kohärente Ausbildungspläne für den gesamten Bereich des kaufmännischen Personals, also mehrere Tausend Mitarbeiter, zu entwickeln. Forschung und Innovationen nehmen damals in Zusammenarbeit mit unternehmensexternen Beratungsfirmen rasant zu. Trotzdem ist die Ausschöpfung des Potentials der Mitarbeiter, insbesondere durch Schulungsmaßnahmen, von entscheidender Bedeutung. Evaluierungsmethoden werden geprüft, insbesondere um zu gewährleisten, dass die Kenntnisse jedes Einzelnen stets auf dem erforderlichen Niveau sind.

1988 beende ich meine berufliche Laufbahn als Leiter des Weiterbildungszentrums und Beauftragter für die Generaldirektion von *Gaz de France*. Mein Interesse an geistiger und beruflicher Bildung und mein Bemühen darum kommen auch in meinem Engagement für die Organisation der Auschwitz-Überlebenden *Amicale d'Auschwitz* zum Ausdruck, in der ich seit den 1980er Jahren aktiv bin.

KONFRONTATION MIT DER ERINNERUNG

Von 1945 bis 1970 leben Liliane und ich weit weg von der Welt der Deportation, selbst wenn sich diese sich gelegentlich wieder in unser Gedächtnis ruft.

Schon 1945 ziehen wir einen Schlussstrich unter die Vergangenheit, wenngleich wir es nicht so deutlich formulieren. In Lyon gibt es keine Struktur, die mit der im Mai/Juni 1945 in Paris gegründeten *Amicale d'Auschwitz* vergleichbar wäre – eine Sektion der *Amicale* wird erst in den 1980er Jahren ins Leben gerufen. Es gibt keine Vereinigung, keine geselligen Treffen der Ehemaligen. Ich ziehe mich auch aus der Pfadfinderbewegung zurück, werde aber Mitglied der *Association des Anciens Combattants Volontaires de la Résistance* [Vereinigung der ehemaligen Widerstandskämpfer] in Lyon.

Meine Eltern gehen nacheinander von uns. Mein Vater stirbt 1951, meine Mutter einige Jahre später. Meine Geschwister stehen dem Judentum nicht gleichgültig gegenüber, pflegen es jedoch nicht. Liliane bleibt dem Katholizismus eng verbunden, aber die Deportation hat ihr Bewusstsein für ihre jüdische Herkunft sicherlich geschärft. Sie wird als

»Deportierte aus politischen Gründen« anerkannt und erlangt 1959 für ihre Brüder den Status *Mort pour la France* (gestorben für Frankreich).

Manchmal fördert Lyon wieder kleine Spuren der Kriegszeit zutage. Zufällige Begegnungen können vergangene Situationen wiederaufleben lassen, so wie Mitte der 1950er Jahre, als ich Herrn D. treffe. Die Szene ereignet sich in einem Baumarkt, dessen Leiter oder Besitzer er offensichtlich ist. Auf seiner Weste sehe ich das Ordenszeichen *Offizier der Französischen Ehrenlegion.* Er erkennt mich nicht, was nicht verwunderlich ist, da er in Montluc keinen Kontakt zu den anderen Internierten der *Judenbaracke* hatte. Ich gestatte mir, ihn an unsere gemeinsame Vergangenheit zu erinnern, was ihm augenscheinlich unangenehm ist. Er stellt mir konkrete Fragen; vermutlich bezweifelt er, dass ich dort gewesen bin. Je mehr Details ich angebe – Zeitraum meines Aufenthalts, Name der wichtigsten Internierten, Beschreibung, wo seine Pritsche in der Baracke stand, Größe und Farbe seines Koffers usw. –, desto blasser wird mein Gegenüber. Der Abschied verläuft kühl. Es wäre ein Leichtes für mich herauszufinden, wer dieser Mann ist, insbesondere da der Vorsitzende des Veteranenverbandes, Louis Rigal, mein Freund ist. Aber ich unternehme nichts. Der Krieg ist seit zehn Jahren vorbei. Ich habe sehr viel später erfahren, dass er nach Buchenwald deportiert worden war.

Im gleichen Zeitraum spaltet Alain Resnais' Dokumentation *Nuit et Brouillard* [Nacht und Nebel] die Öffentlichkeit – die Sicht einer neuen Generation auf die Welt der Konzentrationslager. Als Überlebender muss man Stellung zu diesem Film beziehen, der den Völkermord an den Juden anspricht, ohne ihn wirklich anzusprechen. Wir, die ehemaligen Häftlinge von Auschwitz-Birkenau, hören Leute über das Lager reden, die es selbst nicht erlebt haben. Ihre Worte, die Fakten, die sie beschreiben, und die Gefühle, die darin enthalten sind, der Wille, der Tragödie Ausdruck zu verleihen, all das erscheint mir richtig, aber gleichzeitig auch unangemessen. Uns werden gewissermaßen ein Raum und eine Zeit, die bis dahin in unserem Schweigen eingesperrt waren, weggenommen. Offenbar ist ein kollektives Gedächtnis im Entstehen begriffen. Ich ahne, dass den Überlebenden eine Herausforderung bevorsteht: Wir müssen reden! Wie aber kann man traumatische Erlebnisse, die man vergessen oder die man zumindest beschweigen möchte, in Worte fassen?

Der Film *Le Chagrin et la Pitié* [Das Haus nebenan] hat mich stärker berührt. Als der Dokumentarfilm von Marcel Ophüls 1971 erscheint, bin ich hoch erfreut, dass Frankreich beginnt, sich seiner Vergangenheit zu stellen. Die Absurdität und Würdelosigkeit der Behauptung, dass das Frankreich von Vichy nicht Frankreich war, weil es nicht die Republik verkörperte, wird endlich aufgedeckt. Eine neue Generation war notwendig, die das vorherrschende, einmütige Image des Frankreichs der Widerstandskämpfer, das ich als quasi offizielles Dogma wahrgenommen habe, zerstört. Ich erinnere mich an eine Szene im Film, wo ein Bauer aus der Region Clermont-Ferrand die schmerzliche Frage der Judenverhaftungen anspricht.

Zugleich wirft auch der Faschismus wieder seine Schatten. Da ist zunächst einmal der ehemalige Buchenwald-Deportierte Paul Rassinier, ein Linker, der zur extremen antisemitischen Rechten wechselt und beginnt, den Umfang der Vergasungen zu leugnen. Das ist gewissermaßen die Initialzündung, denn vom Revisionismus geht man nunmehr zur Leugnung des Massenmordes über. In diesem Zusammenhang stellt das Ende des Jahres 1978 einen Wendepunkt dar. Die Presse bietet Thesen einen Raum, die bislang nur auf das rechtsextreme Milieu beschränkt waren, einem Antisemitismus, der die Tatsache des Völkermordes an den Juden Europas leugnet. Ein Interview mit dem ehemaligen Kommissar für jüdische Fragen des Vichy-Staates und einem der Organisatoren der Razzia im *Vélodrome d'Hiver* in Paris, Louis Darquier de Pellepoix, wird am 28. Oktober 1978 im *L'Express* abgedruckt: »In Auschwitz hat man nur Läuse vergast«, lautet seine Aussage im Kern. *Le Monde* veröffentlicht Ende Dezember einen Artikel von Faurisson mit dem Titel *Das Problem der Gaskammern oder das Auschwitz-Gerücht.* In diesem Fall ist nicht nur der Artikel selbst unerträglich, sondern vor allem die Tatsache, dass sich eine große Tageszeitung zum Sprachrohr für dieses wirklichkeitsverfälschende Gedankengut macht.

Für uns Überlebende des Lagers, für diejenigen, deren Angehörige den Vergasungen zum Opfer fielen, ist das ein unerhörter Schlag ins Gesicht. Es erinnert an die Nürnberger Prozesse, wo die meisten Nazi-Verantwortlichen vorgaben, zum ersten Mal vom Massenmord gehört zu haben und sich natürlich für völlig unschuldig erklärten.

Die Angriffe von Darquier de Pellepoix und Faurisson entspringen derselben Haltung: Zwei Erben des Nationalsozialismus, die in der Leugnung ihren Größenwahn ausleben und ins Rampenlicht treten können, aber sie kannten die Judenrampe in Auschwitz-Birkenau nicht.

Letztendlich gibt ihre Provokation den Anstoß zum kollektiven Gedenken an die Shoah und ermöglicht mittelfristig, insbesondere in Frankreich, bestimmte Wahrheiten über die Verantwortung des Staates festzuschreiben. Es ist ihnen nicht gelungen, die Weitergabe von Wissen und Erinnerung aufzuhalten, für die der Impuls von den USA ausgegangen ist. Im Jahr 1979 wird im Rahmen des Fernsehmagazins *Dossiers de l'écran* die Reihe *Holocaust* gesendet, die in mehreren europäischen Ländern große Wirkung zeigt, insbesondere bei der jungen Generation.

Durch die um sich greifende Holocaustleugnung wird uns Überlebenden bewusst, wie brüchig das Wissen über die Wirklichkeit der Deportation und der Judenermordung in der Öffentlichkeit ist. Vor diesem Hintergrund beginne ich meine Arbeit der Erinnerung. Ein neuer Kampf muss geführt werden, aber meine Intuition sagt mir, dass es ein Kampf ohne Ende sein wird. Es geht nicht nur um das Sprechen, sondern auch darum, Sorge für die Nachhaltigkeit des Gesagten zu tragen.

Nach meinem Umzug 1964 habe ich in Paris einige Kameraden wiedergetroffen: Boris Bezborodko und einige Leute aus den *Union*-Werken wie meine liebe Briefträgerin Fanny Segal, Ida Grinspan und Léa Schwarzmann.

1981 beschließen Liliane und ich, noch einmal nach Auschwitz zu fahren. Wir reisen mit Kameraden, darunter Maxime Antelin, Albert Grinholtz, André Montagne und seiner Frau. Es ist unsere erste Rückkehr. Bevor wir im Lager ankommen, erhalten wir einen Eindruck vom Leben in Polen unter sowjetischem Einfluss: Man erzählt uns von Versorgungsengpässen bei Nahrungsmitteln und Lebensmittelmarken, was uns sofort an die deutsche Besatzung in Frankreich erinnert.

Die Lager von Auschwitz und Birkenau sind verlassen. Seit der Eröffnung des staatlichen Museums im Jahr 1947 ist nur für das Lager Auschwitz ein Museumskonzept entwickelt worden. Ich lerne also Birkenau und die Bedingungen, die Liliane ertragen musste, kennen. Wir werden von polnischen Reiseführern begleitet, die die Vergasung der Juden gar nicht oder nur kurz ansprechen. Die Anspannung uns gegenüber ist spürbar. Der polnische Antisemitismus kommt uns wieder in Erinnerung. Alle Deportierten aus Frankreich fühlen sich sehr unwohl, gepaart mit einem Anflug von Wut. Wir laufen durch die beiden Lager, ich ohne übermäßige Gefühle, wohingegen Liliane aufgewühlt ist und es ihr nicht gut geht. Dennoch sagt sie: »Ich bereue diese Reise nicht, die trotz allem ein bisschen zu meinem Seelenfrieden beigetragen hat.«

Vor kurzem bin ich wieder auf einige Fotos gestoßen, die mich an einen Vorfall im Frühjahr 1990 erinnerten, als ich gerade in Biarritz war. Man sieht die Eingangstür meiner Pariser Wohnung sowie die Tür meiner Flurnachbarin, beide mit großen, in roter Farbe gemalten Hakenkreuzen beschmiert. Kurz zuvor hatte ich vor einer Schulklasse gesprochen. Das war vielleicht der Auslöser. Da die Wohnungen im Flur nicht gekennzeichnet waren, haben die Täter beide Türen beschmiert. Ich stellte mir diese Idioten vor, wie sie sich über ihre infame Tat freuen und sie taten mir leid. Die bei der Polizei des Stadtviertels erstattete Anzeige blieb ergebnislos.

DIE ÜBERLEBENDENVERBÄNDE

Die Organisation der Überlebenden von Auschwitz und der Konzentrationslager in Oberschlesien *Amicale des anciens déportés d'Auschwitz et des camps de Haute Silésie*, kurz *Amicale d'Auschwitz* genannt, wurde im Mai/Juni 1945 gegründet. Wenige Tage nach ihrer Rückkehr in die französische Heimat treffen sich Überlebende und schließen sich zu einem Verband zusammen. Dieser existiert in unveränderter Form bis 2000/04. In dieser Zeit findet eine Umstrukturierung statt: Unter dem Dach der *Amicale* schließen sich zunächst verschiedene Verbände zusammen, die dann mit mehreren kleineren Gruppierungen, die die ehemaligen Deportierten der Außenkommandos des Lagerkomplexes (Monowitz, Blechhammer) vertreten, zur *Union des déportés d'Auschwitz* fusionieren.

Seit Beginn der 1980er Jahre arbeite ich aktiv in der *Amicale d'Auschwitz* mit und weite mein Engagement nach meiner Pensionierung aus.

Es ist eine ganz besondere Zeit, die davon geprägt ist, dass immer mehr Menschen meiner Generation sterben, unter anderem auch die zwei Frauen, die der *Amicale* fast 40 Jahre lang ihren Stempel aufgedrückt haben.

Da ist zunächst einmal Louise Alcan, die erste Generalsekretärin, die 1987 nach langer Krankheit verstirbt. Ihr folgt Henri Moraud im Amt, ein großartiger Mann, der jedoch 1990 seinen Posten aus gesundheitlichen Gründen abgeben muss. Ich werde sein Nachfolger. Die zweite Frau ist Marie-Élisa Cohen, die fast 40 Jahre lang den Vorsitz innehatte. Sie war Jüdin und Widerstandskämpferin und wurde im Januar 1943 mit dem *Transport der 31.000* deportiert. 1991 beschließt sie, ihr Amt einem Nachfolger zu übergeben. Für den Posten des Vorsitzenden benötigt die *Amicale* eine Person, die in der Lage ist, den für die Zukunft geplanten Zusammenschluss aller Verbände zu moderieren. Mein Freund Albert Grinholtz empfiehlt mir, Henri Bulawko anzusprechen, der Ende 1991 auch einwilligt. Er ist ein Mensch mit ausgleichendem Wesen. Zu dieser Zeit ist er Vorsitzender eines anderen Verbandes, in dem jiddisch sprechende Überlebende aus Osteuropa zusammengeschlossen sind und der aufgrund schwindender Mitgliederzahlen vor der Auflösung steht.

Henri Bulawko ist Journalist und Schriftsteller, war eine Zeitlang in der Sozialistischen Partei aktiv und hat sich in der jüdischen Gemeinde und in politischen Kreisen einen Namen gemacht. Während des Krieges arbeitete er Vollzeit als Widerstandskämpfer im Netzwerk *Rue Amelot*, bis er im Herbst 1942 verhaftet und im Sommer 1943 deportiert wurde. Nach seiner Heimkehr ist er einer der Köpfe und Aktivisten, die sich für die Errichtung von Gedenkstätten und die Durchführung von Gedenkveranstaltungen, wie zum Beispiel in Drancy und im *Vélodrôme d'Hiver*, einsetzen. Er kritisierte auch die Laschheit der Justiz nach Auschwitz. Als überzeugter Zionist liegt ihm Israel am Herzen. Von einer Persönlichkeit wie ihm kann die *Union* nur profitieren.

Wir sind uns über eine Reihe grundsätzlicher Dinge einig. Zunächst einmal über den laizistischen Charakter dieses Verbandes, an dem uns beiden aus persönlicher Überzeugung sehr gelegen ist. Wir müssen ihm auch eine andere Stoßrichtung geben und uns eher auf das Thema Deportation konzentrieren und weniger auf politische Aspekte. Die politische Ausrichtung hat die *Amicale* stark geprägt. Sie war von jüdischen und nichtjüdischen Überlebenden gegründet worden, von denen ein guter Teil Kommunisten und Widerstandskämpfer waren – selbst wenn diese nach 1960 natürlich auf Abstand zum kommunistischen Ideal gegangen sind.

Einige Deportierte, die sich nicht mit dieser politischen Orientierung identifizieren konnten, hatten sich von der *Amicale* abgewandt. Beispielsweise galt das für Simone Veil. Andere Männer und Frauen wiederum haben sich, obwohl sie die vorherrschende ideologische Ausrichtung nicht teilten, dennoch im Laufe der Jahre angehängt, da sie sich der *Amicale* als Struktur sehr verbunden fühlten. Ich denke dabei an meine inzwischen verstorbene Kameradin Nadine Heftler, die dem Verband sehr früh beigetreten ist. Sie war ein Einzelkind und hat beide Eltern in Auschwitz-Birkenau verloren. Die *Amicale* war dann so etwas wie eine Familie für sie.

Mein Ziel, und darin bin ich mir mit Henri Bulawko einig, ist es, die Deportierten wieder näher zusammenzubringen und die Politik außen vor zu lassen.

Beim Thema Vermittlung der Erinnerungen stimmen wir nicht ganz überein. Die Divergenzen verblassen aber rasch, je stärker ich mich für Projekte in der Bildungsarbeit begeistere. Aufgrund meines beruflichen Werdegangs und meiner Erfahrung in der Industrie würde ich gern engere Kontakte zu Schulen, aber auch zu Historikern knüpfen, da für mich die Zukunft der Erinnerung in den Händen dieser Berufsgruppen liegt. Ich bin überzeugt davon, dass die Shoah mit einem vom Menschen ausgehenden und gleichzeitig historischen Ansatz unterrichtet werden muss. Henri Bulawko, der mir erst eine ganze Weile später in diesem Punkt zustimmt – zum damaligen Zeitpunkt hat er Zweifel am Einfluss der Historiker – stellt sich meinen Projekten dennoch nie in den Weg.

Henri und ich bilden 15 Jahre lang ein ausgezeichnetes Tandem, bis er dann an Alzheimer erkrankt. Nach seinem Tod 2011 übernehme ich den Vorsitz der *Amicale*.

Im Jahr 2000 veröffentlicht die *Mattéoli*-Kommission zur Untersuchung des Raubs jüdischen Eigentums in Frankreich während der Besatzung ihren Bericht. Er mündet in der Gründung der *Fondation pour la Mémoire de la Shoah* (FMS). Das Stiftungskapital stammt aus erbenlosen Vermögenswerten ermordeter Juden, die dem Staat anheimgefallen sind. Ab diesem Zeitpunkt erhält unsere *Amicale*, die bis dahin über sehr wenig Gelder verfügte und sich nur über Mitgliedsbeiträge und Spenden finanzierte, erheblich höhere Zuwendungen, die es uns ermöglichen, eine Politik der Erinnerungsvermittlung zu entwickeln.

Meine Jahre an der Spitze der *Amicale* fallen in eine Zeit, in der dem Zeitzeugnis eine größere Bedeutung beigemessen wird. In diesem aus der Perspektive des Gedenkens günstigen Kontext wurden Kontakte zu Institutionen auf höchster Ebene geknüpft. In Frankreich stellen die 1990er Jahre vor allem mit der Anerkennung der Verantwortung des französischen Staates für die Deportation von fast 78.000 Juden, zu der sich Jacques Chirac im Jahr 1995 bekannt hat, einen Wendepunkt dar. Diese Zeit bietet mir auch die Gelegenheit zu wunderbaren, freundschaftlichen Begegnungen mit politischen Akteuren. Auf internationaler Ebene wurde ich vom *Internationalen Auschwitz-Komitee* angesprochen, ich bin einer ihrer Vizepräsidenten. Das Komitee hat es sich zur Aufgabe gemacht, die Interessen der Überlebenden, ob Juden oder Nichtjuden, zu vertreten, die aus den verschiedenen europäischen Ländern nach Auschwitz deportiert worden waren. Im Rahmen dieser Arbeit bin ich zahlreichen Persönlichkeiten des öffentlichen Lebens, Staatspräsidenten und Souveränen begegnet, und auch den Leitern der wichtigsten Institutionen der Welt, zuletzt Papst Franziskus.

Anfang der 1990er Jahre zählte die *Amicale* ungefähr 1.300 Mitglieder, unter ihnen 600 Überlebende. Heute, im Jahr 2017, sind wir unter dem Dach der *Union des déportés d'Auschwitz* noch 150 Überlebende: etwa 100, die aus Frankreich deportiert wurden (von den 78.000 sind etwa 2.500 zurückgekehrt) und 50 Überlebende der Ghettos und Lager in Polen und anderen mitteleuropäischen Ländern, die nach dem Krieg nach Frankreich gekommen sind. Allerdings sind nicht alle Überlebenden auch Mitglieder des Verbandes, ihre Zahl ist vermutlich etwas höher.

Unsere Reihen lichten sich zusehends. Die übriggebliebenen Frauen und Männer sind äußerst gefragt und haben zum Teil einen auf nationaler wie auch auf internationaler Ebene hohen Bekanntheitsgrad erlangt. In den letzten Jahren haben die meisten Überlebenden vom Staat Auszeichnungen erhalten; sie wissen diese Anerkennung Frankreichs sehr zu schätzen. Sie bezieht sich nicht allein auf ihre Geschichte, sondern bei den meisten – zumindest in meiner Generation – auch auf ihr gesellschaftliches Engagement.

Die *Amicale*, ein Wort, das sich von Freund ableitet, trägt ihren Namen zu Recht. Trotz der schwindenden Mitgliederzahlen ist sie immer noch ein Ort der Begegnung und der Geselligkeit. In den ersten Jahren und noch bis vor Kurzem hat sie Begegnungen von Deportierten, die sich in den Lagern kennengelernt hatten und häufig nur ihre Vornamen kannten, vermittelt; sie kamen, um nachzufragen, ob der oder die überlebt hat, ob sie heimgekehrt sind.

Ab 1945 gab es die unterschiedlichsten Arten von Veranstaltungen, mal traf man sich zum Essen, mal zum Tanzen, mal gab es eine Tombola. Liliane hat 15 Jahre lang jede Woche einen Gesprächskreis für Deportierte organisiert.

In den sieben Jahrzehnten ihrer Existenz hat sich die *Amicale* ihren ursprünglichen Geist bewahrt, nämlich den Deportierten, insbesondere denjenigen, die alle ihre Angehörigen verloren haben, so etwas wie eine Familie zu sein: Man kann sie um Unterstützung bitten, ihre Dienste nutzen oder ignorieren, sie ist immer für einen da und wird bis heute von Menschen geleitet, die Auschwitz-Deportierte sind.

Die *Amicale* und später die *Union* ermöglicht es den Deportierten, mit einer Stimme zu sprechen und gemeinsam zu handeln. Die Anfragen seitens der Lehrkräfte und der Medien haben leider bewirkt, dass die Gemeinschaft in den Hintergrund gerückt ist und stattdessen die Deportation durch einige wenige Einzelpersönlichkeiten verkörpert wird. Trotzdem kommen die Überlebenden letztendlich immer auf die *Amicale* zurück.

DIE ÄRA DER ÜBERLEBENDEN

Falls es einen Kampf gibt, dem die Überlebenden sich widmen wollen, dann ist ihr zentrales Anliegen die Bildungsarbeit. Die Behandlung der Shoah im Unterricht stellt eine echte Herausforderung dar, wie es Charlotte Delbo zusammenfasst: »Sie machen sich auf das Schlimmste gefasst, aber nicht auf das Unbegreifliche.« Wie kann man jungen Menschen Geschehen begreifbar machen, das buchstäblich über den Verstand geht? Wie kann man verstehen und verständlich machen, dass die Auslöschung eines ganzen Volkes beschlossen, geplant und schließlich in die Tat umgesetzt werden konnte? Hier können unsere Zeugnisse einen Zugang bieten. Was sagen sie aus? Dass wir aus einer anderen Welt zurückgekehrt sind, die auf den drei Säulen des Nationalsozialismus *Rasse, Hierarchie und Diktatur* basierte und die ihre Dynamik aus der Negation, der Gewalt und dem Tod gewann. Zeitzeugenberichte stellen einen Versuch dar, diese Welt in persönliche Worte zu fassen, – Worte, die der Geschichtsschreibung über die Judenvernichtung ein wenig Seele einhauchen und menschliche Werte fassbar machen.

Mein Verständnis von Zeugenschaft beruht im Wesentlichen auf meinem Interesse und meiner Erfahrung im Bildungsbereich. Ich betrachte sie nicht als Zweck, sondern als Mittel, als geistiges Werkzeug, das es sinnvoll und nachhaltig einzusetzen gilt. Zeitzeugen werden nicht nur gehört, weil man Informationen über den Ablauf des Massenmordes erhalten möchte. Es handelt sich um Erfahrungsberichte von Großeltern, Urgroßeltern usw., die von sich erzählen, als sie selbst zwischen 15 und 20 Jahre alt waren, also im Alter ihrer Zuhörer und Gesprächspartner, und etwas in der Menschheitsgeschichte nie Dagewesenes tatsächlich miterlebt und überlebt haben.

Was den Wert – und, ich wage zu sagen, in einigen Fällen auch die Magie – der Zeitzeugenberichte ausmacht, ist die Begegnung, die Lebenskraft, die ihnen zugrunde liegt, eine Gabe, eine Energie und auch, dass trotz der tiefen Risse in den Personen, die da reden, Empathie für die Menschheit aus ihren Worten spricht.

Die Schüler fragen, ob wir Wut empfinden, und wundern sich, dass es keinen Hass gibt. Eine Tatsache, die auf alle Überlebenden zutrifft, ist, dass ein bestimmter Menschenschlag aus den Lagern herausgekommen ist und sich seine Menschlichkeit bewahren konnte. Es gibt selbstverständlich kein einheitliches Profil, aber die langen Jahre der Begegnung mit meinen Kameraden erlauben es mir, bei diesen Frauen und Männern bestimmte Charakterzüge auszumachen, die allen gemein sind. Ich denke auch, dass der mündliche Charakter der Zeugenschaft und die Wirkung, die dadurch erzielt wird, einen wichtigen Aspekt darstellen, denn sie kommt in dem Moment an, in dem sie erfolgt. Es ist zwar ein flüchtiger Moment, aber durch die didaktische Komponente hinterlassen die Berichte gleichwohl Spuren.

Gleich zu Beginn der 1990er Jahre rufe ich im Rahmen der *Amicale* neue Projekte ins Leben, unter anderem ein Aufnahmestudio, in dem

Zeugnisse von Deportierten aufgenommen werden sollen. Mehr als 100 Tondokumente sind so entstanden. Mein Wunsch war es, dass nicht nur Außenstehende an die Überlebenden herantreten sollen.

Im Zusammenhang mit Zeitzeugenberichten möchte ich auch ein speziell für Lehrkräfte gedachtes Format entwickeln. Unser Hauptaugenmerk liegt weiterhin auf der Unterstützung des Unterrichts. In engem Kontakt mit dem französischen Verband der Historiker und Geographen haben wir einen Wechsel in der Lehrerschaft feststellen können, denn diejenigen, die ihre berufliche Laufbahn unmittelbar nach dem Krieg begonnen haben, sind von einer neuen Generation abgelöst worden. Als Kenner des Bildungswesens bin ich der Ansicht, dass man in allererster Linie an die Lehrenden herantreten muss, um die Wirksamkeit der Maßnahmen zu erhöhen. Mit Blick auf die vorher genannten Aspekte ist es wichtig, dass sie sich Fachkenntnisse aneignen können und sich im Kontakt mit uns über die Dimension und die Kraft des Themas bewusst werden.

1993 organisiere ich eine Studienfahrt für Lehrkräfte, hauptsächlich für Geschichtslehrer, es können aber auch Lehrkräfte für Sprachen, Philosophie oder Dokumentation daran teilnehmen. Ich halte solche Studienreisen für Lehrende für wichtiger als Schülerreisen. Im Rahmen der *Amicale* wurden regelmäßig Fahrten nach Auschwitz durchgeführt, die erste bereits 1946. Aber sie richteten sich im Wesentlichen an die Deportierten und ihre Familien. In den 1970er Jahren kümmerten sich in erster Linie meine Kameraden Maxime Antelin und Albert Grinholtz darum. Gleichzeitig veranstalten wir jetzt also drei- oder viertägige Bildungsreisen nach Polen speziell für Lehrer. Solche Reisen konnten wir 20 Jahre lang, bis 2013, anbieten. Sie fanden einmal pro Jahr in den Pfingstferien statt. Die Gruppen bestanden aus etwa 40 Personen mit mindestens drei Deportierten an ihrer Seite. Der Schwerpunkt lag auf Auschwitz-Birkenau, aber wir verbrachten auch einige Zeit in Krakau und fuhren bis nach Lublin, um das Lager von Majdanek zu besuchen. Letzte Station unserer Reise war das ehemalige Ghetto in Warschau. In den letzten Jahren haben wir auch Treblinka in unser Programm aufgenommen. Nach ihrer Rückkehr versichern sehr viele der Lehrenden, dass sie die Shoah nie wieder auf die gleiche Art unterrichten werden. Sie kommen verändert zurück, motiviert und mit größerer Selbstsicherheit gegenüber schwierigen Fragen.

Neben den Studienreisen kümmern wir uns auch darum, dass die *Union* ein Ort wird, an dem die Deportierten mit den Lehrkräften, aber auch mit Studenten und Schülern in Kontakt treten können. Jedes Jahr erhalten wir zahlreiche Anfragen aus ganz Frankreich. Eine Kommission zum Thema Zeugen und Zeugenschaft ermöglichte es Hunderten von Lehrenden, »die Geschichte ihren Weg in den Klassenraum finden zu lassen« und mit den Überlebenden in Kontakt zu bleiben. 2016 waren es 35.000 Schüler, für die *Union* eine Begegnung mit Zeitzeugen organisiert hat.

Zwei Handreichungen für den Unterricht, die Isabelle Ernot und ich betreut haben, sind erwähnenswert. Die erste ist die DVD-ROM *Mémoire demain* [Erinnerung Morgen], 2009 vom Verlag *Hatier* herausgegeben. Bei unseren Reisen konnte ich feststellen, wie groß das Interesse an Zeugnissen vor Ort, in Auschwitz-Birkenau, ist. 2006 erklären sich etwa 20 Kameraden bereit, bei dem Projekt mitzuwirken, und wir nehmen ihre Zeugenberichte an bestimmten Plätzen in diesen beiden Lagern auf. Die Idee ist, die Aufnahmen den Besuchern der Lager zur Verfügung zu stellen. Zum damaligen Zeitpunkt waren jedoch die technischen Voraussetzungen zur Umsetzung des Konzepts noch nicht gegeben. Wir arbeiten zwei Jahre daran, acht Stunden Zeitzeugenberichte, aufgeteilt in 220 Szenen, didaktisch aufzubereiten. Sie wird von den Lehrern nach ihrem Erscheinen gut angenommen. Neben den Aussagen der Zeitzeugen enthält die DVD Informationen und historische Dokumente.

Im Frühjahr 2017 stellten wir ein neues, ambitioniertes Projekt online, das den Gedanken von *Mémoire demain* aufgreift. Es handelt sich um die Internetseite *Mémoires des déportations* [Erinnerungen an die Deportationen], eine interaktive Karte, die mithilfe von Geoinformationssystemen arbeitet. Sämtliche Lager in Europa, ob Internierungs-, Konzentrations- oder Judenvernichtungslager, sind dort aufgeführt und können angeklickt werden, und Hunderte von Textausschnitten und Videos stehen zur Verfügung. Es handelt sich um eine offene Struktur, die nach und nach erweitert werden kann.

Ein weiteres Projekt ist erwähnenswert, das gewissermaßen zu den Ursprüngen zurückführt. Es handelt sich um die Stellung, die das Gelände des Lagers Birkenau innerhalb des Staatlichen Museums Auschwitz einnehmen sollte. Die Überlebenden sind der Ansicht, dass die derzeitigen Museums- und Gedenkeinrichtungen auf dem Gelände von Birkenau in keiner Weise die Geschichte abbilden, die sich hier abgespielt hat, nämlich Massenmord und Verbrechen gegen die Menschlichkeit. Die einzige Ausstellung zu diesem Thema befindet sich drei Kilometer von Birkenau entfernt im Lager von Auschwitz, wo der Genozid aber nicht stattgefunden hat. In Birkenau selbst wird die Geschichte praktisch nur von den polnischen Reiseführern erzählt. Das ist nicht mehr angemessen.

Leider vermischen sich hier zwei unterschiedliche historische Aspekte des Nationalsozialismus, zum einen nämlich die Eroberung von Lebensraum, die der Grund für den Einmarsch von Nazi-Deutschland in Polen war, und zum anderen der Völkermord an den Juden Europas, der zu einem großen Teil auf polnischem Boden stattgefunden hat. In den letzten Jahren sind immer mehr Besucher nach Auschwitz gekommen, 2016 waren es 1,7 Millionen. Die allermeisten ausländischen Besucher kommen wegen der ermordeten Juden und nicht wegen der nationalen polnischen Geschichte. Birkenau braucht ein Museum.

Auf unsere Bitte hin hat das Museum in den letzten fünf Jahren entsprechende Anstrengungen unternommen, sodass den Besuchern nunmehr Auszüge aus unseren Zeitzeugenberichten auf dem Gelände von Birkenau zur Verfügung stehen (mittels QR-Code, leider an Stellen, wo sie wenig zur Geltung kommen). Aber das ist in unseren Augen immer noch unzureichend. Was wir uns wünschen, ist, dass das Gedenken an den Holocaust (Hunderte von Zeugnissen von Überlebenden wurden auf Video aufgenommen) das Herz einer Museumsanlage bildet und dass diese eine gewisse Feierlichkeit ausstrahlen soll, die ihr heute fehlt.

Den Frauen, Kindern und Männern, die nach Birkenau deportiert wurden, wurde ihr Platz in der Geschichte genommen. Die Welt muss die Überlebenden sehen und hören können, die am Ort ihres Martyriums im Namen der Opfer und im Namen ihrer Angehörigen sprechen: im Namen der Legitimität und der Wahrheit des Erlebten.

Alle Initiativen, die wir gegenüber dem Museum und den polnischen Behörden seit 2010 ergriffen haben, sind bis heute vergebens gewesen. Wir machen dennoch weiter, wohlwissend dass eines Tages Vernunft und Gerechtigkeit die Oberhand gewinnen werden, zumal derzeit sogar erwogen wird, Museen für die polnischen *Gerechten unter den Völkern* zu errichten.

MEINE BEZIEHUNG ZU DEUTSCHLAND

Ich habe drei Episoden bzw. Themen ausgewählt, anhand derer ich darstellen möchte, wie sich meine Beziehung zu Deutschland im Laufe der Zeit entwickelt hat.

Die erste Episode spielt im Sommer 1946. In diesem Sommer beschließen Liliane und ihre Großmutter, die beiden Schlafzimmer des kleinen Hauses zu vermieten. Ich bin da, als ein deutsches Paar in einem prächtigen Mercedes eintrifft. Liliane und ich werfen uns einen Blick zu und geben uns mit einem Zeichen zu verstehen, dass wir ihren Aufenthalt während der zwei Tage, die sie gebucht hatten, zulassen werden. Der Mann spricht korrektes Französisch und alles lässt auf seine militärische Vergangenheit in der Region schließen.

Liliane empfängt sie mit einem Edelmut, der mich fasziniert. Sie quartiert sie ein, als wären es Freunde und stellt ihnen einige Hortensienblüten aus dem Garten ins Zimmer. Wir bieten ihnen in der Küche eine Erfrischung an.

Wir plaudern ein wenig miteinander. Dann zeigt der Mann auf einige Portraitfotos und fragt, ob dies Kinder der Familie seien. »Es sind meine Brüder«, antwortet Liliane. »Sie wurden in Auschwitz vergast.« »Oh ja, furchtbar«, antwortet der Mann, »der Krieg!« Ohne etwas darauf zu erwidern, machen wir auf unsere Tätowierungen aufmerksam, die bei unserer leichten Sommerbekleidung besonders auffällig sind. Sie geben vor, sie nicht zu erkennen, und wir wechseln sofort das Thema.

Am nächsten Tag schlägt das Paar vor, uns nach Saint-Jean-de-Luz an der baskischen Küste mitzunehmen. Wir willigen ein. Es gibt noch nicht viele Autos und eine solche Limousine in der Landschaft fällt auf! Uns ist schwindelig und wir denken daran, wo wir noch vor einigen Monaten, im Frühjahr 1945 waren.

Liliane und ich denken, zu Recht oder zu Unrecht, dass ein deutscher Militärangehöriger, der es wagt, kurz nach Ende des Krieges in dieselbe Region zurückzukommen, kein Verbrechen auf dem Gewissen haben kann. Im Übrigen machen wir einen Unterschied zwischen den Verantwortlichen der Greueltaten, die wir erlebt haben, und den übrigen Deutschen. Selbst wenn es eine Kompromittierung des Volkes gibt – wie in Frankreich – so kann man doch nicht jeden Einzelnen eines Volkes für schuldig befinden.

Das zweite Ereignis, das ich gewählt habe, spielt Anfang der 1950er Jahre, als die Europäische Verteidigungsgemeinschaft scheitert. Unmittelbar nach Kriegsende verschlinge ich die Artikel der Tageszeitung *Le Monde*, die meines Erachtens die einzige war, die verlässliche Informationen brachte. Über diese Zeitung verfolge ich die Nachrichten und insbesondere auch den Plan zur Schaffung der Europäischen Verteidigungsgemeinschaft, für die ich mich ganz besonders begeistern kann.

Die Anfänge des vereinten Europa lassen mich aber dennoch Auschwitz nicht vergessen, und ich weigere mich, nach Deutschland zu fahren – und das ganze 30 Jahre lang. Jedes Mal, wenn ich einem Deutschen begegne, frage ich mich innerlich: »Und, warst du ein Nazi? Was hast du während des Krieges gemacht?« Aber ich empfand keinen Hass gegen die Deutschen und war stets überzeugt davon, dass aus der Annäherung der Völker etwas Gutes entstehen kann.

Ich war von Anfang an ein überzeugter Europäer – und bin es immer noch. Die Schaffung der Europäischen Verteidigungsgemeinschaft erschien mir politisch wichtig zu sein, für mich war sie ein wunderbares Instrument, die Jugend in den verschiedenen Ländern einzubinden und damit auch die Staaten selbst.

Deshalb war ich tief enttäuscht, als unsere Nationalversammlung 1954 die Ratifizierung des Vertrages abgelehnte. Mehr als 60 Jahre später bin ich immer noch davon überzeugt, dass diese Ablehnung den Aufbau Europas und das Leben in Europa tiefgreifend und im negativen Sinne beeinflusst hat.

Das dritte Thema, das meine Beziehung zu Deutschland prägt, steht im Zusammenhang mit dem Gedenken der Deutschen an die Verbrechen. Anfang der 1990er Jahren trete ich dem Internationalen Auschwitz-Komitee bei, das seinen Sitz in Berlin hat. Diese Organisation vertritt die verschiedenen Deportiertenverbände in Europa und bietet mir die Gelegenheit, mit hohen deutschen und internationalen Vertretern der Politik zusammenzutreffen. Christoph Heubner ist die Seele des Komitees und 20 Jahre lang ihr Generalsekretär, bevor er das Amt des Vizepräsidenten übernimmt. Er, der Sohn eines deutschen Pastors, widmet seine Arbeit dem Gedenken an Auschwitz in Deutschland, vor allem auch bei den jungen Menschen sowie auf internationaler Ebene.

In diesem Rahmen konnte ich auf ihn zugehen und meine Wertschätzung für seine Arbeit in Deutschland rund um das Gedenken an die Shoah zum Ausdruck bringen, eine Arbeit, die naturgemäß eine andere als in Frankreich ist, jedoch früher, bereits in den 1960er Jahren, begonnen hatte.

Mit den Jahren und über unsere Projekte haben Liliane und ich Kontakte zu jungen Deutschen geknüpft. Ich erinnere mich beispielsweise an eine Ausstellung zum Thema *Mein Bruder, meine Schwester – My Brother, my Sister – Mon frère, ma sœur,* aus der ein Buch entstanden ist, in dem Liliane sich mit Michèle Deodat-Heubner unterhält. Dieses Werk machte es überdies möglich, junge Deutsche einzubinden und ihre Denkweise kennenzulernen, die – glaube ich – die Haltung des deutschen Volkes und des deutschen Staates weitestgehend widerspiegelt.

2012 haben Liliane und ich die Ehre, aus der Hand der Botschafterin der Bundesrepublik Deutschland, Susanne Wasum-Rainer, das Bundesverdienstkreuz am Bande entgegenzunehmen. Als wir noch ›Stücke‹ waren, hätten wir mit keinem Gedanken daran gedacht, dass es jemals dazu kommen könnte.

Beim erneuten Lesen des Manuskripts merke ich, dass ich unzufrieden bin und es gerne überarbeiten, ergänzen würde. Es ist ein Kompromiss. Ich muss den Bericht, so wie er ist, akzeptieren. Akzeptieren, dass meine Geschichte so übersetzt und durch die Schriftform eingesperrt wird. Aber es gibt doch noch mehr zu sagen, an dieser Stelle und an jener und an jener auch. Ich hätte gerne einen offenen Text daraus gemacht, der fortlaufend durch Ergänzungen bereichert werden kann, einen unendlichen Text. So wie es die Hoffnung auf einen Kuss für immer sein wird.

NACHWORT

LYON – BIARRITZ – DRANCY – AUSCHWITZ

Raphaël und Liliane. Die Geschichte dieses Liebespaares beginnt im Januar 1944 in einem Vorort von Paris, in Drancy. Frankreich steht seit Juni 1940 unter deutscher Kontrolle. In Drancy hatten die Besatzer ein Durchgangslager eingerichtet, in das Menschen verbracht wurden, die im Sinne der nationalsozialistischen Rassevorstellungen als »Juden« gelten. Von hier verschleppt sie die SS in die deutschen Vernichtungslager im besetzten Polen, vor allem nach Auschwitz. In diesem ›Wartesaal des Todes‹ treffen Anfang 1944 zwei Menschen zusammen, die aus unterschiedlichen Welten kommen. Liliane Badour ist Vollwaise, Katholikin aus Biarritz, dem berühmten Badeort im französischen Baskenland. Die Feldgendarmerie der deutschen Wehrmacht, die Hilfsdienste für die SS leistet, hatte sie mit ihren beiden jüngeren Brüdern Henri und René im Haus ihrer jüdischen Großeltern Hermann und Anna Jaffé festgenommen. Raphaël Esrail, Kind sephardischer Juden, Student, Pfadfinder, frisch aus dem Skiurlaub zurückgekehrt, war in Lyon der Gestapo und französischen Kollaborateuren in die Falle gelaufen. Er wollte Freunde besuchen, mit denen er in einem Labor Ausweise für verfolgte Juden fälschte.

»Wir befinden uns in einer verrückten Lage. Wir wissen gar nichts über die Welt der Juden«, schreibt Liliane in ihren Erinnerungen über ihre Gedanken nach der Festnahme. Ihr katholischer Vater war 1937 an den Folgen seines Einsatzes im Ersten Weltkrieg verstorben, ihre Mutter kurz danach bei einem Unfall. Über die Herkunft ihrer jüdischen Großeltern ist wenig bekannt; sie stammen aus Russland und Litauen. Raphaël besitzt mehr Wissen über seine Familiengeschichte. Mütterlicherseits führt der Weg zurück in das Städtchen Urla an der heute türkischen Ägäisküste, väterlicherseits in das nahegelegene Manisa (Magnesia), wo Raphaël 1925 zu Welt kommt. Jahrhundertelang sind die Juden dieser beiden Gemeinden Teil der blühenden sephardischen Lebenswelt im Osmanischen Reich, die im östlichen Mittelmeerraum von Sarajewo über Saloniki und von Konstantinopel (Istanbul) bis Alexandria reicht. Ihre Vorfahren stammen zumeist aus Spanien und Portugal und sprechen

Ladino (Judenspanisch). Der letzte Großrabbiner des Osmanischen Reiches und spätere Großrabbiner von Ägypten, Chaim Nahum (1872–1960), stammt aus Manisa.

Manisa und Urla, wie auch die nahegelegene Metropole Smyrna (Izmir), sind multikulturelle Städte. Neben Juden und Türken leben hier vor allem Griechen. Mit britischer Hilfe fallen griechische Verbände 1919 in die Region ein. In dem nun folgenden, dreijährigen Griechisch-Türkischen Krieg erleiden Manisa und Urla gewaltige Verwüstungen. In Urla stecken Griechen 1919 das türkische Viertel in Brand, 1922 brennt nach dem Wiedereinzug der Türken das Stadtquartier der Griechen. In Manisa greifen einheimische Griechen jüdische Stadtbewohner an. Als die griechischen Verbände am 5. September 1922 aus der Stadt abziehen, brechen auch hier Brände aus. Das Feuer von Manisa legt nach einem Bericht eines US-amerikanischen Diplomaten 90 Prozent der Stadt in Schutt und Asche. Vermutlich hatten diese Zerstörungen unmittelbare Auswirkungen auf die Lebensverhältnisse der Familie Esrail. Warum genau sich Issak Esrail 1926 zunächst allein aufmacht, um die Übersiedlung der Familie nach Lyon vorzubereiten, bleibt allerdings im Dunkeln.

Warum die Wahl jedoch auf Frankreich fällt, scheint hingegen auf der Hand zu liegen. Zum einen hatten Familienmitglieder französische Auslandsschulen der *Alliance française* besucht und beherrschen somit die Landessprache. Frankreich genießt zudem unter vielen Juden den Ruf als Hort der Freiheit. Tatsächlich folgt die Dritte Republik seit 1880 sogar ganz offiziell dem alten Revolutionsmotto *Freiheit, Gleichheit, Brüderlichkeit,* und sie erzielt während der vielen Jahrzehnte ihres Bestehens, trotz aller Skandale, beträchtliche Erfolge bei der Verankerung von Freiheitsrechten. Selbst die Dreyfus-Affäre (1894–1906), die die militante Spaltung in katholisch-konservative, teilweise antisemitische Kreise und das republikanische Lager offenbart (oft *Les deux France* [das gespaltene Frankreich] genannt), wirkt nicht unbedingt abschreckend auf ausländische Juden. Sollte man sich nicht genau dort niederlassen, wo sich eine ganze Nation über die Ehre eines zu Unrecht verdächtigten, ›kleinen‹ jüdischen Offiziers entzweit?

Für die hohen Zuwanderungszahlen nach dem Ersten Weltkrieg spielt allerdings auch die liberale französische Immigrationspolitik eine Rolle. Es gibt in der Zwischenkriegszeit keinen anderen Staat in Europa, der

Einwanderer mit offeneren Armen aufnimmt als Frankreich. Das durch den Krieg verwüstete Land benötigt Arbeitskräfte. Zweieinhalb Millionen Ausländer halten sich dort Ende der 1920er Jahre auf. Die Zahl der jüdischen Immigranten, einschließlich jener, die schon vor dem Ersten Weltkrieg übergesiedelt waren, liegt nach Angaben der Volkszählung 1931 bei über 200.000 Personen. Die meisten kommen aus Ostmittel- und Osteuropa, wie die jüdischen Großeltern von Liliane. Etwa 20.000 stammen aus Bulgarien und dem Osmanischen Reich (bzw. aus dem Nachfolgestaat Türkei). Die Massenimmigration verändert die jüdische Gemeinschaft in Frankreich grundlegend. Die Juden mit französischem Pass, von denen viele ihre familiären Wurzeln einerseits im Elsass und in Lothringen, andererseits in Südfrankreich haben, machen 1931 noch gut ein Drittel aller nun etwa 300.000 in Frankreich lebenden Juden aus.

Bestandteil der besonderen französischen Willkommenskultur, wie man heute sagen würde, ist das Einbürgerungsgesetz von August 1927. Dieses dehnt die ohnehin weitgefassten Naturalisierungsregelungen noch einmal aus. Auch viele Juden kommen in seinen Genuss. Das historische Fenster der liberalen französischen Einwanderungspolitik wird sich jedoch bald schließen. Angesichts einer stark zunehmenden Fremdenfeindlichkeit erlässt die Regierung im August 1932 ein Gesetz, das die Zuwanderung einschränkt. Die extreme Rechte steigert unterdessen ihre Aktivitäten. Ab 1934 erhöht sich die Zahl antisemitischer Schriften. Im selben Jahr versuchen Angehörige von rechtsradikalen Ligen und Veteranenverbänden, in Paris das Parlament zu stürmen. 15 Menschen sterben, 2.000 werden verletzt. Im Februar 1936 überlebt der sozialistische Fraktionsvorsitzende Léon Blum (1872–1950), der aus einer elsässisch-jüdischen Familie stammt, nur knapp einen versuchten Lynchmord durch Nationalisten der antisemitischen *Action française* und ihres Kampfverbandes *Camelots du roi*. Die rechtsradikalen Umtriebe schweißen die linken Parteien zusammen, sie gewinnen die Wahlen 1936. Blum wird Premierminister. Die beiden Volksfrontregierungen aus Sozialisten und Kommunisten unter seiner Führung brechen zwar mit der restriktiven Einwanderungspolitik, seine Nachfolger setzen den Abschottungskurs jedoch bald fort. Am 12. November 1938, zu einem Zeitpunkt, als abertausende deutsche und österreichische Juden verzweifelt nach Aufnahmeländern suchen – durch den antijüdischen

Terror im Deutschen Reich in diesen Novembertagen wird die Welle noch einmal anschwellen – erlässt die Regierung unter Éduard Daladier (1884–1970) ein Gesetz, das die Internierung von »unerwünschten Ausländern« ermöglicht. Diese fremdenfeindlichen Maßnahmen gehen jedoch keinesfalls mit einer Zustimmung zur antisemitischen Politik des deutschen Nachbarn einher, im Gegenteil. Im April 1939 stellt die Regierung antisemitische Propaganda sogar unter Strafe.

Die meisten dieser innenpolitischen Konfrontationen und Entscheidungen der 1930er Jahre haben auf das Leben der Familien Esrail und Badour noch keinen direkten Einfluss, aber Raphaël beobachtet die Auseinandersetzungen zwischen Links und Rechts und die drängende soziale Frage mit großer Aufmerksamkeit.

Am 1. September 1939 überfällt die deutsche Wehrmacht Polen. Zwei Tage später erklärt Frankreich dem Deutschen Reich den Krieg und erfüllt damit seine Verpflichtung aus der Garantieerklärung für das ostmitteleuropäische Land. Monatelang kommt es jedoch im Westen zu keiner Kampfhandlung. Der französische Parlamentarismus und Rechtsstaat hält diesem Sitzkrieg (französisch: *Drôle de guerre*, »komischer Krieg«) nur leidlich stand. Noch im September 1939 wird die Kommunistische Partei verboten. Die Regierung Daladier reagiert damit auf den Hitler-Stalin-Pakt, das kurzzeitige Bündnis zwischen Nationalsozialismus und dem Kommunismus sowjetischer Prägung. Französische Kommunisten geraten unter Verratsverdacht als fünfte Kolonne Hitlers. Parlamentsabgeordnete, die zu einer Neugründung der Partei schreiten, kommen im Oktober 1939 in Haft und verlieren Anfang 1940 ihre Parlamentssitze. Zugleich werden aufgrund der 1938 erlassenen Bestimmungen deutsche Staatsangehörige festgenommen. Ihre Internierung soll der Sicherheit dienen. Viele Betroffene sind jedoch jüdische Flüchtlinge. Sie waren mit Mühe jenem Unrechtsstaat entkommen, für dessen Unterstützer sie nun gehalten werden.

Am 10. Mai 1940 marschiert die Wehrmacht in die Niederlande, in Belgien und Luxemburg ein und dringt von Norden auf französisches Gebiet vor. Am 14. Juni fällt Paris. Die Regierung flieht nach Bordeaux. Premierminister Paul Reynaud (1878–1966) beruft den 84-jährigen Marschall Philippe Pétain (1856–1951), den »Helden von Verdun« im Ersten Weltkrieg, in die Regierung und erhofft sich damit eine Stärkung des Durchhaltewillens. Reynaud möchte im Bündnis mit Großbritannien weiterkämpfen. Er findet in der Regierung dafür jedoch keine Mehrheit. Pétain übernimmt am 18. Juni sein Amt und ersucht die Deutschen sofort um einen Waffenstillstand. Diese stellen dafür die Bedingungen: Das Abkommen wird am 22. Juni unterzeichnet. Frankreich gerät nach der Niederlage unter deutschen Einfluss. Der Norden mit Paris sowie die südwestliche Atlantikküste bis an die spanische Grenze fallen unter deutsche Militärverwaltung. Zentralfrankreich und die westliche Mittelmeerküste bleiben zunächst unbesetzt. Ein Grenzstreifen im Südosten, vom Genfer See bis zur Côte d'Azur, fällt unter die Besatzungsherrschaft von Italien, Deutschlands Achsenpartner.

Die letzten Tage der Dritten Republik haben begonnen. Viele Franzosen scheinen sich nach der von Pétain angekündigten »Neuen Ordnung« zu sehnen. Ihr Wegbereiter ist vor allem Pierre Laval (1883–1945), ehemaliger Ministerpräsident, vormals Sozialist und vor geraumer Zeit ins rechte politische Lager gewechselt. Laval zielt auf die Einrichtung eines autoritären Regimes unter Führung Pétains. Zum Schauplatz der Machtübernahme wird dann ab Ende Juni der Kurort Vichy, wo sich die Regierung, der Senat und ein Teil der Abgeordnetenkammer einfinden – ohne die in Haft sitzenden Kommunisten und auch ohne jene Parlamentarier, die auf dem Schiff *Massilia* Richtung Nordafrika unterwegs sind, um dort den Kampf gegen die Deutschen fortzusetzen. Am 4. Juli unterbreitet Laval dem Kabinett einen Vorschlag, demzufolge Pétain die Staatsgewalt übertragen und eine neue Verfassung ausgearbeitet werden solle, die die Rechte von »Arbeit, Familie und Vaterland« zu garantieren habe. Dieser Dreiklang ist ein Motto der politischen Rechten. Laval geht aber noch weiter, denn er spricht sich dafür aus, Frankreich müsse sein politisches System an das des Besatzers anpassen. In den Alleen und Sälen Vichys machen die Gerüchte von einem Militärputsch die Runde, zugleich verbreitet sich die Angst vor Gewalt durch die Anhänger des faschistischen *Parti Populaire français*. Jene, die die Republik retten wollen, befürchten ihre Verhaftung. Vier Tage später, am 10. Juli 1940, kommen Abgeordnetenkammer und Senat zusammen, um über den mittlerweile etwas überarbeiteten Ermächtigungsartikel abzustimmen. Der Vorschlag findet breite Zustimmung. 569 Befürwortern stehen 80 Gegner gegenüber, die als die *Aufrechten Achtzig* in die

Geschichte eingehen werden. Unter jenen, die sich für die Neue Ordnung aussprechen, überwiegen knapp die Angehörigen des sozialistischen und linksliberalen Lagers. Der Beschluss, den auch der seit 1932 amtierende Staatspräsident Albert Lebrun (1871–1950) unterzeichnet und sich damit selbst absetzt, hebt zwar die bestehende Verfassung nicht auf. Er bildet jedoch die Grundlage dafür, dass Pétain in den folgenden Tagen faktisch die Macht auf sich vereinigt. Aus der Dritten Republik wird der *État français.*

Die politischen Verhältnisse, die das Regime vorfindet, sind kompliziert: Auf den unbesetzten Teil des Landes, zu dem die Großstädte Lyon und Marseille gehören, hat es mehr oder weniger unmittelbaren Zugriff. Seine Gesetze gelten nach Willen der Deutschen ebenso in dem unter Wehrmachthoheit stehenden Teil, für den es aber auch eigene deutsche Verordnungen gibt. Der Dualismus führt zu einem vielschichtigen Machtgefüge. Die Deutschen brauchen das Vichyregime, denn sie vermögen nicht aus eigener Kraft, das ganze Land zu regieren. Diese Dynamik prägt auch die bald beginnende antijüdische Politik in Frankreich, deren Verlauf zu Beginn des Sommers 1940 keineswegs feststeht. »Alles scheint dem normalen Leben noch so nah zu sein«, schreibt Raphaël über diese Monate. Die obersten deutschen Besatzungsbehörden in Westeuropa richten sich offenbar zunächst auf ein ›weiches‹ Besatzungsregime unter Beachtung der Haager Landkriegsordnung ein und planen keine antijüdischen Verordnungen. Der Unterschied zur deutschen Besatzung in Polen, wo bereits in den ersten Monaten abertausende Menschen, Nichtjuden und Juden, erschossen werden, ist augenfällig. Die anfängliche Zurückhaltung der Besatzer ändert sich jedoch, als das deutsche Auswärtige Amt Otto Abetz (1903–1958) nach Frankreich entsendet, zunächst als Vertreter beim deutschen Militärbefehlshaber Otto von Stülpnagel (1878–1948). Anfang August 1940 teilt Hitler Abetz mit, »sämtliche Juden aus Europa« seien nach dem Krieg zu evakuieren. Zugleich erhält der Gesandte den Rang eines Deutschen Botschafters. Innerhalb weniger Wochen setzt er für die besetzte Zone eine erste gegen Juden gerichtete Verordnung durch: Sie ist auf den 27. September 1940 datiert, wird aber erst später bekanntgegeben. Sie legt fest, welche Personen als Juden gelten sollen, ordnet ihre Zählung und die Kennzeichnung ihrer Geschäfte an.

Und Vichy? Anfängliche Überlegungen zu einem »Judenstatut« werden zunächst nicht weiterverfolgt. Laval hält zu diesem Zeitpunkt nichts von antijüdischen Maßnahmen, die in der Öffentlichkeit zu sehr mit den verhassten deutschen Besatzern verbunden würden. Das Regime zeigt sich zunächst scheinbar allgemein fremdenfeindlich. Noch im Juli 1940 tritt ein Gesetz in Kraft, das ermöglicht, seit 1927 erfolgte Einbürgerungen zu überprüfen. Es zielt unausgesprochen aber vor allem gegen Juden. Vichy will das Tempo seiner antisemitischen Politik selbst bestimmen. Es fühlt sich aber durch die Ankündigung des deutschen Vorgehens in der besetzten Zone unter Zugzwang. Um nicht den Eindruck zu erwecken, sie handele im Schlepptau der Besetzer, erarbeitet die Regierung bis Ende September ein Statut, und berät es abschließend am 1. Oktober bis in den Abend hinein. Zur gleichen Zeit meldet *Radio-Paris* die Verordnung des deutschen Militärbefehlshabers für die besetzte Zone, ohne die genauen Bestimmungen preiszugeben. Die Deutschen gewinnen den Wettlauf, das französische Statut ergeht zum 3. Oktober. Zentraler Punkt ist die Definition, wer als Jude zu gelten habe. Hatten sich die Nationalsozialisten bei den Nürnberger Gesetzen damit beholfen, die jüdische »Rassezugehörigkeit« einer Person aus der Angehörigkeit der Vorfahren zur jüdischen Religion abzuleiten, so versuchen die französischen Autoren erst gar nicht, »Rasse« zu definieren. Vichy folgt hier der 1905 eingeführten Trennung von Staat und Religionsgemeinschaften, in deren Folge es keine staatlichen Religionsregister gibt. Artikel 1 des Statuts heißt daher lapidar: »Für die Anwendung des vorliegenden Gesetzes gilt jede Person als Jude, die von drei Großelternteilen jüdischer Rasse oder von zwei Großelternteilen dieser Rasse, wenn ihr Ehepartner auch Jude ist, abstammt.« Am 2. Juni 1941 ändert Vichy das Statut und nimmt doch Bezug auf die Religionszugehörigkeit. Nun gilt als Angehöriger der »jüdischen Rasse«, wer selbst der jüdischen Religion angehört und zwei Großelternteile hat, die der »jüdischen Rasse« angehören. Als Stichtag für die Religionszugehörigkeit wird der 25. Juni 1940 (Tag des Waffenstillstands) angegeben. Diese Frist wird 1944 René Badour, der erst 1941 getauft worden war, zum Verhängnis.

Die französische Regierung sieht das *Statut de Juif* als einen Teil eines Gesamtplans: Nach der Definition, wer als Jude zu gelten hatte, geht es unter anderem um ihren Ausschluss von öffentlichen Ämtern.

Am 4. Oktober folgt ein Gesetz, das die Internierung der ausländischen Juden erlaubt. Für die Vorbereitung von Massendeportationen im Jahr 1942 wird diese Regelung eine wichtige Grundlage bilden. Zu einem jedoch ist Vichy 1940 noch nicht bereit: Maßnahmen zur »Arisierung«, zur Beraubung von Firmen und anderem Besitz. Man will zunächst die Reaktion der Öffentlichkeit auf das *Statut des Juifs* abwarten. Auch hier geht der deutsche Militärbefehlshaber für die besetzte Zone voran. Am 18. Oktober definiert er, welche Unternehmen als »jüdisch« zu gelten haben, Ende Dezember 1940 erfolgt die Melde- und Kennzeichnungspflicht. Binnen weniger Monate hatte sich also die Lage der Juden in beiden Teilen Frankreichs dramatisch verändert. »Mein Jüdischsein wird für mich zu einer Belastung«, schreibt Raphaël.

Unterdessen tritt ein weiterer Akteur auf den Plan, der deutsche SS- und Polizeiapparat. Seit September 1940 fungiert Theodor Dannecker (1913 – 1945) als »Judenreferent« beim *Beauftragten des Chefs der Sicherheitspolizei und des SD für Belgien und Frankreich,* Dienststelle Paris, Helmut Knochen (1910–2003). Theodor Dannecker ist disziplinarisch Knochen unterstellt, seine Weisungen erhält er jedoch von Adolf Eichmann (1906 – 1962), dessen Referat im Reichssicherheitshauptamt später zur Schaltzentrale der europaweiten Deportationen in die Vernichtung werden wird. Als seine Aufgabe bezeichnet Dannecker die »Gesamtabschiebung der Juden«, und auf Frankreich bezogen, die Vertreibung sämtlicher jüdischer Einwohner, mit und ohne französischen Pass. Um diesem Ziel näherzukommen, strebt er zum einen die »zentral gesteuerte Verwaltung der Juden und ihres Besitzes bis zum Abschubtermin« an. Ein solches Judenkommissariat soll von einem Franzosen geleitet werden. Vichy zeigt sich zufrieden, sieht es doch seine Souveränität gewahrt. Ende März 1941 ernennt die französische Regierung einen *Generalkommissar für jüdische Fragen.* Zudem zwingt er die Juden in Frankreich zur Mitarbeit an ihrer eigenen Entrechtung. Mit erpresserischen Methoden nötigt er sie zum Eintritt in eine von ihm geschaffene Dachorganisation. Vichy, das dabei zunächst jede gesetzgeberische Unterstützung versagt, sieht sich unter Zugzwang. Um den Schein der Selbständigkeit zu wahren, erlässt es ein Gesetz über die Bildung der *Union Générale des Israélites* (UGIF), in die alle in Frankreich lebenden Juden eintreten müssen.

Der deutsche »Judenberater« beginnt zugleich mit vorbereitenden Gesprächen über die massenhafte Internierung in der besetzten Zone. In seiner Argumentation macht er sich die Tatsache zunutze, dass die Vichy-Regierung im unbesetzten Süden aufgrund des Gesetzes vom 4. Oktober 1940 längst mit dieser Politik begonnen hatte. Bis März 1941 gelingt es ihm, bei der Militärverwaltung die Einrichtung von Lagern zu erwirken. Am 14. Mai 1941 schlagen die Verfolgungsorgane zum ersten Mal systematisch zu. Die französische Polizei verhaftet an diesem Tag über 3.700 ausländische Juden und verschleppt sie in Lager südlich von Paris.

Das Deutsche Reich setzt unterdessen seinen Expansionskurs fort. Von entscheidender Bedeutung wird dabei der Überfall auf die Sowjetunion. Am 22. Juni 1941 überschreitet die deutsche Wehrmacht die Demarkationslinie zum bisherigen Bündnispartner. In Frankreich verstärkt die Kommunistische Partei, die sich aufgrund des Hitler-Stalin-Paktes über knapp 22 Monate in einem Zwiespalt zwischen Antifaschismus und Moskautreue befunden hatte, ihren Widerstand gegen die Deutschen. Mit der ruhigen Lage im besetzten Frankreich ist es vorbei. Anschläge der Résistance machen den Deutschen zunehmend zu schaffen. Als dabei im August 1941 erstmals ein deutscher Soldat stirbt, erkennt Dannecker die Möglichkeit, den Militärbefehlshaber zur Zustimmung zu einer weiteren Großrazzia gegen Juden als Vergeltungs- und Präventionsmaßnahme zu bewegen. Einmal mehr wird das gängige Feindbild vom »jüdischen Bolschewismus« und von Juden als »Reichsfeinden« Triebfeder für eine polizeiliche Entscheidung. Über 4.300 Juden, darunter erstmals auch Franzosen, lässt die SS durch die französische Polizei festnehmen. Sie bringt sie in den Norden von Paris – nach Drancy, jenen Ort, an dem sich eineinhalb Jahre später Raphaël und Liliane begegnen werden. Die große Anlage noch nicht bezogener Sozialwohnungen war im Oktober 1939 von den Behörden der Dritten Republik erstmals als Internierungszentrum genutzt worden, seinerzeit für verhaftete Kommunisten. Nun wird sie zu einem Internierungslager, in dem jüdische Häftlinge festgehalten werden. Als die Résistance einen Tag nach Ende der Razzia erneut einen Anschlag verübt, erklärt der Militärbefehlshaber alle Franzosen in deutscher Haft zu Geiseln. Zugleich droht er im Falle weiterer Attentate mit Erschießungen. Daraus entwickelt sich, auch durch das direkte Eingreifen Hitlers, eine fatale Dynamik von Sühnemaßnahmen bis hin zu Massenexekutionen.

Stülpnagel selbst hält diese Politik für unklug, insbesondere gegenüber der französischen Öffentlichkeit. Er versucht auf die Berliner Führung einzuwirken, um eine Fortsetzung der Erschießungen zu vermeiden. Im Dezember 1941 bringt der Militärbefehlshaber andere Vergeltungsmaßnahmen ins Spiel: Die Pariser Juden sollten eine Milliarde Francs als »Geldbuße« aufbringen. Zudem seien 1.000 Juden und »500 Jungkommunisten nach dem Osten« zu deportieren. Stülpnagel erhält hierzu die Zustimmung Hitlers. Der Militärbefehlshaber wird damit zu einem Wegbereiter der weiteren Deportationspolitik in Frankreich. Dannecker lässt die 1.000 »Sühnejuden« bereits zwei Tage später verhaften, diesmal ganz ohne die Hilfe der französischen Polizei.

Bis zum Jahresende 1941 hatte sich die Situation der französischen Juden also erneut verschlechtert. Sie stehen unter der Kontrolle der Besatzungsmacht und ihrer Kollaborationsregierung. Ihre Erfassung und Beraubung ist weit fortgeschritten, die Planungen des »Judenberaters« Dannecker erstrecken sich auf die Deportation nach »Osten«. Unklar ist, in welchem Umfang er zu diesem Zeitpunkt über das Ausmaß der dort begangenen Verbrechen im Bilde war. In den besetzten sowjetischen Gebieten verüben Einsatzgruppen der SS und des SD und andere deutsche Einheiten Massenerschießungen an jüdischen Kindern, Frauen und Männern. Im besetzten Polen tötet ein *Sonderkommando* der SS im Vernichtungslager Kulmhof seit Dezember 1941 Juden in eigens konstruierten Gaswagen. Dies markiert den Auftakt für den Massenmord an Juden mit Giftgas. Auf Befehl Hitlers hatten zugleich systematische Deportationen von deutschen, österreichischen, tschechischen und Luxemburger Juden in die besetzten polnischen und sowjetischen Gebiete begonnen. Die Verschleppten werden in Ghettos eingewiesen oder nach Ankunft erschossen. Die Nationalsozialisten entwickeln unterdessen ihre Pläne zur Ermordung aller europäischer Juden weiter. Im Protokoll der Berliner Wannsee-Konferenz, die am 20. Januar 1942 stattfindet, wird für Frankreich die Zahl von 165.000 Juden genannt, die »in den Osten« deportiert werden sollten. Wörtlich heißt es, Europa solle »von Westen nach Osten durchgekämmt werden, zunächst das Reichsgebiet (...), dann Frankreich, Belgien und die Niederlande«. Zum zentralen Vernichtungsort der europaweiten Transporte bestimmt die SS-Führung das Lager Auschwitz im deutsch besetzten Ostoberschlesien.

Theodor Dannecker wartet monatelang darauf, die »Sühnejuden« aus Frankreich deportieren zu können. Der Chef des *Reichssicherheitshauptamtes*, Reinhard Heydrich (1904–1942), genehmigt am 23. März den Abtransport von insgesamt 6.000 Juden aus Frankreich für das Jahr 1942. Eine allgemeine Deportationsgenehmigung für Frankreich liegt damit noch nicht vor. Vier Tage später verlässt der erste Transport mit über 1.000 Personen den Bahnhof Bourget-Drancy. Sein Endziel ist Auschwitz. Die weiteren 5.000 Menschen, deren Verschleppung Heydrich genehmigt hatte, erleiden zwischen dem 5. und 18. Juni das gleiche Schicksal.

Dannecker ist jedoch weit von seinem Ziel entfernt, alle Juden aus Frankreich zu verschleppen. Abgesehen von der noch fehlenden Genehmigung aus Berlin benötigt er hierfür die Unterstützung der französischen Behörden. Seit Anfang 1942 reist er deswegen ein- bis zweimal im Monat nach Vichy. Im Frühjahr 1942 tritt dort eine grundlegende Veränderung ein. Pierre Laval, Pétains Stellvertreter, der im Dezember 1940 seine Ämter verloren hatte, ist zurück. Pétain muss ihn im April 1942 auf Druck Berlins zum Ministerpräsidenten ernennen. Unmittelbar danach tritt René Bousquet (1909–1993) sein Amt als Polizeichef von Vichy an. Dieser Ausnahmebeamte, eine »starke und aktive Persönlichkeit«, wie es bald von deutscher Seite heißt, wird in den kommenden Monaten zum wichtigsten Partner des deutschen SS- und Polizeiapparats in Frankreich. Bousquet erhält Anfang Mai 1942 von den Deutschen das Angebot, die Souveränität der französischen Polizei in ganz Frankreich wiederherzustellen. Im Gegenzug bietet Bousquet die Auslieferung aller staatenlosen Juden an, die in Lagern der unbesetzten Zone einsitzen. Im gleichen Monat erteilt die SS-Führung dann die allgemeine Deportationserlaubnis für die besetzten Gebiete in Westeuropa.

Dannecker legt sogleich ein ehrgeiziges Verschleppungsprogramm auf. Binnen drei Monaten sollen 40.000 Personen deportiert werden. Auf deutsche Drohungen hin erklärt sich Bousquet bei einer Besprechung mit Helmut Knochen und dem neuen Höheren SS- und Polizeiführer in Paris, Carl Oberg (1897–1965), am 2. Juli 1942 bereit, nun in ganz Frankreich ausländische Juden durch die französische Polizei festnehmen zu lassen. Mit der SS und dem französischen Judenkommissariat bereitet die Polizei eine große Razzia in Paris vor und verhaftet am 16. und 17. Juli 12.884 Juden, darunter über 4.000 Minderjährige.

Die Kinder werden von ihren Eltern getrennt. Bei der Verabschiedung spielen sich schreckliche Szenen ab. Im Anschluss deportiert die SS die Erwachsenen, die Kinder bleiben in den Lagern. Noch soll der Eindruck erweckt werden, es handele sich bei den Transporten um eine Verschickung zur Zwangsarbeit. Im Eichmann-Prozess 1961 wird Georges Wellers (1905 – 1991), Zeuge der Verhältnisse in Drancy, berichten, in welch verzweifelter Lage sich die Kinder dort befanden: Die Kleineren bekommen Namensstafeln umgehängt, die sie im Spiel jedoch vertauschen oder verlieren. Nachts sind sie in großen Schlafsälen untergebracht, aus denen andauerndes Heulen und Schreien dringt. Nur wenige Betreuer haben Zugang zu ihnen. Mitte August 1942 spricht Eichmann das Todesurteil über die Kinder: Er stimmt ihrer von Dannecker erfragten Verschleppung nach Auschwitz zu.

Noch im Sommer wird Theodor Dannecker überraschend abberufen. Helmut Knochen hatte sein undiplomatisches Auftreten gegenüber den Franzosen zunehmend als Belastung für das deutsch-französische Verhältnis und die angestrebte polizeiliche Zusammenarbeit angesehen. Eichmann jedoch ist keineswegs unzufrieden mit Dannecker. Dieser hatte mit hoher Eigeninitiative die Grundlage für die Umsetzung eines Deportationsprogramms gelegt. Bis zum Jahresende 1942 verlassen 43 Transporte Frankreich. Danneckers Nachfolger Heinz Röthke (1912 – 1966) verfolgt die Deportationspolitik gegenüber den Vichybehörden in ähnlicher Weise.

Allerdings wird in den kommenden Monaten deutlich, dass die Verschleppung sämtlicher in Frankreich lebender Juden in näherer Zukunft nicht durchsetzbar sein würde. Dazu tragen die Proteste katholischer Bischöfe bei, die sich nach der Pariser Großrazzia zu Wort melden. Zu einem Eklat kommt es am 31. August 1942, als Kardinal Pierre-Marie Gerlier (1880 – 1965), Erzbischof von Lyon und Primas von Frankreich, 84 jüdische Kinder verhafteter Eltern, die in die Obhut der Hilfsvereinigung *Amitiés Chrétiennes* gegeben worden waren, nicht ausliefert. Am 2. September verbreitet Gerlier, der 1940 die Machtübernahme Pétains begeistert begrüßt hatte, eine Stellungnahme. Darin äußert er offene Kritik am Verhalten der Vichy-Regierung, verwirft deren antisemitische Politik allerdings nicht gänzlich. Die französischen Behörden hätten ein »Problem zu lösen«, die Kirche müsse sich jedoch für die unveräußerlichen Rechte der Person, das Asylrecht und den »heiligen Charakter der Familienbande« einsetzen, wie er mit Blick auf das Auseinanderreißen von Kindern und Eltern bemerkt. Da das Vichyregime eng mit der Kirche verbunden ist, kann Laval wenig gegen den Protest unternehmen. Zugleich ist er offenbar alarmiert. Er bittet, ihm hinsichtlich der Deportationen zukünftig »keine Zahlen im Voraus zu geben« und «keinen besonderen Druck« auszuüben. Die gegebenen Versprechen würden jedoch eingehalten. Die deutschen Gesprächspartner gehen auf Laval ein. »Kein besonderer Druck« jenseits der bereits getroffenen Vereinbarungen bedeutet, auf die direkte Forderung nach der Deportation französischer Juden zu verzichten. Wenn Vichy nur zur Verschleppung ausländischer und staatenloser Juden bereit ist, dann, so der neue Plan, müssen französische Juden ihre Staatsangehörigkeit eben verlieren. Für eine große Gruppe scheint dies im Zusammenspiel mit Laval auch erreichbar: für diejenigen jüdischen Einwanderer, die seit 1927 ihre Einbürgerung erhalten hatten. Gegen diese hatten rechte Kreise schon in den 1930er Jahren polemisiert. In den folgenden Monaten wartet der SS-Apparat auf eine entsprechende Regelung der französischen Regierung. Was jedoch als möglichst unbeachteter Erlass einer Verordnung gedacht war, entwickelt sich im Laufe der Monate beinahe zur Staatsaffäre. In Vichy wird um das Stichjahr der Ausbürgerungen gerungen – 1932 oder 1927.

Mit dem weiteren Kriegsverlauf tritt eine wesentliche Änderung der politischen Verhältnisse in Frankreich ein. Im Rahmen des *Unternehmens Anton* marschiert die Wehrmacht im November 1942 in die unbesetzte Zone ein. Hitler hatte sich zu diesem Schritt nach der alliierten Landung in Nordafrika entschlossen. Die Vichy-Regierung behält ihre zugesagten Rechte, doch mit der Wehrmacht rückt auch der SS- und Polizeiapparat ein. In Lyon, der größten Stadt der nunmehrigen »Südzone«, beginnt die Gestapo, ihr Unwesen zu treiben. In maßgeblicher, wenn auch nicht leitender Stellung bekämpft hier Klaus Barbie (1913–1991), der »Schlächter von Lyon«, die Résistance und macht Jagd auf Juden. Die Deportationen laufen weiter, jedoch in geringerer Frequenz als 1942. Von Januar bis 25. März 1943 erfolgen acht, bis Jahresende 1943 weitere neun Transporte. Währenddessen arbeiten verschiedene Hilfsvereinigungen an der Rettung derjenigen, die sich noch in Freiheit befinden. Diese Freiheit ist relativ, denn seit Juni 1942 müssen Juden in der besetzten Zone bzw. der späteren »Nordzone« den Gelben Stern tragen. Jeder ihrer Schritte ist somit erkennbar. Sie bewegen sich jedoch in einer Mehrheitsgesellschaft, in der viele Menschen die Judenverfolgung ablehnen und zur Hilfe bereit sind. Es geht während dieser »Atempause«, wie der Historiker Serge Klarsfeld den Rückgang der Transporte nennt, um die Verteilung gefälschter Ausweise, um die Annahme neuer Identitäten, also um das Untertauchen und um die Bereitstellung von Unterkünften. Die jüdische Pfadfindervereinigung *Éclaireurs Israélites de France*, der Raphaël angehört und deren Arbeit er ausführlich beschreibt, entwickelt sich zu einer der bedeutendsten Hilfsorganisationen. Als sie im Januar 1943 aufgelöst wird, arbeitet sie im Untergrund weiter.

Zu dieser Zeit leben Raphaëls Eltern allerdings ohne jegliche Tarnung in ihrer Wohnung in der Lyoner Montée de la Grande-Côte. Als türkische Juden fühlen sie sich offenbar sicher. Tatsächlich waren das Reichssicherheitshauptamt und das Auswärtige Amt übereingekommen, Staatsangehörige von verbündeten und neutralen Ländern – zu letzteren gehört die Türkei – von den Deportationen auszunehmen. Umgekehrt bemüht sich auch die Türkei um Schutz, allerdings mit einer großen Einschränkung. Ihre Behörden hatten nämlich begonnen, türkischen Juden im Ausland die Staatsbürgerschaft abzuerkennen. Bis 1945 handelt es sich dabei um mehrere tausend Personen, von denen wohl viele erst nach ihrer Festnahme durch die Deutschen von ihrer Lage erfahren. Die Ausbürgerungsbestimmungen haben ursprünglich keine antisemitische Stoßrichtung. Eine Aktennotiz aus dem türkischen Präsidialsekretariat von April 1939 deutet aber darauf hin, dass in der Folgezeit Rechtsbestimmungen gezielt gegen Juden ausgelegt werden. Die Familie Esrail ist von ihnen nicht betroffen. Isaak Esrail fährt regelmäßig nach Marseille und zahlt auf dem türkischen Konsulat seine Steuern. Vor der rastlosen antijüdischen Politik der Besatzer gibt es jedoch auch für die Esrails keinen sicheren Schutz. Im Oktober stellt das Auswärtige Amt den neutralen und verbündeten Staaten verschiedene Ultimaten, ihre jüdischen Bürger zu repatriieren. Sollten nach Ablauf der Fristen noch Juden der betroffenen Länder im deutschen Herrschaftsbereich verbleiben, droht ihnen die Deportation. Die meisten der angesprochenen Staaten legen bei der Rettung ihrer Bürger jedoch keine Eile an den Tag. Die Türkei teilt zunächst mit, dass nur ein gutes Fünftel der von den Deutschen aufgeführten Personen noch Türken seien und lässt im März 1943 gerade mal 114 einreisen.

Unterdessen entsendet Eichmann seinen engen Mitarbeiter Alois Brunner (1912–2010?) nach Paris. Er kommt aus Saloniki, wo er seit Februar 1943 mit beispiellosem Tempo die Deportation der jüdischen Gemeinde in die Vernichtungslager im besetzten Polen in die Wege geleitet hatte. Als er aus Griechenland abreist, sind die Verschleppungen von insgesamt etwa 50.000 Salonicher Juden noch im Gange – unter den ihnen ist Jacques Stroumsa (1913–2010), der in Auschwitz seine schützende Hand über Raphaël halten wird. Ab dem 2. Juli 1943 übernimmt Brunner gemeinsam mit Röthke das bisher unter französischer Regie stehende Lager Drancy und schafft dort ein wahres Terrorregime. Brunner und seine österreichischen Mitarbeiter setzen aus Drancy weitere Deportationszüge in Gang. Auch französische Staatsbürger werden von Brunner auf die Transporte getrieben. Er erpresst zudem in Freiheit befindliche Angehörige von Lagerinsassen, so dass sich diese dann in Drancy einfinden. Brunners Vorgehen demonstriert Bousquet und der Vichyregierung erneut, wie es aussieht, wenn die SS bei der Verfolgung selbst das Zepter übernimmt. Umgekehrt ist Vichy aber immer weniger bereit, den Deutschen in die Hände zu spielen. Der Kriegsverlauf beginnt sich zu wenden. Die Wehrmacht befindet sich in der Sowjetunion auf dem Rückzug. Im Westen wird eine alliierte Landung erwartet. In Algier gründet General Charles de Gaulle (1890 – 1970) das Französische Nationale Befreiungskomitee zur Herstellung »aller französischen Freiheiten«. Vor diesem Hintergrund verwundert es nicht, dass Pétain am 24. August 1943 einer Verordnung über die Aberkennung von verliehenen Staatsbürgerschaften eine endgültige Absage erteilt.

Dies ist ein schwerer Schlag für die Eichmann-Männer, die bereits eine große Razzia anberaumt hatten. Röthke und Brunner gehen im gleichen Monat dazu über, verstärkt französische Juden zu verhaften – beispielsweise in jenen Fällen, in denen Verstöße gegen die Judenverordnungen angezeigt worden waren. Als Anfang September 1943 der deutsche Bündnispartner Italien einen Waffenstillstand mit den Alliierten schließt und die Wehrmacht daraufhin in der bisherigen italienischen Besatzungszone an der Côte d'Azur einmarschiert, zieht umgehend auch eine Gestapoabteilung in Nizza ein – das *Sonderkommando Brunner.* In einer für Westeuropa beispiellosen Art machen seine Männer Jagd auf Juden. Sie sperren Straßenzüge ab, »Physiognomiker« fahren mit Autos umher und greifen Menschen auf, deren Äußeres ihnen als jüdisch erscheint. Banden von Denunzianten, die »falsche Gestapo«, setzen wohlhabende Juden fest, rauben sie aus und übergeben sie den Deutschen. Brunner richtet in seiner Unterkunft, dem Hotel *Excelsior,* ein Durchgangslager ein, verhört und foltert die Festgenommenen und schickt sie dann auf die Transporte nach Drancy.

Damit hat das Kapitel der »wilden Judenverfolgung« in Frankreich begonnen. Die dabei erwartete französische Hilfe bleibt in der letzten Phase an vielen Stellen jedoch aus. So verbietet das Innenministerium der Präfektur in Valence im November 1943, Listen mit Namen und Adressen an die Deutschen zu liefern. Auch die für alle anderen Departements der Südzone erfragten Aufstellungen werden zunächst nicht vorgelegt. Allerdings werden der zunehmende Verfall des Vichyregimes und die Radikalisierung der innenpolitischen Lage den Deutschen in die Hände spielen. Seine letzte schwere Regierungskrise erfasst Vichy im Zusammenhang mit einem vorsichtigen Anlauf zu einer Demokratisierung. Mit Blick auf die wachsende Konkurrenz zu De Gaulle unternimmt der *État français* kleine Schritte zu einer Wiederherstellung der Dritten Republik. Man geht auf einige damals tätige Politiker zu, allerdings unter Umgehung der prominentesten Köpfe – Daladier, Reynaud und Blum sind mittlerweile als »Ehrenhäftlinge« in deutschen Konzentrationslagern interniert und werden nur knapp das Kriegsende überleben. Pétain versucht jedoch im Zuge dieses Reformkurses, seine Nachfolge neu zu regeln, für die bislang Laval vorgesehen war. Der greise Marschall, der zwischenzeitlich sogar in einen »Streik« tritt, also seine Amtsführung vorübergehend ruhen lässt, scheitert mit seinem Ansinnen. Berlin stützt Laval. Die Regierungskrise führt zu einer folgenschweren Personalentscheidung. Polizeichef René Bousquet verliert sein Amt. Nachfolger unter der Dienstbezeichnung »Generalsekretär für die Aufrechterhaltung der Ordnung« wird Joseph Darnand (1897–1945). Darnand, in den 1930er Jahren Anhänger der rechtsextremen *Action française,* hatte im Januar 1943 einen paramilitärischen Verband, die *Milice française* gegründet und war einige Monate später Mitglied der Waffen-SS geworden. Darnands Ernennung macht klar:

Vichy wird selbst zum Terrorstaat. Seine Milizen dienen als Arm der SS und Gestapo, gnadenlos verfolgen seine Männer die Résistance. Ab Januar 1944 steht Frankreich am Rande eines Bürgerkriegs. Genau in diesem Umfeld handelt auch Francisque, genannt Francis, André (1909 – 1946), *la gueule tordue* (»schiefe Schnauze«) mit seiner im Raum Lyon tätigen Miliz, der Raphaël Esrail am 8. Januar 1944 in der Fälscherwerkstatt seiner Widerstandsgruppe festnimmt.

Zwei Tage später, am 10. Januar 1944, betritt die Feldgendarmerie das Haus der Familie Jaffé-Badour in Biarritz. Sie haben den Auftrag, René Badour abzuholen. René ist Franzose, wie Liliane und Henri, durch Geburt. Auch die jüdischen Großeltern besitzen die französische Staatsbürgerschaft, durch Einbürgerung. Mag René auch, durch die Nichtanerkennung seiner Taufe, als Jude gelten – nach den Vereinbarungen zwischen Vichy und der SS kommt seine Festnahme als Franzose nicht in Frage. Spätestens jetzt, während der Phase der »wilden Judenverfolgung«, sind die deutschen Besatzer jedoch nicht mehr bereit, darauf Rücksicht zu nehmen. Neben René geraten auch Liliane und Henri in ihre Fänge. Besonders tragisch ist dabei, dass es vielleicht nie zur Verhaftung gekommen wäre, wenn sich die zuständige französische Stelle an jenem 10. Januar 1944 klüger und mutiger verhalten hätte. Die Verhaftung der Badour-Geschwister in Biarritz steht nämlich im Zusammenhang mit der Anordnung einer Massenverhaftung von Juden in der nahegelegenen Metropole Bordeaux und dem Versagen des dortigen Präfekten Maurice Sabatier (1897 – 1989) und seiner Mitarbeiter. Völlig zur Recht erkennt Sabatier in den deutschen Forderungen einen Verstoß gegen Anweisungen, die er aus Vichy erhalten hat. Die Präfektur setzt den französischen Behördenapparat in Kenntnis. Die Verantwortlichen in Bordeaux informieren dabei zum einen das Laval unterstehende Innenministerium. Um sich aus persönlichen Gründen in alle Richtungen abzusichern, verständigen sie auch einen Vertreter des neuen Polizeichefs Darnand, obwohl dessen Nähe zu den Deutschen bekannt ist. Damit riskiert die Präfektur bewusst, wenn wohl auch nicht willentlich, eine Eskalation. Ein zweiter taktischer Fehler ist Sabatiers Entscheidung, nach den Meldungen nicht einfach abzuwarten. Er hätte in dieser Zeit auch die jüdische Gemeinde warnen können. Vielmehr erscheint er persönlich bei der Sipo-SD. Dort interessiert man sich für seine Argumente natürlich nicht. Vielmehr erhöht Sabatiers Verhalten den Zeitdruck auf Laval. Um 20.15 Uhr ruft der Premierminister beim Präfekten an, wählt aber Ausflüchte. Er reicht das Telefon an Joseph Darnand weiter. Der Polizeichef hatte der Gestapo bereits zuvor sein Einverständnis gegeben. Darnand kündigt einen Rückruf Lavals an. Dieser wird sich jedoch nicht mehr persönlich melden. Um 21.15 Uhr teilt Darnand dann selbst mit, dass »die Operation unter allen Umständen vonstatten gehen solle.«

Knapp einen Monat später, am 6. Februar 1944, treffen Raphaël Esrail, Liliane, René und Henri Badour in Auschwitz ein. »Wir werden sogleich von einer allgemeinen Panik erfasst, ein Strudel von physischer und akustischer Gewalt«, schreibt Liliane. Auschwitz-Birkenau wirkt gleichsam wie ein Naturereignis auf die Angekommenen. Was sich ihnen bei der Ankunft nicht erschließt, und was die wenigen, die am Leben gelassen werden, erst langsam begreifen: Auschwitz ist der größte Vernichtungskomplex des Deutschen Reiches, den die SS innerhalb von wenigen Jahren aufgebaut hatte. 1940 war auf einem ehemaligen Kasernengelände nahe der Stadt Oświęcim zunächst das Konzentrationslager *Auschwitz I* (Stammlager) entstanden. Es diente der Internierung politischer Gefangener aus Polen. Später verschleppen die deutschen Besatzer auch sowjetische Kriegsgefangene hierher. Bevor ab Oktober 1941 das Vernichtungslager *Auschwitz II-Birkenau* etwa drei Kilometer vom Stammlager entfernt errichtet wird, ermordet die SS Anfang September 1941 850 sowjetische Kriegsgefangene, Polen und Juden erstmals mit dem Giftgas *Zyklon B.* In Birkenau lässt die SS Ende 1941 Gaskammern bauen. Dort ermordet sie ab Frühjahr 1942 Juden aus ganz Europa systematisch mit *Zyklon B.* Im Sommer 1944, wenige Monate nach der Ankunft von Raphaël, Liliane, René und Henri erreicht die Vernichtung ihren Höhepunkt: Innerhalb weniger Wochen kommen über 437.000 Juden aus Ungarn an. An der Rampe führt die SS »Selektionen« durch. Als arbeitsfähig eingestufte Häftlinge müssen Zwangsarbeit leisten, etwa im nahe gelegenen *Buna-Werk* der *IG Farben, Auschwitz III-Monowitz.* Dort befinden sich auch die *Weichsel-Union*-Metallwerke, in denen zunächst Raphaël arbeitet und denen auch Liliane zugeteilt wird. Alte, Schwache und Kinder treibt die SS in die Gaskammern. René und Henri Badour sterben so kurz nach ihrer Ankunft. Etwa eine Million Juden, bis zu 75.000 polnische Gefangene, 21.000 Sinti und Roma, 15.000 sowjetische Kriegsgefangene sowie 10.000 Häftlinge anderer Nationalitäten sind im Lagerkomplex Auschwitz umgekommen. Viele weitere Häftlinge starben auf Todesmärschen im Jahr 1945 oder in den Lagern im Inneren des Deutschen Reiches, wohin sie gebracht wurden.

Von den knapp 76.000 Juden aus Frankreich, die in die Vernichtungsstätten des Ostens, zur überwiegenden Zahl nach Auschwitz, verschleppt worden waren, sind im Jahr 1945 noch etwa 2.500 am Leben. Zwei von ihnen sind Raphaël und Liliane.

Dr. Ulrich Baumann

ABBILDUNGSNACHWEIS

Association pour l'Élaboration d'un Cédérom sur la Résistance dans la Drôme: Abb. 14
Bundesarchiv: Abb. 11 (Bild 101I-752-0101-06)
Centre de Documentation Juive Contemporaine, Paris: Abb. 15, 17, 18
Instytut Pamięci Narodowej, Warschau: Abb. 19 (Foto: St. Mucha, Krakau)
Mémorial de la Shoah, Paris: Abb. 21
MMCD NEW MEDIA GmbH, Düsseldorf: Übersichtskarte
Państwowe Muzeum Auschwitz-Birkenau w Oświęcimiu:
Abb. 22 (nr. neg. 20995-209), 23 (nr. neg. 20815-4)
Presse- und Informationsamt der Bundesregierung: Abb. 40
Gerard Rancinan: Abb. 34
Stiftung Denkmal für die ermordeten Juden Europas, Berlin: Abb. 3
Yad Vashem, Jerusalem: Abb. 20
Wikipedia/gemeinfrei: Abb. 1, 4, 5, 13, 24
www.abebooks.co.uk: Abb. 12
www.hotellutetia.com/history: Abb. 25
Raphaël Esrail: alle übrigen

Abb. 1: Manisa, um 1910: In der damals osmanischen Stadt ist die Familie Esrail väterlicherseits beheimatet. Hier kommt Raphaël 1925 zur Welt.

Abb. 2: Manisa, 1913: Gruppenaufnahme der Familie Esrail, links – mit Fez – Raphaëls Großvater, dahinter sein Vater

Abb. 3: Lyon, 1920er Jahre: Blick auf die Stadt an der Saône, in die die Familie Esrail 1926 zieht

Abb. 4: Lyon, 1920er Jahre: die Montée de la Grande-Côte. Hier betreibt Raphaëls Vater einen Trikotagenladen.

Abb. 5: Lyon, 1930er Jahre: Von 1937 bis 1942 besucht Raphaël das technische Gymnasium *La Martinière.*

Abb. 6: Praz de Lys, Sommer 1938: in einem Ferienlager der jüdischen Pfadfinderorganisation *Éclaireurs Israélites de France*

200

Abb. 7: Lyon, 1938: Raphaël in der Uniform der Pfadfinder

Abb. 8: Biarritz, um 1930: Liliane, Henri und ihr Vater, der 1937 im Alter von 40 Jahren an den Folgen einer Gasverwundung im Ersten Weltkrieg verstirbt

Abb. 9: Biarritz, um 1930: Liliane und Henri

Abb. 10: Cap Breton, 1930: Liliane und Henri

Abb. 11: Lyon, 1940: Deutscher Offizier begrüßt französische Offiziere auf der Straße. Die Stadt gehört nach der Niederlage Frankreichs zur unbesetzten Zone, dennoch sieht Berlin das gesamte Land als »Achsenmacht« an und die Armeen pflegen einen kollegialen Austausch.

Abb. 12: Lyon, 1943: deutsche Soldaten bei einer Parade. Im Herbst 1942 marschiert die Wehrmacht in die unbesetzte Zone ein.

Abb. 13: Lyon, 1920er Jahre: Das Gebäude der Medizinischen Militärakademie in der Avenue Berthelot ist ab Herbst 1942 Sitz der Gestapo. Hier wird Raphaël nach seiner Verhaftung am 8. Januar 1944 vernommen.

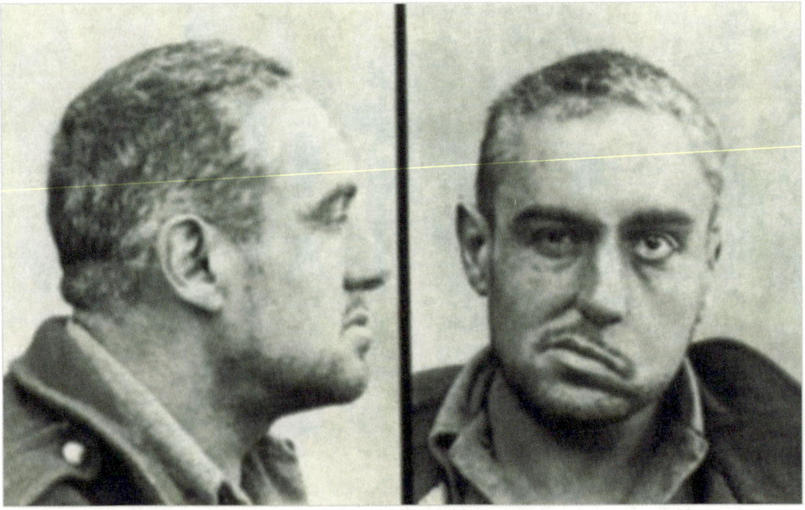

Abb. 14: Francis André, Gueule Tordue (schiefe Schnauze) genannt, arbeitet in der Gestapozentrale und führt Raphaëls Verhör durch. Nach Kriegsende wird er verhaftet (danach werden diese Aufnahmen gemacht), der Ermordung von 120 Personen für schuldig befunden und – 37-jährig – im März 1946 hingerichtet.

Abb. 15: Drancy, 1941/42: Von Juni 1942 bis August 1944 verschleppt die SS über das Durchgangslager 67.000 Juden nach Auschwitz.

Abb. 16: Bobigny, ohne Datum: Mit Bussen aus Drancy zum Bahnhof gebracht, müssen Raphaël, Liliane und die übrigen über 1.200 Gefangenen hier am 3. Februar 1944 für die Fahrt nach Auschwitz in Viehwaggons einsteigen.

50	BADOUR Henri	8.1.27	Filmdreher	11309

5I	BADOUR Liliane	IO.6.24.	Chemikeriné	II308
52	BADOUR René Armand	II.2.3I.	Schüler	II3IO
53	BAR Adrien	25.I.27.	Meckaniklehrling	II470
54	BAR Ernestine	2I.3.92	Journalistin	II469
55	BAR Germaine Anais	9.IO.30	Ohne	II47I
56	BAR Hélène	I2.3. 74	Ohne	I2377
57	BARGUE Berthe	26.IO.04.	Perückenmacherin	II552
58	BARGUE Jeanninne	IO. 2.27.	Spuhlerin	II553
59	BARNATHAN Fanny	I8.I2.77	Ohne	I2I40
60	BARNATHAN Sam	I5. 4.I7	Ohne	I2I39
6I	BAROU Fortunée	2.11.01	Ohne	I24I9
62	BARZILAÏ Moïse	I878	Arbeiter	I2548
63	BASOFF Abraham	11.I2.09	Arbeiter	I2470
64	BAUMANN Léo	7.I2.83	Schneider	I2068
65	BAUMANN Maria	2I. I.83	Ohne	I2069
66	BEDARRIDE André	29. 6.87	Wagner	II446
67	BEHAR Sarah	24. 9.8I	Kommissionnar	I2686
68	BEHAR Rébecca	4. 5.82	Ohne	I2687
69	BEHAR Simon	26. 4.I8	Publizist	I2688
70	BEHMOIRAS Raphaël	I905	Markthändler	II83I
7I	BEHR Fernand	I4. 3.79	Kaufmann	II78I
72	BEKIER Chana	23.I2.07	Ohne	I238I
73	BEKIER Maurice	I4. 5.33	Ohne	I2382
74	BEKIER Simon	26. 8.4I	Ohne	I2383
75	BELVA Marie	I8. I.83	Ohne	I2944

Abb. 17–18: Transportlisten des 67. »Konvoi« von Drancy nach Auschwitz;
Nr. 50 (als Ausschnitt) bis 52: Liliane und ihre Brüder, Nr. 513: Raphaël

501	HUBAULT	Rachel	20.5.99	ohne	10685
502	ICHBIAH	Léon	13.3.17	Dreher	12370
503	ICHBIAH	Michèle	16.5.42	ohne	12372
504	ICHBIAH	Victoria	26.11.18	Stenotypistin	12371
505	IDELSON	Léa	30.12.86	Retouchiererin	11955
506	ILITZKY	Israel	13.4.75	Vertreter	11678
507	ILITZKY	Rachel	15.7.79	ohne	11679
508	ISRAEL	Camille	16.5.10	Buchhalter	11858
509	ISRAEL	Elise	7.2.74	ohne	12890
510	ISRAEL	Ernest	24.12.93	Tabakhändler	11857
511	ISRAEL	Marcelle	10.8.79	ohne	12766
512	ISRAEL	Simsie	24.3.03	ohne	11708
513	ISRAILE	Raphael	10.5.25	Student	12870
514	ITZIKOWITZ	Philippe	13.4.04	Reisender	12808
515	JACOB	Erika	14.6.98	ohne	11533
516	JACOB	Joséphine	25.7.79	ohne	12521
517	JACOB	Max	17.5.90	Metzger	11531
518	JACOB	Paul	12.4.72	Kaufmann	12777
519	JACOB	Selma	28.3.91	ohne	11532
520	JACOB	Sigmund	7.8.74	Kinodirektor	12520
521	JACOBSOHN	Ingeborg	11.12.21	Angestellte	12577
522	JAHIA	Colette	27.4.34	ohne	11384
523	JAHIA	Jacques	27.3.93	Angestellter	11381
524	JAHIA	Mathilde	20.11.04	ohne	11382
525	JAHIA	Robert	6.1.29	ohne	11383

Abb. 19: Auschwitz-Birkenau, 1945: Der 67. Transport aus Drancy trifft mit 1.214 Juden – darunter 188 Kinder – am 6. Februar 1944 hier ein. 166 Männer und 49 Frauen werden mit eintätowierten Nummern gekennzeichnet und als Zwangsarbeiter ins Lager eingewiesen, die übrigen in Gaskammern ermordet.

Abb. 20: Auschwitz-Birkenau, Mai/Juni 1944: Ankunft von Juden aus Ungarn. Die Schienen waren eigens für die Ungarn-Transporte verlegt worden. Liliane hatte auf der Gleisbaustelle Zwangsarbeiten verrichten müssen.

Abb. 21: Boris Bezborodko (1918 – 2005), ein Zwangsarbeitskamerad von Raphaël in den *Union*-Werken, wird am 7. Januar 1944 in Lyon verhaftet und mit dem 67. Transport nach Auschwitz verschleppt, wo er die Nummer 173.246 erhält.

Abb. 22: Auschwitz, 1943/44: die *Union*-Werke, in denen Raphaël Zwangsarbeit leisten muss

Abb. 23: Auschwitz, Januar 1945: Raphaël wird – wie Tausende Häftlinge – bei eisiger Kälte auf einen ›Todesmarsch‹ in das schlesische Gleiwitz und von dort in offenen Kohlewaggons Richtung Westen, zunächst in das Konzentrationslager Groß-Rosen, geschickt.

Abb. 24: Zwickau, nach 1936: Am 26. Januar 1945 hält der Zug aus Groß-Rosen am dortigen Hauptbahnhof, Raphaël und seinem Kameraden Ernest gelingt die Flucht. Während Ernest erschossen wird, bringt ein SS-Mann Raphaël zurück.

Abb. 25: Paris, 1920er Jahre: das *Hôtel Lutetia* an der Kreuzung Boulevard Raspail und Rue de Sèvres. Es dient nach Kriegsende als Auffangstation und erste Heimat für Überlebende der Konzentrationslager. Auch Raphaël lässt sich hier am 24. Mai 1945 registrieren.

Abb. 26: Lourdes, 16. August 1945: Raphaël und Liliane auf Pilgerfahrt, die zum ersten Mal nach Kriegsende stattfindet

Abb. 27: Biarritz, 1947: Raphaël und Liliane

Abb. 28: Biarritz, 1952/53: Liliane im Hof ihres Hauses Biarritz

Abb. 29: Liliane

Abb. 30: Raphaël

Abb. 31: Biarritz, 1947: Raphaël und Liliane

Abb. 32: Lyon, nach 1945: Raphaël mit seiner Schwester Berthe, Mutter Esther und Vater Isaak

Abb. 33: Biarritz, 1956: Raphaël, Liliane und deren Großmutter Anna Jaffé, Raphaëls Neffe und Nichten

Abb. 34: Auschwitz, 1985: Liliane in ihrem Block

Abb. 35: Paris, 2003: Liliane im Kreis von ehrenamtlichen Mitarbeiterinnen der *Amicale d' Auschwitz*

Abb. 36: Auschwitz, 1985: Raphaël und Liliane

Abb. 37: Paris, 13. April 1990: Hakenkreuzschmierereien an der Wohnungstür der Esrails

Abb. 38: Auschwitz, 2006: Raphaël mit Lehrern

Abb. 39: Biarritz, 1996: Raphaël und Liliane mit Enkeln

Ab. 40: Berlin, 2018: Raphaël mit Bundespräsident Frank-Walter Steinmeier im Schloss Bellevue

Abb. 41: Rom, 2016: Raphaël bei Papst Franziskus

Abb. 42: Paris, 2011: Raphaël und Liliane

Drancy
Paris
Saargemünd
Lyon
Évian
Taluyers
Saint-Céré
Comborsière
Moissac
Biarritz
Montauban
Gurs
Nizza
Lourdes
Rivesaltes

Orte im Buch
Lager
Neustadt-Glewe
Ravensbrück
Groß-Rosen
Zwickau
Gleiwitz
Auschwitz
achau
Mühldorf-Ampfing
utzing
Saloniki
Manis
Url

Stiftung
Denkmal für die
ermordeten Juden
Europas